10
18

12, AVENUE D'ITALIE. PARIS XIIIe

Sur l'auteur

Lee Jackson est l'auteur de plusieurs romans policiers historiques, dont *London Dust*, sélectionné en 2003 pour l'Ellis Peters Historical Dagger Award, et d'un essai intitulé *Victorian London*. Membre de la Crime Writers Association et fasciné par l'histoire sociale de l'Angleterre victorienne, il vit aujourd'hui à Londres.

Site Internet de l'auteur : www.victorianlondon.org

LEE JACKSON

LES BIENFAITS
DE LA MORT

Traduit de l'anglais
par Alexis CHAMPON

INÉDIT

10/18

« *Grands Détectives* »
dirigé par Jean-Claude Zylberstein

Du même auteur
aux Éditions 10/18

LE CADAVRE DU MÉTROPOLITAIN, n° 4002
▶ LES BIENFAITS DE LA MORT, n° 4003

Titre original :
The Welfare of the Dead

© Lee Jackson, 2005.
© Éditions 10/18, Département d'Univers Poche, 2007,
pour la traduction française.
ISBN 978-2-264-04457-0

PROLOGUE

Je descendis du dôme de la cathédrale Saint-Paul par l'escalier métallique. La vue était atrocement déprimante. On ne voyait que le brouillard : même les flèches des églises ressemblaient à des piqûres d'épingle dans un océan de crasse brune. Je me souviens à peine de ce que j'étais allé faire là-haut. Sans doute me calmer les nerfs. Ridicule ! De fait, la seule chose que je me rappelle, c'est la ferronnerie de l'ouvrage. En descendant l'escalier en colimaçon, j'eus la drôle d'impression d'être pris dans les ressorts d'une horloge géante. Se pouvait-il que moi et les touristes qui allaient et venaient dans l'escalier par groupes de deux ou trois fussions de simples particules de poussière, celle de l'ancien mécanisme rouillé ? Oui, c'était possible.

Les cloches sonnèrent alors quatre heures. Je m'arrêtai au milieu des marches afin de reprendre mes esprits. Je devais avoir l'air quelque peu distrait car une femme, qui montait vers la galerie, me jeta un regard étonné. C'était une femme d'âge moyen qui portait une large robe à crinoline démodée. Elle détourna les yeux lorsque je lui fis un signe de tête.

La poussière retourne à la poussière, songeai-je.

Je m'effaçai afin de lui laisser le passage. Il y avait très peu d'espace. Sa robe effleura mes pieds et la femme s'empourpra. Elle releva toutefois ses jupons

7

pour me gratifier de la brève vision d'une cheville gainée d'un bas. Imaginez ! Une femme de son âge et de sa condition cherchant à m'appâter ! J'en fus écœuré.

Je vois. Oui, le temps presse. Je vous prie de m'excuser.

Je descendis dans la nef et remis un demi-penny au préposé qui n'eut pas l'air d'apprécier. Nul doute que j'avais l'air d'un type à donner un demi-souverain de pourboire. Je sortis par la porte méridionale. C'était pire qu'en haut, le brouillard avait tout recouvert d'une sorte de boue sombre. Croyez-moi, celui qui vous dit que le brouillard londonien est romantique est un fieffé menteur. De fait, j'avais l'impression d'être dans un autre élément, dans lequel il aurait été aussi naturel de nager ou de voler que de marcher. Même en me servant de mon écharpe comme d'un masque, je ne parvins pas à me soustraire à la puanteur ambiante.

— Monsieur ? fit une voix près de moi.

J'aperçus une fillette de treize ans environ, créature au doux visage, à l'apparence faussement angélique. Elle était assise sur les marches sales, sa robe couleur rouille étalée autour d'elle, un bouquet de violettes fanées sur les genoux. Elle me tendit une fleur flétrie.

— Une violette pour un penny, monsieur ? Elles sont belles.

J'avoue avoir un faible pour les jolis minois. Oh, je vous en prie, ne rougissez pas. Sa voix de cockney démentait sa mine, son accent déformait les mots et elle semblait trop négligente et paresseuse pour articuler plus d'une ou deux syllabes à la fois. Je me souviens en particulier de ses lèvres sèches et gercées.

— Je ne veux pas de tes fleurs, dis-je en repoussant sa main.

Je laissai néanmoins tomber un penny sur ses genoux. Je descendis sur le parvis de la cathédrale et m'engageai dans Godliman Street. Je connaissais le chemin, même dans le brouillard. Je parvins vite dans la cour, en face du *Knight's Hotel*[1].

C'était un endroit modeste, très différent de ce que vous pourriez imaginer si vous aviez lu les journaux. Une ancienne maison de maître stuquée, d'aspect honnête, sans doute la demeure d'un marchand prospère à l'époque du Prince Régent. Un sépulcre blanchi, notez bien, comme il y en a tant dans notre grande métropole.

Je m'armai de courage et entrai – car la porte restait ouverte pour les visiteurs – puis m'adressai au propriétaire. C'était un gros homme au visage rond, à la peau basanée, que je pris pour un Juif. Il était assis derrière un grand secrétaire en acajou, dans le petit salon.

— Que puis-je pour vous ? demanda-t-il en se levant.

— Mr. Brown ?

— À votre service, monsieur.

— J'espère que je ne dérange pas…

— Du tout, Mr…

— Smith. Une relation m'a parlé de votre établissement.

— Ah, fit-il en m'examinant d'un regard prudent. Une relation.

— J'aimerais une chambre.

— Une chambre ?

— Oui, s'il vous plaît. Je préférerais la quatorze. Est-elle libre ?

— La quatorze ? Mais c'est notre plus belle chambre, monsieur. Je crains que cela ne soit compliqué…

— Combien ? demandai-je.

— Un demi-souverain, cher monsieur. Pas plus d'une heure.

— Tenez.

Je lui remis la pièce ; je l'avais préparée. Il l'examina pile et face, admira l'or. Elle était, si je me souviens

1. *Hôtel du Chevalier.* (N.d.T.)

bien, plutôt ternie. Je m'attendis presque à le voir mordre dedans.

— C'est une vraie, je vous assure.

Le misérable gloussa et l'empocha.

— Il ne faut pas vous vexer, protesta-t-il.

Il ouvrit un tiroir de son secrétaire et en sortit une clé qu'il me tendit. Je remarquai qu'il avait des doigts boudinés et sales, les ongles longs et difformes.

— C'est au premier, sur votre gauche.

Je pris la clé et le remerciai. Il ne sourit pas, mais il y avait dans son attitude quelque chose de cassant et d'insolent. Je n'ai pas de temps à perdre avec ce genre d'homme, je l'avoue.

Peu importe.

Je gravis les marches. Le palier était éclairé par un lustre doré composé de cinq cercles de flammes, un enfer miniature. Il répandait la lumière sur les petites plaques de cuivre fixées sur le linteau au-dessus de chaque porte. Par conséquent, je trouvai la chambre quatorze sans difficulté. Je frappai et entrai.

La pièce avait tout d'un sérail de fortune, plutôt mal soigné, et pour lequel je n'étais pas préparé. De fait, c'était comme si un parent éloigné d'Haroun al-Rachid avait fui Bagdad pour se réfugier à Londres des siècles plus tôt, avec une cargaison de drap de velours. Car il ne restait pas un centimètre carré de mur nu, tout était recouvert de tissu écarlate. Et sur le lit s'entassaient, à l'image d'une véritable montagne, des coussins arabes. Et comme si c'était la chose la plus naturelle qui fût, une jeune femme blonde était couchée sur les coussins. Elle ne sembla pas surprise par mon entrée. Je posai mon chapeau sur la coiffeuse, près de la porte.

— Vous m'attendiez ? m'enquis-je.

Elle sourit en pointant un doigt vers le plafond au-dessus de la porte. Une sonnette y était accrochée, comme celle des domestiques, mais qui serait, par une étrange déformation, installée dans la chambre des maîtres. Bien sûr, le propriétaire s'en était servi pour prévenir la jeune femme.

— Ah, je comprends, fis-je.

J'ôtai mon col et ma cravate que je posai à côté du chapeau.

— Vous êtes muette ? demandai-je.

— Je parle si on me parle, mon chou.

Encore cet accent cockney. Comme il est étrange, me dis-je, que cette fleur ait poussé dans les caniveaux, en plein cœur de Londres. C'était une beauté, vêtue d'une chemise de nuit de soie blanche, collée à son corps étendu. Elle avait les bras nus, d'une blancheur laiteuse, des mains délicates et gracieuses, et le plus doux sourire que j'eusse jamais vu. Quel dommage !

Ensuite ?

Je fermai la porte à clé, bien sûr.

Première Partie

CHAPITRE PREMIER

Dans la froidure d'une soirée de novembre, une voiture descend la côte de Pentonville Hill, ses lanternes jumelles étincelant dans le brouillard. C'est un petit coupé noir, un véhicule très ordinaire, son cocher au visage rougeaud assis à l'avant, deux passagers dans la caisse. À l'extérieur, le cocher frissonne dans son manteau tandis qu'il secoue les rênes et encourage le cheval de la voix. À l'intérieur, les deux passagers, un jeune homme de vingt-cinq ans environ et une femme de dix ou quinze ans son aînée, ne semblent pas mieux lotis. Ils restent silencieux, côte à côte, les jambes enveloppées dans des couvertures. L'homme se frotte en vain les mains pour se réchauffer. La femme garde ses bras collés au corps, les mains enfouies dans un manchon en fourrure de lapin.

— Une nuit détestable, Mr. Langley, finit-elle par dire lorsque le coupé passe devant la gare de King's Cross.

Elle souffle de la buée dans l'air froid.

— Voyez-vous l'heure ?

— Je crois qu'il est juste l'heure passée, répond le jeune homme en scrutant l'horloge de la gare. Mais je n'en suis pas absolument sûr.

Richard Langley regarde sa compagne d'un air d'excuse. Mrs. Melissa Woodrow est une femme séduisante, au visage rond, mais sans graisse, aux yeux noisette que rehaussent les couleurs automnales de ses vêtements. Même avec tous ses habits et son lourd dolman, elle frissonne visiblement, peu habituée à s'aventurer au-dehors dans un froid pareil.

— Vous auriez dû rester chez vous, madame.

— Ce n'eût pas été correct, répond-elle d'un ton catégorique. Qu'aurait pensé Miss Krout si ni mon mari ni moi n'étions venus l'accueillir ?

Langley opine de la tête puis regarde par la fenêtre. Le véhicule avance en cahotant et il distingue à peine la grandeur gothique du *Midland Grand Hotel*.

— Il fait un froid horrible, ne trouvez-vous pas ? insiste-t-il pour rompre le silence. Même pour la saison.

— Vous avez été bien bon de m'accompagner, Mr. Langley. Votre visite est tombée à point.

— Ce n'est rien. Je prendrai le train à Euston Square. Ça m'économisera le prix du fiacre.

— C'est égal. Je n'arrive pas à imaginer où a pu aller mon mari. À cause de lui, nous sommes en retard.

— Les trains n'arrivent jamais à l'heure, madame. Surtout avec un temps pareil.

— Oui, c'est juste.

Le coupé tourne à droite, traverse Euston Road, et contourne le périmètre éclairé d'Euston Square. C'est une place singulière dans le brouillard : les grandes colonnes doriques de l'arc à moitié visibles sont semblables au portique d'un noble temple du Péloponnèse transplanté au cœur de Londres. Le cocher passe les portes et s'arrête sur la cour asphaltée de devant. Il descend de son siège, flatte le flanc du cheval, et tape au carreau de la caisse. Mrs. Woodrow abaisse la vitre.

— Mes excuses, m'dame, dit le cocher, mais je ne peux aller aux quais. C'est bouché. Je crois que le train est déjà en gare.

Mrs. Woodrow jette un coup d'œil par la fenêtre. Une file de véhicules bloque l'entrée des quais, parade interminable de fiacres et de cabriolets. Alentour, des

16

porteurs habillés de noir en casquette à visière s'occupent de toutes sortes de bagages, les lourdes malles et les cartons à chapeaux virevoltent de-ci de-là. Pendant ce temps, les cochers, assis sur leur siège au-dessus du tumulte, observent le tohu-bohu avec un manque d'intérêt manifeste. Ils ne prêtent en tout cas guère attention aux passagers de troisième classe qui arrivent par grappes, traînant des valises, des enfants et d'autres fardeaux, à la recherche d'un moyen de transport plus économique. Il y a peu d'espoir pour eux : seulement une épaisse purée de pois et pas un omnibus en vue.

— Oh, quelle barbe ! s'exclame Mrs. Woodrow. Je vais devoir aller la chercher.

— Je vous en prie, madame, objecte son compagnon, vous allez attraper la mort. Permettez.

— Êtes-vous sûr, Mr. Langley ? J'ai une photographie d'elle, si vous êtes certain que cela ne vous dérange pas.

— Absolument, madame.

— Vous êtes très bon, Mr. Langley. Je ferai en sorte que mon mari l'apprenne. Parfait, un instant…

Elle sort un réticule brun-roux de son manteau et fouille dedans. Quelques secondes plus tard, elle en tire une petite photographie qu'elle tend à Langley.

— Je n'en ai que pour une ou deux minutes, madame, dit-il en se débarrassant des couvertures et en ouvrant la portière.

Richard Langley marche vers la gare, heurtant au passage des dames désorientées et des hommes peu habitués à « l'opacité caractéristique » de Londres. Il trouve enfin l'entrée et pénètre dans le grand hall, qui sert aussi de salle d'attente. On y voit au moins un peu plus clair. En partie grâce aux becs de gaz qui équipent le haut et le dessous du balcon ; en partie à cause de la taille du hall, une salle spacieuse de quelque dix-huit mètres de haut et deux fois plus de long. Il est en outre assez éclairé pour qu'il examine la photographie que lui a remise Mrs. Woodrow. Elle montre une jeune femme d'environ vingt et un ans, les yeux brillants, les cheveux blonds coiffés en chignon serré, et qui se tient devant une toile représentant une clairière. Il promène son regard dans le hall, mais ne voit pas de jeune femme correspondant à celle de la photographie. Il s'avance donc vers les quais et demande conseil à un employé. Il apprend que le train de Liverpool est déjà arrivé. Pis, il s'est presque vidé, excepté un vieux couple engagé dans une discussion animée sur le coût des porteurs.

Langley retourne vers le hall où, après quelques minutes de recherches infructueuses, il aperçoit, près de la statue en marbre de Stephenson qui domine le bout de la salle, une femme entourée d'une dizaine de sacs et de valises. Il jette un dernier coup d'œil sur la photographie, puis s'approche.

— Miss Krout ?

Un sourire nerveux étire les lèvres de la jeune femme.

— Oui… je croyais que… excusez-moi, vous n'êtes pas Mr. Woodrow ?

— Oh, non. Je m'appelle Langley. Mr. Woodrow a été retenu ailleurs, j'en ai peur. Mais votre cousine vous attend dehors dans un coupé.

— Vraiment ? Comme c'est aimable de sa part !

— Je crains que vos bagages ne doivent voyager séparément. Pouvez-vous attendre pendant que je trouve un porteur ?

— Bien sûr. Il faut m'excuser, j'aurais dû m'en occuper moi-même.

— C'est inutile, répond Langley en cherchant un employé des yeux. J'avoue que j'ai failli vous manquer.

— Je vous prie de m'excuser.

— Non, non, sourit-il. Nous sommes en retard… ne vous excusez pas. Vous devez être épuisée, Miss Krout. C'est un fort long voyage depuis Liverpool.

— Encore plus depuis Boston, monsieur.

— Certes, certes. Bien, vous êtes saine et sauve, c'est le principal. J'imagine que vous avez hâte de voir Londres ?

— Oui, monsieur. En vérité, je…

— Ah, attendez, voici un porteur. Hé, mon garçon… par ici !

Le « garçon » qui se charge des bagages d'Annabel Krout n'a que trois ou quatre ans de moins que Richard Langley. Néanmoins, il ne se formalise pas et l'affaire se conclut vite. Par conséquent, Langley peut conduire Miss Krout jusqu'au coupé de sa cousine. Après quelques politesses, il prend congé des deux femmes.

Quant à Mrs. Woodrow et sa cousine, le froid les empêche d'échanger des nouvelles de la famille tant qu'elles ne sont pas bien installées dans le coupé, enveloppées dans plusieurs couvertures. Toutefois, tandis que le véhicule entame la lente ascension de Pentonville Hill, une litanie de parents américains « envoie ses amitiés », par l'intermédiaire d'Annabel Krout. Mrs. Woodrow répond à son tour en citant une foule de parents « qui meurent » d'envie de la rencontrer, un plein hôpital de tantes, oncles, cousins aux premier, deuxième et troisième degrés, proches de l'extinction, éparpillés à travers le royaume. Ce n'est qu'en approchant de l'*Angel*, à Islington, le célèbre pub à peine visible dans le brouillard, que la conversation prend une nouvelle tournure.

— J'espère que le voyage n'a pas été trop pénible, dit Mrs. Woodrow. Mr. Langley a dit que vous étiez seule quand il vous a trouvée. Ai-je bien compris ? Je ne sais pas comment cela se passe à Boston, ma chère, mais ici c'est imprudent de la part d'une jeune femme. Je croyais que vous aviez un chaperon, un ami de votre père ?

— En effet, madame, Mr. Johannsen et son épouse. Mais je leur ai dit que je n'avais plus besoin d'eux à la descente du train. Ils ont loué des chambres à Bayswater, je crois… est-ce loin ?

— Pas très, ma chère. Nous leur rendrons peut-être visite dans un jour ou deux, si cela vous convient. Mais je vous en prie, appelez-moi Melissa. Nous sommes parentes, après tout.

— Bien, madame… euh… Melissa.

— Parfait. Bon, j'espère que Jasper est rentré… nous avons été retardés parce que nous l'attendions. Il faudra l'excuser, Annabel, il s'implique tellement dans son travail qu'il en oublie parfois la courtoisie. C'est un goujat, et je ne manquerai pas de le lui dire lorsque je le verrai.

— Non, cousine, je vous en prie, pas à cause de moi, proteste Miss Krout, une pointe d'inquiétude dans la voix. Je ne voudrais pas partir du mauvais pied.

— Oh, Annabel, il vous adorera, j'en suis sûre. Ah, nous y voilà enfin !

Le coupé tourne à gauche dans Duncan Terrace, une rue étroite qui donne dans City Road, flanquée d'un côté par de riches demeures georgiennes et de l'autre par des jardins publics protégés par des grilles. Le cocher s'arrête, et dès qu'un domestique paraît, les deux femmes sont introduites dans le vestibule des Woodrow. On accroche les manteaux, on emporte les couvertures vers une destination secrète. Pendant ce temps, Mrs. Woodrow s'empare du courrier qu'on a déposé sur la desserte à son intention.

— Montez dans le salon, très chère, propose-t-elle. Je préfère que vous nous voyiez à notre avantage.

Dans le salon du premier, un grand feu ronronne dans la cheminée, devant laquelle deux fauteuils confortables sont disposés.

— Jervis, Mr. Woodrow n'est pas encore rentré ? demande Melissa Woodrow au valet qui attend des instructions sur le seuil.

— Non, madame.

Elle pousse un soupir exaspéré, dépose les lettres sur le manteau de la cheminée et se frotte les mains devant le feu.

— Il n'a pas envoyé de message ?

— Non, madame.

— Fort bien. Demandez à Mrs. Figgis de nous faire du thé avec des toasts, voulez-vous. Nous le prendrons ici.

— Bien, madame.

Mrs. Woodrow regarde le domestique partir, puis reporte son attention sur son invitée.

— Jasper ne va pas tarder, ma chère. Nous aurons alors un vrai dîner. Asseyez-vous, je vous en prie. Vos bagages arriveront bientôt. Mais les cochers n'en font qu'à leur tête, vous pouvez me croire. Ils doivent connaître Duncan Terrace, remarquez. C'est une rue fort respectable.

— Nous avons les mêmes problèmes avec les fiacres à Boston, madame.

— Melissa, ma chère, Melissa. Vous m'excuserez si j'ouvre le courrier ? dit Mrs. Woodrow en désignant les lettres. Jasper tient à ce qu'on réponde aussitôt. Il est parfois intransigeant, lorsque ça lui convient.

— Je vous en prie.

— Je sais que c'est très mal élevé, chère Annabel. Je n'en ai pas pour longtemps.

Annabel Krout parcourt la pièce du regard tandis que sa cousine emporte les enveloppes près d'un petit secrétaire et les ouvre avec un coupe-papier. C'est un agréable salon, avec une cheminée en marbre et un grand miroir dans un cadre doré accroché au-dessus du manteau. Le mobilier est peut-être un peu lugubre, tout en acajou et chêne foncés, et passé de mode. Mais c'est un salon confortable. Il y a même, note Annabel avec satisfaction, un pianoforte. Cependant, tandis qu'elle examine la pièce, elle remarque un singulier froncement

21

de sourcils lorsque sa cousine ouvre une certaine enveloppe. Si elle connaissait mieux Melissa Woodrow, Annabel Krout exprimerait une inquiétude polie à propos de la lettre en question ; mais elles se connaissent depuis trop peu de temps pour de telles confidences. Elle attend donc patiemment que Mrs. Woodrow range la lettre dans l'enveloppe et s'attaque au reste du courrier.

— Je vais aller me changer, Annabel, annonce Mrs. Woodrow, sa lecture terminée. Ces vêtements sont encore tout imprégnés de brouillard. Vous n'y voyez pas d'inconvénient, j'espère ?

— Oh, pas du tout.

— Le thé sera bientôt prêt... commencez sans moi.

Annabel assure qu'elle ne ferait jamais une chose pareille ; elles échangent encore des sourires las et des politesses, puis Mrs. Woodrow quitte la pièce. Annabel patiente un instant avant de se lever, et elle fait courir sa main sur les touches du piano d'un air distrait, prenant soin de ne pas les frapper. Tout en admirant les tableaux au mur, estampes de personnages célèbres et peintures champêtres, elle passe devant le secrétaire. Le courrier est toujours là, et elle reconnaît la petite enveloppe beige qui a tant perturbé sa cousine.

Le fait qu'elle ne résiste pas à l'envie de l'ouvrir témoigne sans doute d'un certain trait de caractère. Le contenu, toutefois, la surprend beaucoup, à la fois par sa brièveté et par le sentiment qu'il exprime.

VOTRE MARI EST UN IMPOSTEUR

Elle est tellement étonnée qu'elle sursaute lorsque la porte s'ouvre derrière elle.

Heureusement, ce n'est que la femme de chambre qui apporte le plateau de thé et de toasts beurrés.

CHAPITRE II

Un fiacre roule à vive allure le long de Victoria Embankment. L'un des deux passagers est engagé dans un volubile monologue dans le but d'attirer l'attention de son compagnon.

— Alors, l'homme est au lit quelque part, vous voyez, inspecteur ? Et le médecin dit : « Vous feriez mieux d'écrire un mot et faire venir votre femme. » Parce que sa femme est ailleurs, chez elle, sans doute. Et le type au lit dit : « Oh, docteur, vous prenez toujours des mesures extrêmes ! » Formidable, non ?

Tandis que l'inspecteur Decimus Webb écoute son sergent décrire le dessin humoristique du dernier numéro de *Punch*, son expression semble en désaccord avec ce jugement admiratif.

— Je veux dire, vous comprenez, inspecteur, pas vrai ?

Webb hoche sa tête aux joues plutôt flasques d'un air assez grave pour éviter que la conversation ne s'attarde sur le sujet. Il prend sa pipe dans la poche de son manteau et se met à la bourrer. Il a le temps de l'allumer avant que le silence soit de nouveau rompu.

— Et il y avait aussi l'autre… reprend le sergent Bartleby.

Webb l'interrompt judicieusement tout en emplissant la caisse d'un nuage odorant de tabac oriental.

— Que disait exactement le message ?

— Le message ?

— Le télégramme. La raison pour laquelle nous fonçons maintenant vers Ludgate Hill.

— Je l'ai ici, répond le sergent, quelque peu déconcerté.

Il fouille dans sa poche.

— Lisez-le-moi, je vous prie, ordonne Webb.

— « *Knight's Hotel*, Knight's Court, Godliman Street. Meurtre. Vous prie de venir. Besoin conseils. Hanson, police de la City. » Pas grand-chose à en tirer, n'est-ce pas, inspecteur ? Ça doit être une sale affaire, notez, pour qu'ils fassent appel à nous. Les gars de la City préfèrent d'ordinaire s'occuper eux-mêmes de leurs enquêtes.

— Certes. Ils ont de la chance qu'on travaille tard à Scotland Yard. Connaissez-vous ce Hanson, sergent ?

— Non.

— Et l'hôtel, par hasard ?

— Non, je ne peux pas dire que je le connais.

— Dans ce cas, c'est une bien curieuse demande. Réfléchissons un peu.

— Il n'y a pas grand-chose à…

— En silence, sergent. Il vaut mieux réfléchir en silence.

Le sergent Bartleby ouvre la bouche pour répondre, mais un coup d'œil vers Webb lui fait changer d'avis. L'inspecteur aspire avec plaisir une bouffée de fumée. S'il nourrit une pensée quelconque, c'est que sa blague à tabac est presque vide et qu'il devra bientôt rendre visite à son marchand.

Sa rêverie est interrompue peu après lorsque le fiacre s'engage dans New Bridge Street, puis négocie un virage serré qui le mène dans les ruelles étroites blotties à l'ombre de Saint-Paul. Toutefois, la cathédrale est noyée dans le brouillard ; ce n'est que lorsque le cocher soulève la trappe du toit par laquelle il communique avec ses passagers que Webb s'aperçoit qu'ils sont arrivés à destination.

Knight's Court est un square d'un calme remarquable, protégé de tous côtés par de hauts immeubles, abrité du bruit des grandes artères autour de la cathédrale. Il n'est pas aussi misérable que beaucoup de squares londoniens, il a l'air assez correct pour que d'honnêtes travailleurs aient choisi d'y habiter. Mais un bâtiment, légèrement plus majestueux que les autres, se distingue par la présence d'un agent de police devant son entrée. Webb et Bartleby suivent ses indications et, peu après, se retrouvent dans le hall du *Knight's Hotel*. Ils sont accueillis par l'inspecteur Hanson, de la police de la City de Londres. Âgé de trente-cinq ans, il a une vingtaine d'années de moins que Webb.

— Hanson, inspecteur principal. Ravi de faire votre connaissance, si je puis me permettre...

— De même, inspecteur. Voici le sergent Bartleby, répond Webb avec désinvolture, sans laisser le temps aux deux hommes de se serrer la main. Mais peut-être, inspecteur, pourriez-vous commencer par nous expliquer pourquoi vous avez fait appel à nous. Dois-je vous rappeler que Saint-Paul n'est pas dans notre juridiction, meurtre ou pas ?

Hanson se rembrunit.

— En tout cas, il s'agit bien d'un meurtre, ça, j'en suis sûr. J'ai télégraphié parce que... euh... d'abord j'admire votre travail depuis un moment, depuis le meurtre dans le train, figurez-vous.

— Vous êtes trop aimable, répond Webb avec un geste dédaigneux de la main, même si sa mine d'ordinaire si sombre s'éclaire soudain.

— Ensuite parce que cette affaire me laisse une sale impression.

— Une sale impression, inspecteur ? demande Webb avec une pointe de sarcasme.

— Je crois que c'est le commencement de quelque chose. Et j'ai pensé que Scotland Yard aimerait en avoir connaissance au plus vite. Tenez, dit-il en se dirigeant vers la porte, venez jeter un coup d'œil.

Webb acquiesce et les deux hommes suivent l'inspecteur dans l'escalier.

— J'imagine que vous savez où vous êtes ? dit Hanson en arrivant sur le palier.

— Un hôtel ? fait Bartleby.

— Non, sergent, pas vraiment. C'est davantage ce qu'on appelle une « maison de rendez-vous ».

— Un bordel ? J'ai vu pire.

— Il a, paraît-il, une certaine réputation. Il attire une classe supérieure de…

— Gentlemen ? coupe Webb.

— J'allais dire de filles, mais ça revient au même. Ah, nous y sommes. Chambre quatorze, dit Hanson en écartant un agent qui monte la garde. Nous entrons ? Je suppose que vous n'êtes pas d'un tempérament nerveux, comme on dit, inspecteur ? Ni vous, sergent ?

Webb le rassure d'un signe de tête. Bartleby semble moins à l'aise, mais acquiesce. L'inspecteur ouvre la porte.

Webb promène son regard dans la pièce. Elle est éclairée par la faible lueur de deux lampes à huile, qui contraste avec celle, éclatante, du hall. Il y a une coiffeuse, une armoire, une chaise et deux meubles de rangement, mais le bois est de piètre qualité, vieux, éraflé, poussiéreux. Même la psyché qui se dresse dans un coin est parcourue d'une fêlure. Le meuble principal, toutefois, est un grand lit au cadre en fer forgé qui occupe le centre de la chambre. Au contraire du mobilier miteux, le matelas est recouvert de draps en lin blanc bien repassés. Les coussins et oreillers, entassés contre les fioritures en fer forgé de la tête de lit, sont recouverts de soie ; le tapis d'un excellent tissage est agrémenté d'un motif oriental.

La seule chose qui semble déplacée est le cadavre d'une fille de dix-huit ans tout au plus.

Elle gît sur le dos, la tête renversée en arrière sur un oreiller. Ce n'est pas une mort naturelle, car d'une profonde entaille à la poitrine s'est écoulé du sang qui a imprégné la soie de sa chemise de nuit, coloré le tissu de rouge foncé, et s'est coagulé dans le creux de son ventre ; et de chaque côté, les draps portent la marque de son corps.

— Dites-moi, commence Webb avec un calme froid, quand l'a-t-on trouvée ?

— Vers sept heures, répond Hanson. Le… euh, propriétaire, un dénommé Brown, s'est inquiété du temps qu'un certain gentleman avait passé dans la chambre.

— Combien de temps ?

— Dans les deux heures. Brown s'est aperçu que la porte était verrouillée de l'intérieur. Il a dû utiliser son passe, du moins à ce qu'il prétend. Lorsqu'il est enfin entré, l'homme avait disparu – par la fenêtre, c'est la seule possibilité – et la fille était morte.

— Il a tout de suite prévenu la police ?

Le visage d'Hanson s'anime d'un sourire ironique.

— Difficile à dire. Je suis sûr qu'il a fait dégager les autres filles et leurs clients. Il le nie, naturellement. Et il ne connaît pas le nom du type, dit-il.

— Le croyez-vous ?

— Je ne sais pas. D'abord, « Brown » n'est pas son nom ; en réalité, il se trouve qu'il est grec. Disons que je réserve mon jugement.

Webb va à la fenêtre ; elle donne sur une ruelle.

— C'est un sacré saut, si c'est comme ça qu'il s'est enfui. Remarquez, cela n'a rien d'impossible. Qu'en pensez-vous, Bartleby ? On ne vous entend pas.

— Je me disais qu'elle était jolie, inspecteur, c'est tout.

— C'eût été pardonnable si elle avait été laide, croyez-vous ? Je vous demandais votre opinion professionnelle, pas vos impressions.

Bartleby se raidit.

— La blessure a été faite avec un couteau, ça, c'est sûr. Et elle est profonde ; il a fallu de la force… du travail d'homme, j'en donnerais ma tête à couper. Elle est aussi assez précise ; le gars connaissait son affaire.

— C'est-à-dire ?

— Droit dans le cœur, inspecteur, entre les côtes.

— Autre chose ?

— Il n'y a pas beaucoup de sang. Enfin, il y en a, mais il n'a pas éclaboussé comme on aurait pu s'y attendre. Et les draps ne sont pas froissés.

— J'ai remarqué, moi aussi, intervient Hanson. Pas de lutte.

— Il l'a probablement tuée net, avance Bartleby. Une lame en plein cœur… – elle n'a pas dû se défendre, d'après moi.

— Non, sans doute pas.

Webb paraît songeur. Il se tourne vers l'inspecteur Hanson.

— Très intrigant, certes, mais vous me pardonnerez si je ne comprends pas pourquoi cette regrettable affaire devrait concerner Scotland Yard.

— Parce que j'ai peur que ça ne soit pas tout, inspecteur, répond Hanson.

Et, sans un mot, il écarte la tenture du mur, révélant une porte cachée, à moitié ouverte, qui donne sur la chambre voisine. Il fait signe à Webb et à Bartleby de le suivre.

C'est une pièce plus petite, plus banale que la quatorze, les murs sont recouverts de papier peint, elle est cependant assez grande pour contenir le même genre de mobilier. Elle se distingue elle aussi par son châlit en fer forgé, ses draps propres, sauf que ceux-ci ne sont pas imprégnés de sang. Mais à la lueur de la lampe, il y a quelque chose sur le lit qui arrête net Bartleby et Webb. C'est le cadavre d'une autre femme, aux cheveux foncés, du même âge que la première. Elle est étendue, vêtue d'une robe dont la soie couleur cuivre est à peine froissée.

— Une deuxième ? s'étonne Bartleby, incrédule.

— Oui, acquiesce Hanson, mais il y a des différences. Nous devrons attendre l'avis du médecin légiste, toutefois je dirais qu'elle a été étouffée.

— Comment le savez-vous ? interroge Webb en s'approchant du corps.

— Il y a de petites hémorragies autour de la bouche et des yeux. J'ai déjà vu ça. Et regardez l'oreiller à côté d'elle. La taie est tachée de fard à joues. Je crois que c'est avec ça qu'il l'a étouffée.

— Deux meurtres, dit Bartleby. C'est pour ça que vous nous avez appelés ?

— Exactement. Je ne vois pas de mobile, du moins, pas de mobile sensé.

— Je ne comprends pas, inspecteur, avoue Webb. Il y a forcément eu une dispute. À propos d'argent, peut-être ? Cela arrive.

— Oui, mais j'ai trouvé ceci dans la main de la seconde femme. Notre homme l'y a déposé, à mon avis.

Hanson sort de sa poche un morceau de papier qu'il tend à Webb. Ce dernier va à la lampe la plus proche et lit.

— « Il dévoile l'abîme des ténèbres ; il amène à la lumière l'ombre de la mort. » C'est dans la Bible ?

— Je crois que c'est dans le livre de Job, indique Bartleby.

— Voilà qui est singulier, déclare Webb sans tenir compte du sergent. Vous pensez avoir affaire à un fanatique religieux, inspecteur ?

— J'en ai peur.

CHAPITRE III

Annabel Krout tire les rideaux de laine moirée et plonge son regard dans la rue sombre. Un léger vent nettoie le brouillard dans Duncan Terrace. Il soulève les feuilles mortes des jardins publics et, de l'autre côté de la rue, les becs de gaz semblent scintiller tour à tour, comme sur le passage d'une présence invisible. Il y a, croit-elle, quelque chose d'inhabituel au loin ; d'étranges lumières et des mouvements qu'elle distingue mal. Elle se tourne vers la femme de chambre qui déballe ses affaires et étale ses robes sur l'ottomane à côté du lit. C'est une jeune femme grassouillette de vingt-cinq ou vingt-six ans. Annabel se reproche d'avoir déjà oublié son nom.

— Pardonnez-moi, dit-elle enfin d'une voix timide, mais je ne me souviens plus de votre nom.

— Jacobs, miss.

Bien sûr, songe-t-elle. Ni Annie, ni Mary, ni Sarah… c'est le nom de famille qu'on emploie.

— Eh bien, dites-moi, Jacobs, qu'est cela ?

— Miss ? s'étonne la femme de chambre en levant la tête.

Annabel lui fait signe de venir à la fenêtre.

— Là-bas, au-delà des maisons.

— Ah, je vois. C'est le canal, et il y a un tunnel juste là, répond Jacobs en pointant un doigt, avec des bateaux qui débouchent sans arrêt. Il court sous les maisons. C'est la lumière des barges et l'eau. Ça fait bizarre dans le brouillard, vous ne trouvez pas ?

— Je comprends, merci.

Jacobs s'aventure :

— Je vous demande pardon, miss, mais vous êtes américaine ?

La question arrache un sourire à Annabel Krout.

— Oui, de Boston.

— Eh bien, ça ne se voit pas, miss, dit la femme de chambre d'un ton bienveillant.

— Merci ! s'amuse Annabel.

— Comment c'est, là-bas, miss ?

— À cette saison, il y fait plus froid qu'ici et l'air est meilleur. Nous avons aussi du brouillard, mais jamais de la purée de pois comme ça.

— Oh, je n'aimerais pas s'il fait plus froid, réplique la femme de chambre en étalant la dernière robe sur l'ottomane, sans vouloir vous offenser.

— Vous êtes née à Londres ? s'enquiert Annabel Krout.

— Oui, miss, juste en bas de City Road. C'est à moins d'un kilomètre.

— Il faudra que vous me parliez de votre famille, et de votre enfance.

— Oh, je ne sais pas, miss, répond la domestique.

Annabel rougit, comprenant qu'elle a peut-être franchi une frontière invisible.

— Excusez-moi, je ne voulais pas être indiscrète. Je terminerai, si vous voulez. C'est parfait, vous pouvez disposer, Jacobs.

— Merci, miss.

Annabel Krout regarde la femme de chambre partir avec la désagréable impression qu'elle les a embarrassées toutes deux. À côté de son lit s'entassent les affaires qui n'ont pas encore été déballées, mais elle n'a pas le cœur à ouvrir ses bagages. Elle se console en se disant que sa chambre est agréable. Le papier peint est d'un vert pâle, avec un motif de feuilles. Un lit à demi-baldaquin en cuivre recouvert d'un superbe chintz rose à rayures occupe le centre de la pièce, et, contre un mur, se trouvent l'ottomane, une chaise et un secrétaire. En face, près de la porte, se dressent une coiffeuse japonaise et une table de toilette avec un dessus en marbre. L'un dans l'autre, sa nouvelle chambre est bien mieux que celle de Boston.

Un bruit en bas l'arrache à ses pensées. Elle sort de sa chambre et descend jusqu'au palier du premier. Elle voit Jervis, le valet, ouvrir la porte d'entrée et un homme paraître. Ce dernier, les cheveux noirs striés de mèches grises et coiffés en arrière, a dépassé la cinquantaine, et porte des favoris ainsi qu'une courte moustache bien taillée. Il présente un séduisant profil anguleux. En outre, il a des gestes autoritaires, dans sa manière de tendre son chapeau et ses gants au valet, qui l'identifient comme le maître de maison.

— Woodrow !

— Très chère ? répond Jasper Woodrow.

— Où diable étiez-vous passé ?

— Les affaires, s'empresse Woodrow. Vous savez que j'ai des horaires plus irréguliers que ceux d'un modeste employé.

— Mais, Woodrow, avez-vous oublié Miss Krout ? J'ai dû aller la chercher moi-même, savez-vous. Heureusement que Mr. Langley m'a accompagnée, sinon je ne sais pas comment j'aurais fait.

— Langley ? Qu'a-t-il à voir avec Miss Krout ? Je ne…

Jasper Woodrow se tait quand, levant par hasard les yeux, il aperçoit Annabel sur le palier du premier. Elle rougit pour la deuxième fois en peu de temps. Et bien que cela lui semble irrationnel, elle ne peut s'ôter de l'esprit qu'elle s'est fait surprendre en train d'écouter aux portes.

— Annabel ! lance Mrs. Woodrow. Venez nous rejoindre.

— Je suis navrée, je ne voulais pas…

— Vous ne vouliez pas quoi, ma chère ? Descendez et laissez-moi vous présenter.

Annabel s'exécute et adresse un sourire nerveux à Jasper Woodrow. Le sourire qu'il lui rend est surtout poli et professionnel.

— Woodrow, je vous présente ma cousine Annabel. Annabel, voici mon goujat de mari.

Elle l'a dit en plaisantant, mais l'homme ainsi défini s'interpose :

— Tout de même, Melissa, n'est-ce pas un peu exagéré ?

— Chéri, vous avez laissé Annabel attendre dans le froid. Elle aurait pu geler sur place.

— Oh, non ! intervient faiblement Annabel. Je n'avais pas froid du tout.

— Nous avons même dû retarder le dîner, persiste Mrs. Woodrow. Mrs. Figgis sera fâchée.

— Mais nous venons juste de manger, proteste Annabel, s'efforçant d'être conciliante.

— Nous ne pouvions plus attendre, dit Mrs. Woodrow. Donnez votre manteau à Jervis, nous allons voir ce que Mrs. Figgis peut nous préparer. Il faudra vous racheter, ajoute-t-elle en posant sa main sur le bras de son époux.

— Cessez vos reproches, dit Jasper en la repoussant.

Il s'arrête toutefois aussitôt, comme s'il prenait conscience de sa brusquerie.

— Pardonnez-moi, Miss Krout, j'ai eu une longue journée. Je dois monter me changer. Avez-vous déjà rencontré Lucinda ?

— Le moment est mal choisi, mon ami, le réprimande Mrs. Woodrow.

— Oui, vous avez raison. Je serai dans mon cabinet de travail… faites-moi monter quelque chose, peu importe quoi.

— Vous ne redescendrez pas ? s'offusque Mrs. Woodrow. J'espérais que nous aurions une petite conversation et que nous enseignerions le whist à Annabel. Elle m'a dit qu'elle ne connaissait pas. Vous vous rendez compte ? Nous pourrions jouer avec un seul mort, au moins.

Jasper secoue énergiquement la tête.

— Je serai dans mon cabinet de travail. Faites-moi monter quelque chose.

Sa femme capitule de mauvaise grâce.

— Je verrai ce que Mrs. Figgis peut proposer.

— Parfait. Bonsoir, Miss Krout.

Mr. Woodrow s'incline, puis gravit l'escalier. Mrs. Woodrow et Annabel l'entendent distinctement grommeler dans sa barbe :

— Maudite Mrs. Figgis !

Toutefois, dès que Mr. Woodrow est hors de portée d'oreille, sa femme prend Annabel à part.

— Il n'est pas dans son assiette. Il faut lui pardonner... par égard pour moi.

— Je vous en prie, cousine, il n'y a rien à pardonner.

— Ah, j'aimerais savoir ce qu'il a. Mais je vous assure, il est charmant. Vous verrez, très chère.

Jasper Woodrow ferme la porte de son cabinet et la verrouille. Un feu ronronne dans l'âtre comme c'est la coutume en hiver. Il tient sous son bras une chemise propre qu'il a prise dans son armoire, et la pose sur le fauteuil en cuir, devant la cheminée. Il ôte ensuite son manteau, sa veste, enlève son col et ses manchettes. Il retire enfin sa chemise et enfile vivement la nouvelle.

La vieille chemise est trempée de sueur ; et, d'un côté, le tissu est maculé de sang noir.

Woodrow la déchire avec des gestes fiévreux et jette les lambeaux dans le feu.

CHAPITRE IV

Dans la chambre treize du *Knight*, le sergent Bartleby tient une lampe près du lit tandis que Decimus Webb examine le second cadavre, retroussant les manches de la robe.

— Il y a des bleus récents sur le haut du bras, ici, déclare Webb. Je suppose qu'on l'a maintenue de force.

— Cela ne veut rien dire dans un endroit pareil, dit Bartleby.

Webb lui lance un regard désapprobateur.

— Si vous me permettez d'émettre une observation, monsieur, ajoute le sergent.

— Avons-nous leurs noms ? demande Webb comme s'il n'avait pas entendu.

— Betsy Carter, répond Hanson en pointant sa tête en direction de l'autre pièce, et Annie Finch. C'est ce que nous a dit Brown, et un de nos gars les a reconnues, à titre professionnel. Il dit qu'elles travaillaient dans le coin depuis qu'il les connaît ; au moins trois ans.

Webb se fend d'un léger sourire.

— À titre professionnel ? Sa profession à lui, j'imagine.

— Je n'ai pas demandé, rétorque Hanson. Alors, dites-moi, qu'en pensez-vous ? Curieuses circonstances, ne croyez-vous pas ?

— Par exemple ?

— Eh bien... d'abord, le meurtrier... quel mobile ?

— Un fanatique religieux, avance Bartleby.

— C'est fort possible, consent Hanson. D'ailleurs, c'est sans doute la seule hypothèse, je ne vois rien d'autre. Mais même ainsi, c'est un drôle d'endroit, n'est-ce pas, si on a en tête de supprimer une femme. S'enfermer dans une chambre alors qu'un homme, en bas, est susceptible de vous reconnaître.

— Pour ne pas risquer d'être interrompu ? ose le sergent.

— Oui, mais en laissant un témoin, Brown.

— Possible, hésite Webb. Continuez, je vous en prie.

— Ensuite… pourquoi les deux ? Pourquoi pas trois ? Quatre ? L'hôtel tout entier ?

— Il savait qu'il aurait été découvert, suggère le sergent. La deuxième était seule, les autres étaient peut-être avec des clients.

— Oui, sergent, intervient Webb, mais comment le savait-il ? A-t-il tué la première, puis écouté à la porte ? L'a-t-il trouvée seule, par hasard ? Ou bien est-ce elle qui l'a trouvé ?

— C'est-à-dire, monsieur ?

— A-t-elle entendu crier ? Elle aurait alors ouvert la porte… et il n'a eu d'autre choix que de la faire taire ?

— Ça expliquerait tout, approuve le sergent.

— J'y ai pensé, déclare Hanson. Ça expliquerait en partie les deux morts. Mais ça n'est pas logique – et voici mon troisième point : pourquoi utiliser un oreiller ? Ne trouvez-vous pas cela étrange ? S'il avait la force et le désir de poignarder la première, il aurait aussi bien pu se resservir de son couteau. La blessure est nette, l'homme est costaud, comme vous avez remarqué. Pourquoi changer de méthode ?

— Si vous me pardonnez, inspecteur, dit Bartleby, vous cherchez des explications logiques et raisonnables là où il n'y en a pas. Le bonhomme a une dispute avec la fille ; il la tue. L'autre intervient. Il lui règle aussi son compte. L'oreiller, c'est pour l'empêcher de crier, la première chose qui lui tombe sous la main. C'est peut-être aussi simple que ça.

— Que faites-vous du livre de Job, sergent ? interroge Hanson. Ça suppose de la préméditation, non ? J'aimerais connaître l'avis de l'inspecteur Webb.

Ce dernier s'écarte de la morte et fait signe à Bartleby de remettre la lampe sur la coiffeuse. Il ouvre la porte du petit meuble de chevet, jette un coup d'œil à l'intérieur et referme.

— Par quelle fenêtre est-il sorti ? demande-t-il enfin.

Fronçant les sourcils, Hanson regarde la fenêtre à guillotine, derrière son interlocuteur.

— Nous ne savons pas encore. Dans cette chambre, comme dans l'autre, les fenêtres étaient fermées, mais non verrouillées. Elles ont toutes deux du jeu, elles ne restent pas ouvertes si on les lève. En outre, nous ne pourrons pas examiner la ruelle avant demain matin. J'ai moi-même regardé par un œil-de-bœuf. On n'y voit rien.

— Et la porte qui communique entre les chambres ? Était-elle fermée à clé ?

— Non. Brown prétend que la clé a été perdue il y a des années.

Webb soupire.

— Dans ce cas, je n'ai pas de réponse, inspecteur. Mais je crois que vous êtes passé à côté d'un détail… au moins.

Hanson hausse un sourcil.

— Vraiment ?

— Le cognac.

— Le cognac ? Quel cognac ?

— Justement ! Avez-vous regardé dans le petit meuble, dans la chambre de Miss Carter, à côté ?

— Oui, acquiesce Hanson. Il y a des verres, une bouteille de gin et une carafe de cognac, à demi pleines.

— Ici, dans celui de Miss Finch, il y a les mêmes verres, la même bouteille de gin, mais, comme vous pourrez le vérifier, pas de cognac.

— Et alors ?

— Venez, inspecteur, regardez de plus près.

Hanson obtempère et Webb ouvre la porte d'un geste quelque peu théâtral, à l'image d'un prestidigitateur dévoilant un petit, mais excellent, tour de cartes. L'intérieur poussiéreux du meuble, à moitié visible dans la faible lumière, contient trois verres sales, une bouteille de gin, et c'est tout.

— Vous voyez, inspecteur ? s'enquiert Webb en traçant du doigt un petit cercle sur le fond. Regardez !

Il présente son doigt à la lumière.

— Pas de trace de poussière, admet Hanson.

— Pour être précis, l'absence d'une trace de la taille d'une carafe. Je vous garantis que vous trouverez le même gin et le même cognac partout dans ce généreux établissement. Mais ici, le cognac semble avoir disparu. Peut-être pouvez-vous vérifier cela pour nous, sergent ?

— Monsieur ?

Webb gratifie le sergent d'un regard noir.

— Vérifiez s'il y a une carafe de cognac dans chaque chambre.

— Ah, tout de suite.

Bartleby quitte la pièce, laissant les deux inspecteurs seuls.

— Vous avez l'œil perçant, inspecteur, s'extasie Hanson.

— Possible, bougonne Webb. Bon, je crois avoir vu tout ce que je voulais voir. Je réfléchirai à votre affaire, soyez-en sûr. Et si Scotland Yard peut vous être d'une aide quelconque en attendant, n'hésitez pas à me le faire savoir.

— Merci. Mais vous ne m'avez pas dit ce que vous déduisez de cette carafe manquante.

— Je crois, commence Webb en choisissant ses mots avec soin, que le meurtrier souhaitait que nous ne la trouvions pas. Et il semble probable que c'est le

38

contenu et non le contenant en soi qu'il voulait garder pour lui.

— Comment ? Vous pensez que le cognac avait été drogué ? Empoisonné ? Pourquoi ?

Webb hausse les épaules.

— Trop tôt pour le dire, n'est-ce pas ? Si j'étais à votre place, je m'assurerais que les médecins légistes examinent le contenu de l'estomac de Miss Finch avec la plus grande attention. Et de l'autre fille aussi.

— Comptez sur moi.

— Bien, pour l'instant, il n'y a plus rien à ajouter.

— À moins que vous ne souhaitiez voir Mr. Brown avant de partir ? Il attend en bas.

— Ah, ce cher Mr. Brown ! Un Grec, dites-vous ? Notre belle ville attire des gens de toutes sortes, n'est-ce pas ? Oui, nous apprendrons peut-être quelque chose de ce Mr. Brown.

Vasilis Brown se lève lorsque Webb et Hanson entrent dans le salon. Près de lui, l'agent de police veut le faire rasseoir, mais l'inspecteur Hanson lui indique d'un signe de le laisser tranquille.

— Inspecteur, dit Brown en s'approchant et en tentant d'étreindre les mains d'Hanson pour le supplier, s'il vous plaît, libérez-moi, je vous en prie ; cet endroit est maudit.

— Vous resterez ici tant que nous aurons besoin de vous. Voici l'inspecteur Webb, de Scotland Yard.

Webb salue de la tête.

— Pourquoi ? s'étonne le Grec. Encore un policier ? Qu'est-ce que vous me voulez ? Je vous ai tout dit, inspecteur. Y a rien d'autre à ajouter.

— Vous êtes loin de chez vous, Mr. « Brown », remarque Webb.

— Et alors ? C'est un crime ?

— Quel est votre nom ? Votre vrai nom ?

— Ionnidou. Mais les Anglais ne comprennent pas. Je l'ai changé, et maintenant c'est Brown. Pas de problème. J'ai rien à cacher.

— Mais il y a eu des tas de problèmes ce soir, ne trouvez-vous pas ?

— J'ai appelé la police ! Moi ! Et maintenant, on me traite comme un criminel ! C'est pas ma faute. Je vous en supplie, inspecteur, gémit-il en s'adressant à Hanson, laissez-moi partir. Je ne veux pas rester sous ce toit.

— Nous savons qui vous êtes, Mr. Brown, poursuit Webb. Dites-moi, qu'est-ce qui a éveillé vos soupçons ? Pourquoi être monté dans la chambre ?

— Je l'ai déjà dit. Vous voulez que je répète ?

— Je vous en prie.

Le Grec pousse un soupir.

— L'homme, il était resté longtemps, deux heures. Il y était toujours. J'ai eu peur qu'il y ait un problème. C'est tout.

— Vous facturez à l'heure, si je comprends bien ?

— Je loue les chambres à l'heure, c'est tout, rectifie le Grec.

Webb sourit.

— Si vous le dites. Bien, j'en ai terminé ici. Je vous souhaite une bonne nuit, Mr. Brown.

Vasilis Brown regarde, décontenancé, les deux hommes quitter la pièce. Dans le hall, ils tombent sur le sergent Bartleby.

— Vous aviez raison, monsieur, dit le sergent. Même carafe dans chaque pièce. En tout cas, dans toutes celles que j'ai examinées.

Webb s'autorise un petit sourire satisfait.

— Nous vérifierons, déclare Hanson. Alors, inspecteur, Brown est-il comme vous l'aviez imaginé ?

— Je ne sais pas. Je ne lui ferais pas confiance pour deux sous, mais est-il un assassin ? Tout est possible, bien sûr… on ne doit jamais se fier à son instinct. Comptez-vous l'arrêter ?

— Je préférerais le laisser mijoter pour l'instant, le tenir à l'œil, l'observer.

— Sage décision, approuve Webb en coiffant son chapeau. Parfait, bonne nuit, inspecteur Hanson. Ce fut un plaisir. Tenez-nous au courant de vos progrès. Je suis navré de n'avoir pu vous aider davantage.

— Tout le plaisir était pour moi, inspecteur.

Webb et Bartleby se retrouvent dans un fiacre qui s'éloigne de la cathédrale et du quartier de Godliman Street. L'inspecteur est plus enclin à la conversation qu'auparavant, il est plus enjoué.

— Vous vous êtes absenté longtemps, sergent.

— J'ai discuté avec deux agents, inspecteur. Je me suis attardé avec celui qui connaissait les deux filles.

— Et ?

— Il prétend qu'elles étaient loin d'être les meilleures amies du monde. En fait, il a entendu dire qu'elles s'étaient disputées à propos d'un gentleman ami.

— Un gentleman ami ? s'esclaffe Webb.

— Non, ce n'est pas ce que je voulais dire. Je parle d'un type précis, un ami de cœur, pas un client.

— Connaît-il son nom ?

— Il n'a pas pu me donner de détails. Il m'a assuré qu'il se renseignerait. Elles étaient des habituées des pubs du coin. Ça marchait bien au *Knight*. Elles avaient toujours de l'argent.

— Hum. Votre agent préviendra Hanson s'il découvre quelque chose, je n'en doute pas. Ce n'est pas notre affaire. Mais c'est intrigant.

— Joli coup, inspecteur, d'avoir remarqué l'histoire de la carafe. Vous croyez qu'il y a quelque chose de louche ?

— Inutile de me passer la brosse à reluire, sergent. Mais oui, ils trouveront quelque chose. Je ne sais pas quoi ni quand.

— Et pourquoi. Je veux dire, s'il en a poignardé une et étouffé l'autre, quelle raison avait-il ? Ou, reprend Bartleby, soudain frappé par une idée, ont-elles essayé de l'empoisonner ? Il l'a découvert et ça l'a rendu mauvais.

Webb soupèse l'idée, mais finit par secouer la tête.

— Pourquoi enlever la carafe ? Vous vous laissez emporter par votre enthousiasme, sergent. Réfléchissez.

Bartleby prend un air déconfit. Webb continue.

— Je devine à qui étaient destinés le cognac, le poison, ou allez savoir quoi. Du moins, je crois le deviner.

— Oui ?

— J'ai examiné le meuble de chevet dans la première chambre, sergent. Le cognac y était, mais il y avait aussi un cercle poisseux sur le bois, une tache, l'empreinte du cul de la carafe. Ils ont dû renverser un peu de cognac en remplissant les verres, ça s'est collé sur le fond et a laissé une marque. J'ai le même problème avec ma théière à la maison.

— Je ne vous suis pas, inspecteur.

— Je n'ai pas terminé. La tache formait un cercle presque parfait, mais il n'était pas exactement en dessous de la carafe ; le cul de la carafe le chevauchait. Oh, il n'y a rien d'extraordinaire là-dedans. Mais j'ai soulevé la carafe et le cul n'était pas humide, sauf à l'endroit où il chevauchait le cercle.

— Vous voulez dire que ce n'est pas la même carafe qui a laissé la tache ?

— Exactement. Je vous parie que c'était celle de l'autre chambre. Celle de Miss Finch. Comment expliquez-vous cela ?

— L'homme l'a déplacée d'une chambre à l'autre ?

Webb opine du chef.

— Pour cacher le fait qu'on avait emporté l'original. Piètre tentative, notez bien. Mais ça prouve que notre Miss Carter était la victime prévue. Ça prouve que ce qui s'est passé dans la chambre quatorze est la clé ; le reste est secondaire. Et je soupçonne notre homme de ne pas être tout à fait un malade mental.

— En avez-vous parlé à l'inspecteur Hanson ? demande le sergent.

Webb regarde par la vitre tandis que le fiacre fonce dans Fleet Street.

— Ce n'est qu'une théorie, sergent. Et ce n'est pas notre affaire.

— Et c'est la police de la City, dit Bartleby d'un air entendu.

— Ce n'est pas une affaire pour Scotland Yard, voilà tout, déclare Webb d'un ton sec.

Le sergent approuve, bien qu'il hausse les sourcils.

— Toutefois, ça ne m'étonnerait pas qu'elle le devienne, marmonne Webb dans sa barbe.

CHAPITRE V

— Bonjour, miss. J'ai allumé le feu.

Annabel Krout ouvre les yeux, sans trop savoir où elle est ni à qui appartient la voix qui l'a tirée du sommeil. Elle met du temps à se rappeler qu'elle se trouve à Londres, chez sa cousine, et que la voix est celle de la femme de chambre à qui elle a parlé la veille. Elle s'assied dans le lit, mal à l'aise.

— Je m'excuse, miss, vous m'aviez demandé de vous réveiller pour le petit déjeuner. J'ouvre les rideaux ?

Annabel hoche la tête et esquisse un faible sourire.

— Oui, en effet. Merci.

— Il fait très beau, miss.

— Le brouillard s'est éclairci ?

— Disparu, répond la domestique. Je vous ai laissé une bassine d'eau chaude là, miss.

— Merci, Jacobs, dit Annabel en regardant la table de toilette. Quelle heure est-il ?

— Presque huit heures. Autre chose, miss ?

— Non, je ne crois pas. Merci.

— Très bien, miss.

Jacobs quitte la pièce et referme la porte derrière elle. Annabel attend qu'elle soit sortie avant de se lever et d'aller à la fenêtre. Elle marche d'un pas mal assuré. Peut-être s'attend-elle au tangage auquel deux semaines de traversée l'ont habituée. En regardant par la fenêtre, elle est frappée par les étranges dendrites de

44

cristaux noirs sur les carreaux, vestiges du brouillard. Dehors, de la gelée blanche s'est déposée sur le jardin en contrebas, et elle aperçoit maintenant le canal. Des travailleurs, dont elle distingue les silhouettes courbées en deux, manient des cordes et des caisses sur une longue barge.

Annabel frissonne, puis se met à la recherche de sa robe de chambre.

— Annabel, très chère, avez-vous bien dormi ? Prenez un siège, je vous en prie. Comment avez-vous trouvé votre lit ?

— Excellent, merci, cousine.

Melissa Woodrow sourit et tapote la main de son mari, assis à la table du petit déjeuner, la tête cachée derrière le *Times*. Il abaisse son journal et lève les yeux, qui sont légèrement injectés de sang.

— Ah, Miss Krout, fait-il, et il répète la question : Bien dormi ?

— Très bien, monsieur. Mieux que sur ma couchette de l'*Alathea*.

— J'en suis ravi, déclare-t-il sans enthousiasme.

Et il reprend sa lecture, comme s'il préférait ne pas croiser son regard.

— Je n'ai jamais pris de bateau, dit Mrs. Woodrow. Il paraît qu'il faut une robuste constitution. Est-ce votre cas, Annabel ? Avez-vous été incommodée ?

— Par qui ?

— Non, vous m'avez mal comprise. Beaucoup de passagers ont-ils souffert du *mal de mer**[1] ?

— Oh, excusez-moi, cousine. Oui, un certain nombre. Nous n'aurions pas formulé cela ainsi à Boston.

— Il faudra vous habituer à notre manière de parler. N'est-ce pas, Woodrow ? « Quand on est à Rome… », n'est-ce pas ce qu'on dit ?

1. Les mots et expressions en italique suivis d'un astérisque sont en français dans le texte. (*N.d.T.*)

Mr. Woodrow opine du chef avec raideur.

— Ah, continue Mrs. Woodrow quand Jacobs arrive en portant un plateau d'œufs et de bacon, j'imagine que vous prenez un solide repas pour commencer la journée ? Une fille de votre âge doit bien manger ; mais je peux demander à Mrs. Figgis de vous cuisiner autre chose, si cela ne vous convient pas.

— Non, c'est très bien, cousine. J'adore les œufs.

Mrs. Woodrow sourit, mais un silence pesant s'ensuit, tandis que les deux femmes attaquent leur repas et que le maître de maison poursuit sa lecture attentive. On sert alors une assiette de viande froide avec du pain et de la crème d'anchois. Mr. Woodrow picore sa viande sans conviction, il mange à peine. Il repousse son assiette, avale une gorgée de thé et se lève.

— Veuillez m'excuser, Miss Krout, mais mes affaires m'attendent. Je dois bientôt partir.

— Je vous en prie, s'empresse Annabel.

— Bien, ne laissez pas mon épouse vous épuiser pour votre premier jour à Londres, elle a la manie des attractions touristiques.

— C'est faux ! proteste Mrs. Woodrow.

— J'espère que nous aurons l'occasion de discuter ce soir, dit son mari en passant devant son invitée et en quittant la pièce.

Annabel veut le saluer, mais il est déjà sorti. Elle se retourne vers sa cousine, dont les traits trahissent un certain mécontentement face aux manières abruptes de son époux. Cependant, la maîtresse de maison dissimule son irritation.

— Ne prêtez pas attention à Woodrow. Il est débordé de travail. Il ne le fait pas exprès, croyez-moi. Bien, de quoi avez-vous envie aujourd'hui ? Il vous faut visiter la ville, quand on a la chance de voyager, on doit visiter certaines choses.

— J'attends vos suggestions, cousine, mais j'aimerais beaucoup voir Crystal Palace, la cathédrale Saint-Paul, et l'abbaye de...

— Oui, oui, bien sûr, très chère. Je cherchais juste ce qui serait le mieux pour commencer. Toutefois, peut-être devrais-je vous présenter Lucinda ; je me suis dit que nous pourrions l'emmener en promenade.

— Oui, j'ai hâte de faire sa connaissance, dit Annabel avec chaleur. Vous en brossez un tableau si charmant dans vos lettres. Et la photographie que vous avez envoyée à papa et à maman est très jolie.

Melissa Woodrow sourit et une lueur de fierté maternelle colore ses joues.

La chambre d'enfant des Woodrow, qui se trouve au troisième étage, juste au-dessus de celle d'Annabel, donne sur la rue. C'est une pièce claire et spacieuse qui bénéficie d'une excellente vue sur les toits et sur le canal. Les murs sont blanchis à la chaux, le sol recouvert d'une moquette de feutre foncé. Le mobilier se réduit à un lit, une petite table, des chaises, une coiffeuse et une corbeille à jouets en osier dont le couvercle est si mal fermé qu'une arche en bois de couleur vive en dépasse.

Une petite fille de six ans environ habite seule dans cette chambre. Elle est assise dans un coin sur un tabouret, devant un secrétaire miniature, et elle est absorbée dans la contemplation d'un livre. Les cheveux foncés, comme ceux de ses parents, la mine sérieuse, elle lève la tête à l'entrée de Mrs. Woodrow et de sa cousine, et les regarde, dans l'expectative. Mrs. Woodrow croise son regard en souriant, mais s'intéresse aussitôt à la corbeille dont elle remet les jouets en place.

— J'aimerais que tu ranges mieux tes affaires, Lucinda, dit-elle en refermant le couvercle.

— Je suis désolée, maman.

Lucinda repousse son livre, un alphabet des chemins de fer, ouvert à la page des T. Sa mère s'approche et lui tapote la joue.

— Lucy, je te présente ta cousine Annabel, qui nous arrive d'Amérique. Je t'avais dit qu'elle viendrait nous rendre visite, t'en souviens-tu ?

Lucy acquiesce.

— Que dis-tu à Annabel ?

— Enchantée, dit la fillette après un instant d'hésitation.

— Moi de même, sourit Annabel, qui s'accroupit près de l'enfant. Tu es aussi mignonne que sur ta photo. J'espère que nous allons devenir amies.

Toutefois, avant que la fillette ait le temps de répondre, une voix l'interrompt depuis le palier, derrière les deux femmes.

— Bonjour, Lucinda.

C'est la voix de Mr. Woodrow, habillé pour sortir, avec son grand manteau noir, une canne et un chapeau à la main.

— Je vois que vous avez fait connaissance avec ma fille, Miss Krout. Qu'en dites-vous ? J'ai tendance à penser qu'il faudrait mettre ses qualités en valeur. Ma femme n'approuve pas l'idée d'une gouvernante, je ne comprends pas pourquoi.

— Je la trouve charmante, monsieur, répond Annabel.

— Oui, bon. C'est difficile de juger à la première entrevue, bien sûr.

Il semble sur le point d'ajouter quelque chose, mais se ravise et s'adresse à sa femme :

— Avez-vous des projets, Melissa ?

— Pas encore, mon cher.

— Vraiment ? En tout cas, j'ai demandé à Jervis de préparer l'équipage pour dix heures pile ; j'ai pensé que cela vous conviendrait. Mais je suis déjà en retard.

— Je parlerai à Jervis, mon ami. Ne nous laissez pas vous retenir plus longtemps.

Mr. Woodrow salue de nouveau d'un signe de tête et s'en va. Ses chaussures résonnent dans l'escalier. Mrs. Woodrow attend qu'il soit hors de portée d'oreille avant de parler.

— Il veut ce qu'il y a de mieux pour elle, dit-elle enfin en flattant la tête de sa fille, mais, à vrai dire, je ne suis pas du tout disposée à la confier à une étrangère. C'est une enfant sensible. Me trouvez-vous stupide ?

— Pas du tout, proteste Annabel. C'est naturel de la part d'une mère.

Melissa Woodrow effleure le bras de sa cousine en lui souriant.

— Je suis contente que vous m'approuviez, très chère. Mais je préfère qu'on ne discute pas de cela devant Woodrow. Il déteste la contradiction. Bien, ma petite demoiselle, dit-elle à sa fille, nous projetons une excursion. Où aimerais-tu aller ?

— Aujourd'hui, maman ?

— Oui, aujourd'hui.

La fillette réfléchit en tournicotant une mèche de cheveux.

— Au zoo !

Melissa Woodrow sourit.

— Toujours le jardin zoologique ! Cependant, je le recommande, Annabel ; nous prendrons le coupé, nous pourrons ainsi nous promener dans le parc.

— J'en serais ravie.

— Parfait. Avez-vous une robe de journée, ma chère ?

— Euh… celle que je porte, répond Annabel en abaissant machinalement les yeux sur sa robe, un vêtement mauve très simple.

— Oh, cela ne conviendra pas, chère cousine. Nous ne suivons pas les coutumes américaines, vous savez. Je vais voir si je trouve quelque chose dans ma garde-robe ; je viens d'acheter une ravissante mousseline chez *Whiteley* qui, je crois, vous ira parfaitement. Il fait encore froid. Je suis sûre que Jacobs aura une idée elle a toujours le dernier mot en matière de mode, ce qui est tout à fait surprenant quand on la voit !

— Je vous en prie, cousine, je n'ai pas besoin de…

— Au contraire ! Il ne faut pas que l'on vous voie à Regent's Park sans quelque chose qui soit de l'année… Bon, bref, discutez avec Lucinda pendant que je vais chercher.

Melissa Woodrow gagne son dressing à la hâte, ignorant la mine embarrassée d'Annabel Krout. Cette dernière, toutefois, ne manifeste son désaccord que d'un léger soupir résigné. Consciente que sa jeune cousine l'observe, elle se penche au-dessus du secrétaire de la fillette.

— Quel âge as-tu, Lucy ?

— Presque sept ans.

— Mais, dis voir, tu es grande ! Es-tu déjà allée au zoo ?

— Oui, répond la fillette avec une note de mépris, comme insultée par l'idée qu'elle n'ait jamais fait une telle expérience.

— Je voulais dire avec ton papa et ta maman ?

— Papa ne va nulle part.

— C'est juste, il est très occupé. J'imagine qu'il doit travailler, gagner sa vie pour que ta maman et toi ne manquiez de rien et soyez heureuses.

La fillette plisse le front.

— J'aimerais qu'il soit heureux.

— Il ne l'est pas ? s'étonne Annabel, désarçonnée.

Lucy Woodrow secoue la tête avec énergie.

— Pourquoi, mon chou ? insiste Annabel. Que veux-tu dire ?

La voix de Mrs. Woodrow appelant Annabel depuis le vestibule interrompt la conversation.

La fillette reporte son attention sur son alphabet.

— J'aime le zoo, déclare-t-elle.

CHAPITRE VI

— Ça, dit Lucy Woodrow en pointant son doigt vers un énorme animal qui approche pas à pas, c'est un éléphant indien. Parce qu'il a de petites oreilles.

— Pour un éléphant, précise Annabel Krout.

La fillette lève les yeux vers sa cousine, indécise. Se moque-t-on d'elle ?

— Oui, répond-elle enfin avec le plus grand sérieux. Pour un éléphant.

Le gros animal s'avance d'un pas pesant sur le sentier bordé d'arbres. Annabel, Lucy et Mrs. Woodrow s'écartent. Conduit par un gardien coiffé d'une casquette à visière, le mammifère porte une demi-douzaine de visiteurs – un homme, une femme et quatre enfants – qui se balancent sur une banquette à l'instabilité menaçante attachée sur son dos.

— C'est un miracle qu'ils ne tombent pas, remarque Annabel.

Le gardien, qui a entendu le commentaire, lève le fouet qu'il tient d'une main ferme afin de toucher sa casquette pour saluer les trois visiteuses.

— Ne vous inquiétez pas, miss, dit-il. C'est sans danger. Aussi sûr qu'un omnibus, s'il vous plaît de faire un tour ?

— Certainement pas ! proteste Mrs. Woodrow en faisant avancer sa cousine. Aussi sûr qu'un omnibus, vraiment ! ajoute-t-elle lorsque le gardien et son éléphant

sont passés. Laissez-moi vous dire, très chère, que ce
n'est pas recommandable.

— On ne peut pas faire une balade, maman ?
implore Lucy en tirant sur la jupe de sa mère.

— Ne fais pas ça, chérie, répond Mrs. Woodrow en
écartant la main de sa fille. Tu vas la déchirer. Non,
nous ne ferons pas de balade. Je te l'ai déjà dit, cela
ne convient pas à ma constitution. Pense un peu à ta
mère !

La frimousse de la fillette s'assombrit, mais elle se
tait. Sa mère lui jette un regard aigu.

— Lucinda, je te jure, il y a des moments où tu
m'exaspères ! Elle en rajoute, dit-elle tout bas à Annabel, parce que vous êtes là.

— S'il te plaît ! insiste Lucy en étirant les syllabes.

— Je pourrais l'accompagner, propose Annabel.

— Ma chère, votre robe n'y survivrait pas. Pensez à
toute l'agitation.

Annabel Krout abaisse son regard sur la polonaise
vert bouteille qu'elle porte sous sa cape et ne semble
pas partager l'inquiétude de sa cousine. Néanmoins, elle
ne discute pas.

— Avant de partir, si tu es sage, nous irons peut-être
voir l'hippopotame, dit Mrs. Woodrow à sa fille d'un
ton conciliant.

Lucy acquiesce à contrecœur.

— C'est ton préféré ? s'enquiert Annabel tandis
qu'elles reprennent leur promenade.

Lucy opine de la tête.

— Figure-toi, ma chérie, dit Mrs. Woodrow à sa
fille, que je me souviens de la fois où l'hippopotame
est arrivé au zoo ; j'avais à peu près ton âge.

— Je ne savais pas, admet Lucy, une pointe de curiosité dans la voix.

— Ça avait fait sensation. On avait même écrit des
chansons sur lui.

— Chante-m'en une ! demande la fillette.

52

— Oh, je ne me souviens pas des paroles. Je verrai si j'ai encore les partitions à la maison. Ah, nous y voilà !

Un enclos entouré d'une grille en fer supplémentaire sur laquelle s'appuient des visiteurs se trouve devant elles. La grande majorité est constituée d'enfants, et le visage de Lucy Woodrow s'illumine lorsqu'elle se colle contre les barreaux et voit le corpulent mammifère allongé, luisant d'humidité, près de son bassin. Il a les yeux fermés et les courbes de son museau camus suggèrent un certain degré de satisfaction béate.

— C'est une brute plutôt laide, pour un favori, Lucy chérie, dit Mrs. Woodrow. Pour ma part, je préfère de loin les lions.

— Moi, il me plaît, persiste Lucy.

Mrs. Woodrow caresse les cheveux de sa fille, et se tourne vers sa cousine pour lui murmurer à l'oreille :

— Il me rappelle Woodrow après le déjeuner du dimanche.

Annabel Krout rit d'un rire nerveux. Elle ne peut s'empêcher de penser qu'il s'agit là d'une analogie intime qui ne cadre pas avec le peu qu'elle connaît de son hôte et de ses humeurs.

— Il me semble bien soigné, finit-elle par dire.

— Oh, certes ! J'imagine qu'il est ravi de recevoir une telle attention et autant de nourriture qu'il veut. Nous pouvons rentrer, maintenant. Nous traverserons le parc.

— Mais maman ! implore la fillette.

— Il n'y a pas de « mais ». Viens.

Lucinda proteste, résiste avec gravité, jusqu'à ce qu'un mélange de menaces et de cajoleries la persuade d'abandonner sa place contre la grille. Il ne leur faut pas longtemps pour regagner la sortie du zoo et s'engager sur les sentiers bien entretenus de Regent's Park.

— Comment avez-vous trouvé le zoo, ma chère ? demande Mrs. Woodrow à sa cousine tandis qu'elles se dirigent vers l'Inner Circle du parc où de nombreux véhicules sont stationnés.

— Oh ? très agréable… Je n'avais jamais vu autant d'animaux différents.

— Et toi, Lucinda ?

— J'aime bien l'hippopotame.

— Ça, mon enfant, nous le savons, et je trouve même que tu l'aimes trop.

Mrs. Woodrow s'arrête en voyant un homme marcher d'un pas vif sur un sentier qui croise le leur.

— Incroyable ! Mais c'est Mr. Langley !

— Il ne nous a pas vues, dit Annabel en agitant la main. Mr. Langley, par ici !

— Je vous en prie, Annabel, un peu de décence. On nous regarde.

Annabel prend un air contrit, mais elle n'a pas le temps de s'excuser car Richard Langley soulève son chapeau et change de direction pour les rejoindre.

— Mrs. Woodrow, Miss Krout, je suis ravi de vous rencontrer. J'espère que vous allez bien. Vous êtes-vous remise de votre voyage en train, Miss Krout ?

— Oui, je crois.

— J'espère que vos bagages sont arrivés à Duncan Terrace.

— Oui, merci.

Annabel a la nette impression qu'elle devrait ajouter quelque chose, mais elle ne trouve pas les mots.

— Mrs. Woodrow vous fait visiter Londres, j'imagine ?

— Oh, oui ! Et le parc est vraiment ravissant.

— Qu'est-ce qui vous amène ici, Mr. Langley ? interroge Mrs. Woodrow.

— J'habite à St John's Wood, si vous vous souvenez. Ce n'est pas loin. J'emprunte souvent ce chemin pour me rendre en ville, quand le temps le permet. En fait, j'espère voir votre mari, comme je n'ai pu le faire hier.

— Oh, vous le trouverez à son bureau, j'en suis sûre.
Je vous aurais invité dans notre coupé, mais il y a à
peine la place pour deux, sans compter Lucy.

— Lucy ?

— Vous connaissez ma fille, n'est-ce pas ? Nous
venons du jardin zoolo…

Mrs. Woodrow n'achève pas sa phrase car elle cherche des yeux sa fille, qui a disparu.

Lucy Woodrow retourne au zoo et franchit la grille
derrière une grosse femme et deux garçons d'un an ou
deux de moins qu'elle, vêtus chacun d'un costume de
marin bleu et blanc.

Elle essaie de se rappeler où sont les éléphants. Puis,
elle en aperçoit un au loin et se dirige vers lui en courant. Elle n'a pas de mal à le rattraper car il avance
lentement d'un pas lourd et Lucy n'a jamais vu les gardiens se servir de leur fouet. Elle marche derrière le
mammifère, surveillant sa queue, qu'il agite de temps
en temps tandis que ses grosses pattes crissent sur les
graviers. Elle fait un signe de la main à une fillette
assise sur le dos de l'animal et cette dernière lui ren-
voie son salut.

— Elle n'a pas pu aller bien loin, assure Richard
Langley.

Mrs. Woodrow jette des regards affolés autour d'elle.

— Non, vous avez raison, dit-elle. Calmez-vous, mon
petit, ajoute-t-elle à l'intention d'Annabel qui semble
pourtant moins inquiète. Non, elle n'a pas pu aller bien
loin. Lucy !

Richard Langley et Annabel Krout se joignent à
Mrs. Woodrow pour appeler la fillette, mais en vain.
Aucun signe d'elle dans le parc. Quelques promeneurs
se retournent, mais c'est tout.

— Que porte-t-elle ? demande Langley.

— Une petite robe blanche toute simple, répond Mrs. Woodrow sans regarder son interlocuteur. Enfin, ajoute-t-elle vivement, elle a aussi un châle, un manteau et un béret.

— Brun-roux, indique Annabel.

— Couleur feuille morte, rectifie Mrs. Woodrow, précision qu'Annabel juge superflue.

— Serait-elle retournée au zoo ? interroge Miss Krout.

— C'est possible, acquiesce Mrs. Woodrow, au bord des larmes. Ô mon Dieu ! Mr. Langley, pardonnez-moi, c'est juste que… aidez-nous à la retrouver, voulez-vous ? Elle peut être n'importe où.

— Je vous aiderai, madame, promet Langley, mais le mieux est que vous restiez ici au cas où elle reviendrait, ou que quelqu'un la ramènerait à l'endroit où elle vous a quittées. Je cours au zoo interroger le préposé à l'entrée et demander aux gardiens qu'ils la recherchent. Et si l'un d'entre nous voit un policier, il serait bon de lui demander son concours.

— La police ? s'exclame Mrs. Woodrow, pantelante et prête à s'évanouir.

— Pure précaution, assure Langley, il n'y a pas de quoi s'affoler.

Lucy Woodrow monte les marches en bois qui mènent à la plate-forme à côté de l'éléphant, puis grimpe sur la banquette, ses pieds dérapant sur le tapis qui recouvre le dos de l'animal.

— Elle est pas avec nous ! s'exclame un garçon.

— Ma maman est là-bas, dit Lucy sans désigner de direction particulière. Elle n'aime pas les éléphants.

— Tiens, fait le gardien en lui attachant une ceinture en cuir autour de la taille. Voilà, tu es prête ?

Lucy acquiesce. Ses compagnons de voyage font de même, et le banc se met soudain à osciller et à cahoter lorsque l'éléphant entame le tour du zoo.

Ce n'est pas ce que Lucy Woodrow avait imaginé. Le siège est inconfortable et la ceinture frotte contre son ventre même si elle s'y accroche de toutes ses forces.

Boum, boum.

En outre, les gens en bas ne sont pas aussi minuscules qu'elle l'avait espéré. Et elle n'a personne à qui faire signe.

Boum, boum.

Sa déception est telle qu'elle a du mal à ne pas pleurer.

Boum, boum.

L'animal s'arrête enfin. Lucy redescend avec l'aide du gardien.

Elle sent qu'un homme lui agrippe le bras.

— Tu es perdue ?

— Ah, Mr. Langley, Dieu merci, vous l'avez retrouvée !

Richard Langley se dirige vers Mrs. Woodrow et Annabel Krout, tenant par la main Lucy qui trottine à ses côtés, le visage rouge pivoine, sans qu'on sache si c'est parce qu'elle a honte ou qu'elle est essoufflée. Blême, Mrs. Woodrow court étreindre sa fille.

— Petite idiote ! Méchante fille ! s'exclame-t-elle avant d'éclater en sanglots.

Lucy a le bon goût de l'imiter.

— Pardonnez-moi, Mr. Langley, dit enfin Mrs. Woodrow en s'essuyant les yeux avec un mouchoir qu'elle a sorti de son sac. Je suis toute retournée. Comment puis-je vous remercier ?

— N'importe qui l'aurait retrouvée, madame ; elle était en sécurité. Je crois qu'elle est allée faire un tour d'éléphant.

— Eh bien, c'est la dernière fois que nous allons au zoo, ma petite demoiselle ! déclare Mrs. Woodrow.

La fillette se remet à pleurer. Toutefois, sa mère ignore ses larmes.

— Peut-être viendrez-vous dîner à la maison un soir ? propose Mrs. Woodrow. Notre Mrs. Figgis est une excellente cuisinière.

Mr. Langley sourit.

— J'en serais ravi, madame, mais je ferais mieux de conclure mon affaire avec votre mari ; je ne voudrais pas abuser de son hospitalité avant que tout soit réglé.

— Je lui parlerai, promet Mrs. Woodrow, souriante.

— Si vous me permettez, je vous raccompagne à votre voiture.

Mrs. Woodrow acquiesce et, avec Lucy toujours en larmes, se dirige vers l'Inner Circle.

— Vous travaillez dans le même domaine que Mr. Woodrow, Mr. Langley ? demande Annabel.

— Je suis architecte, Miss Krout. Je dessine les nouveaux bureaux de Mr. Woodrow.

— Mais Mr. Langley envisage aussi d'investir dans notre affaire, intervient Mrs. Woodrow. N'est-ce pas, Mr. Langley ?

— En effet, madame. J'ai de l'argent disponible et Mr. Woodrow m'a proposé une association. Il suffit de s'entendre sur les termes ; mais cela prend parfois du temps. Aucune des deux parties ne s'engage dans une association à la légère.

Annabel Krout a l'impression que le regard de Richard Langley s'attarde sur elle. Ce dernier s'efface afin de laisser passer les deux femmes par la grille du parc.

— Bien, fait Langley, comme ils arrivent au coupé dont le cocher est perché sur son siège, nous y voilà.

— Je suis si contente que nous vous ayons rencontré, dit Mrs. Woodrow. Je ne sais pas comment j'aurais fait si…

— Je vous en prie, madame, vous m'avez déjà remercié. Je vous souhaite le bonjour ; quant à vous, jeune demoiselle, il faudra vous montrer plus attentionnée envers votre maman.

Lucy ne répond pas. Langley soulève son chapeau pour saluer les deux femmes, puis reprend sa promenade du même pas vif que lorsqu'il les a rencontrées.

— Un charmant jeune homme, déclare Mrs. Woodrow.

— Oui, n'est-ce pas ? acquiesce Annabel.

— Phelps, ordonne Mrs. Woodrow au cocher, descendez nous ouvrir la portière, je vous prie.

— Désolé, m'dame, répond l'homme en sautant de son siège. Je surveillais le cheval.

— Je me moque de ce que vous faisiez, soyez donc plus attentif. J'ai déjà eu une rude journée.

— Désolé, m'dame.

Annabel lève les yeux vers le siège du cocher. Elle remarque un journal qu'il a à la hâte caché sous le coussin. Seule une partie de l'article est visible, mais elle ne peut s'empêcher de frissonner en lisant : *Meurtre atroce de deux jeunes femmes*.

CHAPITRE VII

Le siège des affaires de Jasper Woodrow est situé dans High Holborn, une artère animée, et occupe un grand bâtiment de style classique non loin de New Oxford Street. Impossible de manquer l'immeuble car il est surmonté d'une tour garnie de lettres, sculptées dans le fer, qui jaillit du toit en proclamant : « Entrepôts Woodrow : vêtements et fournitures de deuil ». D'autres annonces peintes sur les murs en brique promettent « Deuil de bon goût pour les familles », « Vêtements de deuil pour la Cour et les familles », et de la corniche elle-même pend la fière devise : « Nos articles sont toujours de la meilleure qualité. » En outre, chaque enseigne est équipée de becs de gaz qu'on allume le soir ou par temps de brouillard. Bref, rien n'est épargné pour vanter le commerce particulier dans lequel l'immeuble se spécialise, la variété et la bienséance de ses articles. C'est donc, selon toute vraisemblance, une affaire prospère.

Dans son bureau, cependant, Jasper Woodrow lui-même s'abîme dans la contemplation du vide. Devant lui, sur le bureau en acajou recouvert de cuir lie-de-vin, se trouve un portefeuille de documents, noué avec une ficelle, qui porte le titre suivant : « Woodrow : comptabilité et rapports, 1873 ».

Il pousse le portefeuille de côté et regarde l'horloge. Choisie par sa femme, c'est celle qu'il préfère ; un

60

objet en similor très ouvragé dont le cadran émaillé est soutenu par une forêt de minuscules fleurs et de guirlandes de feuilles en métal doré.

Une heure.

Jasper Woodrow déplace légèrement son encrier en bronze vers la gauche.

Toujours une heure.

Dans la cheminée proche, le feu crépite lorsque les flammes rencontrent une impureté dans le charbon.

Woodrow repousse son siège et se lève. Il saisit le tisonnier en cuivre et attise le feu. Il y a, dans la belle flambée, dans la chaleur qui se répand, quelque chose qui retient son attention, jusqu'à ce que des coups frappés à la porte le tirent de sa torpeur. Il semble égaré.

On frappe de nouveau.

— Monsieur ? lance une voix depuis l'autre côté de la porte.

— Oui, répond enfin Woodrow, entrez !

Un employé aux cheveux gris d'une quarantaine d'années pousse la porte d'un geste timide et entre. Il dirige d'abord son regard vers le bureau, puis vers son patron qui se tient devant l'âtre.

— Qu'est-ce que c'est ?

— Mr. Langley est là, monsieur. Il aimerait que vous lui accordiez un instant.

— Langley ? fait Woodrow, comme s'il ne reconnaissait pas le nom.

— Oui, monsieur, Langley.

— J'ai un rendez-vous. Je m'apprête à sortir.

— Dois-je lui demander de repasser une autre fois, monsieur ?

Woodrow contemple le feu ; l'employé joue nerveusement avec l'ourlet de son gilet.

— Non, peste ! Faites-le entrer.

L'employé s'incline et sort aussitôt. Quelques secondes plus tard, on frappe de nouveau à la porte et Richard

Langley entre, son chapeau à la main, son manteau sur le bras.

— Bonjour, dit-il en tendant la main.

— Bonjour, monsieur, répond Woodrow.

— J'espère que je ne vous dérange pas.

Woodrow respire à fond et redresse le torse avant de s'adresser au visiteur. Il ressemble à un nageur qui remonte à la surface pour chercher de l'air.

— Non, dit-il avec un sourire quelque peu forcé, mais j'ai un rendez-vous.

— Je vous prie de m'excuser. Je serai bref. Je voulais vous dire que j'ai reçu des nouvelles de mon notaire. Je dois le voir cet après-midi.

— Ah ! Fort bien, fort bien.

— Pardonnez-moi, monsieur, j'espère ne pas avoir été trop brusque, vous me semblez distrait. Je… euh, je croyais, je vous l'avoue, que la nouvelle vous ferait plaisir.

Jasper Woodrow pose les yeux sur son visiteur comme s'il s'apercevait enfin de sa présence. La question, toutefois, semble le réveiller.

— Non, votre franchise vous honore. C'est juste que… je dois déjeuner au *Rainbow*[1] dans dix minutes et je ne peux me permettre d'arriver en retard. Peut-être pourrions-nous nous voir demain. Mr. Prentice, à qui vous venez de parler, s'occupe des rendez-vous.

— Un instant, vous avez dit le *Rainbow* ? C'est sur ma route. Puis-je vous accompagner ?

— Bien sûr, acquiesce Woodrow sans réfléchir. Vous pouvez vous joindre à nous pour déjeuner, si vous le souhaitez… quoiqu'il s'agisse d'un repas d'affaires, pas d'agrément.

— J'en serais ravi.

— Vous risquez de vous ennuyer.

1. *L'Arc-en-ciel. (N.d.T.)*

— Je n'y vois pas d'objection, déclare Langley d'un ton cordial. Cela nous donnera peut-être l'occasion de parler des plans en chemin. J'ai une idée pour le carrelage de la façade et deux ou trois choses. Cela doit faire une semaine que je ne vous ai vu.

— Je me souviens fort peu de notre dernière soirée, dit Woodrow, qui semble se dérider. Ah, le cognac ! Il faudra recommencer, Langley, lorsque nous aurons conclu notre accord. Une bonne affaire doit se fêter, n'est-ce pas ?

— Je m'en réjouis d'avance.

L'antichambre du bureau de Jasper Woodrow par où passent les deux hommes est une petite pièce où deux employés sont assis dos à dos devant des bureaux placés contre des murs opposés, tels des serre-livres vivants. Tous deux se retournent et écoutent avec attention leur patron indiquer ses projets pour la journée. Ils attendent que Woodrow ait décroché son manteau et soit sorti avec son visiteur pour se replonger dans la contemplation silencieuse des documents étalés devant eux.

Woodrow conduit son compagnon à travers les bureaux dans lesquels une douzaine d'hommes se livrent aux activités que réclame toute affaire, factures, comptabilité, reçus.

— C'est plus rapide par le magasin, déclare-t-il en franchissant une porte qui ouvre sur le premier étage des « Entrepôts Woodrow : vêtements et fournitures de deuil ». C'est une vaste salle, dotée d'un mobilier dans les tons sombres de rouge et de brun, recouverte d'une moquette de Kidderminster, et dont les murs sont lambrissés de bois foncé. Des tables en noyer, des chaises et des canapés sont disposés à intervalles réguliers, et autour de la pièce se trouvent des tiroirs et des vitrines dont les étiquettes en lettres gothiques dorées indiquent : « Bonnets », « Mantes », « Châles », « Capes » et « Gants ». À côté de chaque vitrine se dresse un long miroir d'une propreté immaculée. Et à côté de chaque miroir, les vendeuses Woodrow s'occupent des clientes. Elles vont et viennent entre les tables où sont assises les clientes et les stocks de vêtements de deuil. On échange des mantes ornées de perles de jais contre des bonnets bordés de dentelle noire, des manteaux en mérinos contre des capes doublées de fourrure ; certains modèles sont essayés par les vendeuses elles-mêmes, d'autres étalés sur les tables. Tout est fait de manière feutrée de sorte que les seuls bruits sont les froufrous constants de la soie, tandis que les vendeuses vont chercher des articles et les rapportent dans un va-et-vient incessant. L'atmosphère ressemble moins à celle d'un magasin de détail qu'à une chapelle privée, chaque vendeuse exécutant quelque sacrement unique pour sa cliente.

— La qualité de votre personnel m'impressionne toujours, monsieur, déclare Langley à voix basse alors que les deux hommes descendent l'escalier protégé par un tapis qui mène au rez-de-chaussée.

— Sélectionné avec rigueur et pourvu d'une excellente formation. C'est la moitié du secret de tout bon établissement, quelle que soit sa branche.

Le rez-de-chaussée est surtout consacré aux robes et aux tissus : mérinos, velours et satin encombrent les comptoirs ; la bijouterie est cantonnée dans un coin à part ; la papeterie dans un autre. En sortant, Woodrow et Langley sont salués par le portier.

— Vous dites « quelle que soit sa branche », monsieur. N'avez-vous pas toujours été dans les affaires funéraires ?

— Le magasin appartenait à la famille de mon épouse, explique Woodrow en s'engageant dans High Holborn, mais j'ai toujours été dans le métier. Vous me pardonnerez, j'espère, de vous faire passer par cette rue infâme, dit-il en tournant dans Drury Lane. C'est le chemin le plus court.

— Je vous en prie.

— Ah, dit Langley lorsque les deux hommes traversent le Strand, près de l'église St Mary, et se dirigent vers Fleet Street, j'ai oublié de vous dire que j'ai eu la chance de croiser votre femme et sa cousine ce matin, dans Regent's Park.

— Tiens ?

— Je crois qu'elles revenaient du zoo.

— Ça ne me surprend pas. Lucinda les accompagnait ?

— Votre fille, sans doute ? Oui, en effet.

Il s'apprête à mentionner la fugue de Lucy, mais se ravise.

— Cette enfant a une fascination pour le zoo. C'est tout à fait malsain.

— Vraiment ?

Woodrow fronce les sourcils

— Et j'ai cru comprendre que vous avez accompagné mon épouse à la gare d'Euston hier soir, où elle allait accueillir Miss Krout ?

— J'espérais vous trouver chez vous, monsieur : vous m'aviez proposé de passer si j'étais dans le quartier. Et Mrs. Woodrow m'a paru quelque peu affligée. J'ai pensé pouvoir rendre service, vu les circonstances.

— Je vous suis redevable, Langley. Je n'aurais pas fini d'en entendre parler si vous n'aviez pas été là. Dites-moi, que pensez-vous de Miss Krout ?

— C'est, ma foi, une jeune fille charmante.

— Je trouve aussi. Et c'est une héritière ; le saviez-vous ? Son père a fait fortune dans les chemins de fer ; il possède maintenant une fabrique de biscuits ou quelque chose comme ça.

— De biscuits ?

— Difficile à croire, je sais. Une jolie petite souris, n'est-ce pas ? On pourrait trouver pire. Je l'épouserais volontiers si j'avais vingt ans de moins.

— Mrs. Woodrow n'y serait sans doute pas disposée.

— Vous pouvez le dire, Langley, vous pouvez le dire. D'ailleurs, la jeune personne cherche sans doute un jeune dandy.

— Ça, je l'ignore.

— Ah, nous y voilà, annonce Woodrow comme ils parviennent à destination.

— Après vous, monsieur.

Langley suit Woodrow dans le *Rainbow*. Le bâtiment se dresse au sud de Fleet Street, à quelques pas de Temple Bar, une ancienne porte de Londres. C'est un endroit vieillot qui rappelle les pubs aux poutres apparentes, et dont l'intérieur mal éclairé est peut-être encore plus sombre que les Entrepôts Woodrow. Au reste, bien que doté d'un vénérable pedigree, le *Rainbow* a été construit et reconstruit plusieurs fois, de sorte que plus personne ne sait où le vieux café qui portait son nom se trouvait exactement. Le *Rainbow*, qui a toutefois conservé une patine ancienne, possède une salle à manger digne de la City, jusqu'aux tables en acajou où des avocats et des *hommes d'affaires* * s'attaquent à de copieuses selles d'agneau ou à de succulents aloyaux. C'est vers une table semblable que Woodrow dirige ses pas. Un sexagénaire maigre, vêtu d'une vieille redingote et d'un costume en soie assorti, sirote un porto. Le plus remarquable, vu son âge, est la couleur de ses cheveux – noirs comme du charbon – et sa moustache, soigneusement taillée. Les deux sont d'une nuance si uniforme qu'on pense aussitôt à une teinture.

— Mr. Siddons, dit Woodrow tandis que l'homme se lève pour l'accueillir. Ravi de vous revoir.

— Tout le plaisir est pour moi.

— Puis-je vous présenter une relation d'affaires ? Mr. Langley. Je vous en ai déjà parlé, il me semble. Il a l'intention de déjeuner avec nous, si vous n'y voyez pas d'objection.

Langley tend la main, que Mr. Siddons serre avec chaleur.

— Bien sûr ! Je vous en prie, messieurs, asseyez-vous. J'espère que vous allez bien ? Et Mrs. Woodrow ? Votre famille ? Tout le monde va bien ?

— Aussi bien que possible, répond Woodrow d'un ton plutôt maussade. Quant à moi, les affaires prennent tout mon temps.

— C'est tout à votre honneur, monsieur, dit Siddons. Et cela maintient en forme, n'est-ce pas ? Un homme sans métier est un homme sans but, sans énergie. C'est ma devise. On me dit : « Siddons, vous devriez prendre votre retraite, quitter Londres. » Je réponds : « Jamais… autant me trancher la gorge. »

— Tout à fait d'accord, acquiesce Woodrow.

— Et vous, monsieur, dit Siddons à Langley, je suis enchanté de faire votre connaissance. Rappelez-moi, quelle est votre profession ?

— Architecte.

— Mr. Langley dessine les plans de notre nouvel établissement, ajoute Woodrow en faisant signe à un garçon en tablier blanc. Une ale, Mr. Langley ? Ou préférez-vous une bière brune ?

— Une brune, merci.

Le garçon s'éloigne à la hâte.

— Oui, reprend Woodrow, il sera imposant. L'endroit que j'ai à l'esprit se trouve sur Oxford Street. Cinq étages, dont un réservé à la bijouterie.

— Ah, oui ! Langley… oui, je me souviens, acquiesce Siddons. Oui, cela me paraît excellent, monsieur, ajoute-t-il à l'adresse de Woodrow en levant son verre. C'est un plaisir de vous voir prospérer, je vous assure.

— Je fais de mon mieux, répond Woodrow.

Un sourire se dessine sur les lèvres de Siddons, qui se contente de goûter une gorgée de porto.

— Et vous-même, monsieur ? demande Langley. Êtes-vous aussi dans les affaires funéraires ?

— D'une certaine manière, cher ami, d'une certaine manière.

— Mr. Siddons, explique Woodrow, est dans les pompes funèbres.

— Oh, je vous en prie ! s'exclame le vieil homme. À vous entendre, on dirait que je vends du thé ! Si l'on doit qualifier mon métier, je préfère dire que je pourvois aux besoins des morts. De la discrétion, tout est là !

— Certes, certes. Un métier difficile, si je puis me permettre, dit Langley.

— Je ne me plains pas, mais vous n'avez pas tort. Ah, voilà vos verres. Et voilà mon steak ! Qu'en pensez-vous, Mr. Langley ? Avez-vous un faible pour le *filet de bœuf* * ?

— Il a l'air délicieux.

— Je vous le conseille… mais, je vous en prie, passez votre commande. Oui, comme je disais, c'est un métier exigeant, surtout si on est sensible ; et il y a tant de détails à prendre en compte ! Et les croque-morts, monsieur ! Je ne vous conseille pas de traiter avec des croque-morts… des ivrognes !

Le vieil homme boit une autre gorgée de porto avant d'attaquer son steak.

— Nous prévenons les familles, poursuit-il, mais elles les abreuvent quand même de vin et d'alcool. C'est comme de verser de l'eau sur un noyé. Ah, les traditions !

Siddons coupe sa viande, rouge, saignante, et reprend sa marotte :

— Oui, le métier a ses inconvénients, je ne vous le cache pas. Tenez, ce matin même, j'ai passé un moment douloureux. Des arrangements pour deux jeunes filles, tombées dans la fleur de l'âge. Je les ai préparées moi-même. J'étais bouleversé.

— Oui, j'imagine que cela a dû être affreusement déprimant, consent Langley.

— Oh, ça l'était, ça l'était. Je n'ai pas compté le crêpe pour le chapeau du chef de famille. Je ne pouvais pas me résoudre à l'ajouter sur la facture. Deux shillings et six pence que je ne verrai jamais.

— Deux jeunes filles, dites-vous ? intervient Jasper Woodrow avec une insistance singulière.

— Jeunes et jolies. Noyées en jouant près d'un lac. Jouer près d'un lac, je vous demande un peu ! J'ai signalé la mère à vos livreurs… elle ne veut quitter la maison qu'après les funérailles.

— Tout à fait convenable, s'empresse Woodrow.

Mr. Siddons pique une pomme de terre de sa fourchette, tandis que Woodrow sort un mouchoir pour s'éponger le front.

CHAPITRE VIII

— Encore un mystère, inspecteur ?

Webb opine de la tête.

— C'est la semaine, alors, après ce qui s'est passé hier. « Une affaire très délicate », ça dit. Signé : « Mr. S. Pellegrin, directeur général ».

Webb hoche de nouveau la tête.

— J'peux pas dire que je connaisse Stoke Newington, monsieur. Et vous ?

— Suffisamment.

— Au sud de la Tamise, c'est pas la même chanson. Lambeth, c'était mon secteur.

— Ah bon ?

— Je connais toutes les ruelles comme ma poche.

Decimus Webb semble abattu. Sans doute parce que, pour la seconde fois en deux jours, il est coincé dans un fiacre avec le sergent Bartleby. Pis, il a oublié sa pipe.

— Et vous, inpecteur ? Vous connaissez Lambeth ?

— Je me débrouille.

— Oui, je m'en doute. Tenez, prenez Lower Marsh, un repaire de voleurs comme j'en ai jamais vu. Je pourrais vous raconter deux, trois petites histoires, des trucs à vous faire dresser les cheveux sur la tête.

Webb hausse les sourcils et caresse son crâne dégarni d'un geste machinal.

— Façon de parler.

Avant que Webb puisse répondre, le fiacre s'arrête dans une cour pavée.

— Ce n'est pas trop tôt ! marmonne-t-il dans sa barbe.

Le cocher ouvre la trappe du plafond et se penche vers ses clients.

— Abney Park, messieurs. Ça fera deux shillings.

Webb et Bartleby ouvrent les portières et descendent. Le sergent règle la course tandis que Webb regarde le haut portail du cimetière d'Abney Park, à Stoke Newington, le long sentier en gravier, puis de nouveau le portail de style égyptien, jadis à la mode. Les deux pavillons en pierre, ornés de hiéroglyphes, qui gardent le sentier évoquent eux aussi le Nil. À côté du pavillon de gauche, tapant nerveusement du pied, attend un homme d'une cinquantaine d'années, moustachu, le teint cireux, vêtu d'un élégant manteau noir et coiffé d'un haut chapeau ceint de crêpe. Il observe les deux policiers d'un air plein d'espoir. Webb franchit le portail et le rejoint.

— Mr. Pellegrin ?

— Oui ?

— Inspecteur Webb, à votre service. Et voici mon sergent, ajoute-t-il en désignant Bartleby qui approche à son tour. Votre lettre m'a été transmise. Vous avez reçu notre télégramme, j'imagine ?

— En effet, confirme Mr. Pellegrin.

Il contemple toutefois la route d'un air impatient.

— Vous attendiez quelqu'un d'autre, monsieur ? s'enquiert Webb.

— Non, non. Euh, pas avant trois heures, au moins.

— Trois heures ?

— Un défunt du quartier. Phtisie.

— Un enterrement ?

— Bien sûr. Mais je vous en prie, messieurs, entrons.

Mr. Samuel Pellegrin, directeur général du cimetière d'Abney Park, conduit les policiers dans le pavillon.

71

L'intérieur comprend deux pièces à peine meublées pour la réception des visiteurs ; la plus éloignée de l'entrée est un petit bureau, avec un secrétaire et trois chaises. Pellegrin y mène les policiers et leur indique un siège. Puis il s'assied, range le bureau, déplace des feuilles, ferme un catalogue de maçonnerie, ouvert à la page « Dix guinées et plus ».

— Je suis désolé, inspecteur, dit enfin Mr. Pellegrin, pardonnez-moi d'être un peu abrupt. Cette histoire me rend malade. Je vous suis profondément reconnaissant d'être venus si vite. Mais… euh… je ne sais pas par où commencer. C'est tellement délicat.

— Votre lettre était plutôt mystérieuse, monsieur, répond Webb. Vous mentionniez un vol ? Cela devrait regarder la police locale. Assurément, il est inutile d'écrire à Scotland Yard en des termes aussi forts ?

Mr. Pellegrin secoue la tête avec vigueur.

— Non, inspecteur, pas la police locale. La nouvelle se répandrait en un rien de temps. J'ai de la chance que vous ne soyez pas venus en uniforme ; si quelqu'un voyait la police ici…

— À Scotland Yard, nous sommes le plus souvent en civil.

— Parfait, parfait. Mais il me faut votre parole, inspecteur, que rien ne sortira d'ici. Dans notre métier, la discrétion est vitale.

— Dans le mien aussi, réplique Webb, avec une pointe d'impatience dans la voix. Vous avez ma parole, monsieur. Peut-être pourriez-vous commencer par nous dire ce qui a été volé ?

Mr. Pellegrin regarde tour à tour les deux policiers d'un air nerveux. Remarquant que la porte du bureau a été laissée entrouverte, il se hâte d'aller la fermer. Puis il se rassied, se mord la lèvre et annonce :

— Un cadavre, inspecteur.

Samuel Pellegrin conduit les deux policiers le long du chemin qui contourne le mur du cimetière, à l'arrière de la chapelle.

— Vous avez des célébrités, ici ? demande le sergent.

— Dans le cimetière ?

La perspective d'une conversation remonte le moral de Mr. Pellegrin.

— Il y a le monument de Watts. Et Mr. Braidwood, le pompier, bien sûr, de l'autre côté de la chapelle – vous vous souvenez de l'incendie de Tooley Street ? Une journée remarquable, la ville entière était venue regarder passer le corbillard. Très émouvant.

— Oui, j'imagine.

— Ellen Warwick, bien sûr, continue Pellegrin comme s'il lisait une liste de morts qu'il aurait mémorisée. Là aussi, un bel enterrement, si je me souviens bien. C'était peu après mon arrivée.

— Qui était-ce ? s'enquiert Bartleby.

— C'était… ah, nous y voilà, messieurs. Heureusement que c'est dans un endroit dissimulé à la vue.

L'endroit en question, que Mr. Pellegrin désigne, est adossé au mur du fond du cimetière. À l'ombre d'un vieux cèdre, il est dépourvu des anges en pierre et des urnes funéraires qui se dressent dans les parcelles les plus prospères. Il est au contraire planté de croix en bois, dont aucune n'est perpendiculaire ni bien taillée, de sorte qu'elles semblent sortir de terre comme les pousses de quelque arbuste rabougri. Devant l'une de ces croix, néanmoins, des planches ont été disposées, qui dissimulent en partie une tombe ouverte. Bartleby se penche pour lire l'inscription : « J. S. Munday, 1848 », peinte en petits caractères noirs qui se sont estompés depuis longtemps.

— Redites-moi comment vous avez découvert le vol, demande Webb. D'après vous, si je ne m'abuse, la tombe a été creusée et de nouveau remplie ?

— C'est une certitude, inspecteur. C'est Greggs, l'un de nos jardiniers, qui l'a repérée. Il a remarqué que la terre avait été retournée.

— Très observateur.

— C'est son travail… il connaît le cimetière comme sa poche. Il a d'abord cru que c'était un animal.

— Qu'est-ce qui l'a fait changer d'avis ?

— Il a vu qu'il s'agissait de la tombe tout entière… je veux dire, un endroit précis. Et il a trouvé les clous.

— Les clous du cercueil ?

— Tous au même endroit, ou presque ; là où le voleur les avait laissés. Comme il semblait évident qu'on avait touché à la tombe, je lui ai demandé de l'ouvrir.

— Et qu'avez-vous trouvé ?

— Elle était vide. Le couvercle avait été remis en place, plutôt maladroitement d'ailleurs. Je vous en prie, jetez un coup d'œil – j'ai fait attention de ne rien endommager.

Pellegrin se courbe en deux et, avec l'aide de Bartleby, dégage les planches qui recouvrent la tombe, dévoilant un couvercle de cercueil enterré depuis longtemps et fendu en plusieurs endroits.

— Ce n'est pas très profond, remarque Webb. À peine un mètre ?

Pellegrin acquiesce.

— La terre n'est pas bonne dans cette partie du cimetière, inspecteur. Il doit y avoir des racines qui gênent. C'est un peu pour cela que nous réservons ce terrain aux pauvres et aux malheureux.

— Le cercueil a pourtant l'air d'être de bonne qualité. Ça ne ressemble pas à une fosse commune.

— En effet. Mais ce n'était pas un enterrement normal. C'était un suicide. Il semble que la famille avait payé un cercueil correct.

— Tiens ? fait Webb. Intéressant. Vous ne connaissez pas les détails, par hasard ?

74

— Ce ne sont pas nos affaires, inspecteur. Pour de tels enterrements, nous apposons une marque sur nos registres, mais sans plus.

— Oui, je comprends. Puis-je tout de même voir vos registres ?

— Bien sûr... ils sont dans la chapelle, mais ils ne vous apprendront rien de plus, j'en ai peur. Ils confirmeront seulement le nom et l'année.

— Peu importe, j'aimerais les consulter. Et aussi parler aux jardiniers, aux fossoyeurs, à tous vos hommes.

— Cela risque de prendre du temps. Nous avons des funérailles à trois heures.

— S'il vous plaît, Mr. Pellegrin, insiste Webb. Tous ceux que vous pourrez rassembler. Nous devons interroger tout le monde, maintenant ou plus tard.

— Mais pourquoi avoir volé un cadavre, et après tant d'années ? S'introduire la nuit et commettre un tel acte ?

— Êtes-vous sûr que c'était la nuit ?

— Cela n'aurait pu se faire en plein jour. On l'aurait remarqué.

— Peut-être n'était-ce pas seulement le corps ? suggère Bartleby. Un objet enterré avec lui, peut-être. Des bijoux, ce genre de chose.

— Possible, consent Webb en se penchant pour examiner de près le couvercle du cercueil.

Il se relève soudain.

— De toute façon, sergent, je vais avec Mr. Pellegrin interroger ses hommes. Restez ici et voyez ce que vous pouvez trouver.

Bartleby acquiesce, mais Webb, qui s'éloignait déjà, s'arrête et se tourne vers son sergent.

— Eh bien, qu'attendez-vous, mon vieux ?

— Monsieur ?

— Descendez examiner cette maudite tombe.

Bartleby hésite.

75

— Là-dedans ?

— Si vous avez d'autres suggestions, sergent, je serai heureux de les entendre.

Bartleby respire à fond.

— Non, j'peux pas dire que j'en ai.

À trois heures, les deux policiers se tiennent côte à côte, le chapeau à la main, tandis que la procession funéraire se met en mouvement. À sa tête marchent les croque-morts, deux barbus d'âge moyen empreints de dignité qui portent un long bâton ceint de crêpe et une écharpe noire en travers de la poitrine. Viennent ensuite les quatre chevaux qui tirent le corbillard en verre, les harnais enveloppés dans du velours noir, la tête ornée de plumes noires. Derrière arrivent la famille et les proches, une douzaine d'hommes portant des brassards et des chapeaux agrémentés d'une bande de crêpe. Mr. Pellegrin les suit, tête baissée, les mains jointes. Il réussit cependant à couler, en passant, un coup d'œil nerveux vers Webb et Bartleby. Webb attend qu'il soit hors de portée d'oreille pour s'adresser à son sergent :

— Rien dans la tombe, bien sûr ?

— Non, pas grand-chose sauf de la terre. Mais le cercueil était bien tapissé. Il y avait pas mal de batiste, qui devait être d'excellente qualité à l'époque.

— Pellegrin croit pouvoir retrouver le fabricant grâce à ses catalogues ; il nous tiendra au courant.

— Et les fossoyeurs ?

— Hum. Ils n'avaient pas grand-chose à dire, pas plus que les jardiniers. Sauf qu'ils ont avoué n'avoir pas mis les pieds dans cette partie du cimetière depuis plus d'un mois. Mr. Pellegrin était fort mécontent.

— Pensez-vous que c'était l'un d'entre eux ?

— Ils auraient fait preuve d'une plus grande discrétion, vous ne croyez pas ?

— Mais pourquoi voler un cadavre ? Soyons directs, c'est juste un paquet d'os. Que je sois damné si je comprends.

— Je ne sais pas, sergent, dit Webb, songeur. On enterre les suicidés à minuit, le saviez-vous ?

— Je savais que c'était la nuit, oui.

— Et voilà que vingt-cinq ans plus tard quelqu'un débarque et s'empare d'un cadavre.

— Peut-être pour lui donner des funérailles correctes.

Webb secoue la tête.

— Drôle de manière de faire.

— Les gens se soucient du bien-être de leurs morts.

Webb regarde la procession qui est presque parvenue à la chapelle.

— Nous aussi, sergent, nous aussi.

INTERLUDE

Ce soir-là ? Laissez-moi réfléchir. Comme le brouillard s'était éclairci, je marchais dans les rues. Au début, je n'avais pas de projet bien défini. J'avais juste besoin d'un peu de temps pour penser, et je me retrouvai dans Drury Lane.

Vous ne connaissez pas, j'en suis sûr !

Avez-vous entendu parler du théâtre ? Non. Le théâtre qui porte ce nom est à deux cents mètres de la rue elle-même. Il y a de bonnes raisons à cela. La nuit, c'est une rue affreuse, repaire d'Irlandais imbibés de bière et de la pire espèce de miséreux, avec des débits de gin à tous les coins de rue pour les abreuver. Ce sont les établissements publics les plus sordides, avec de grandes réclames pour Cream Gin sur la porte, et des becs de gaz qui crachent du feu dans la rue. Les propriétaires ne peuvent installer des lampes correctes, même s'ils en avaient les moyens, car elles sont tout de suite cassées.

En tout cas, c'est là, tandis que j'observais les ivrognes et les putains, que cela me frappa. C'est une vérité que tout le monde ignore : on peut faire tout ce qu'on veut, dans cette vie du moins, tant qu'on n'est pas pris. Voyez-vous, tout au long de la journée, j'avais été hanté par la peur de la police, de la prison, même la potence. Mais aucun inspecteur ne m'attendait devant ma porte, et il n'y en aurait jamais. On a juste besoin d'un peu de chance, de courage, d'intelligence, et on n'est pas arrêté.

Bon, d'accord. Je vais m'en tenir aux faits, rien qu'aux faits.

En bref, je marchai sans m'arrêter jusqu'à ce que Drury Lane cède le pas à Holborn, et, tout à fait par hasard, je tournai vers l'est et je me retrouvai sur le trottoir bondé de monde devant le *Holborn Casino*.

Oui, le bal.

Je connaissais sa mauvaise réputation : un aimant pour les jeunes hommes pressés et les femmes faciles. Et, de fait, ce soir-là, il était évident que le misérable endroit était populaire auprès d'une certaine classe de « gentlemen ». Une file interminable de fiacres et de cabriolets bordait la rue des deux côtés, tandis que des hommes et des femmes, qui ne se connaissaient pas, entraient gaiement ou ressortaient, ivres, par groupes de deux ou de trois. C'était à vrai dire un spectacle d'absolue dépravation.

C'est alors que je compris ce que je devais faire.

La police ? Ah, oui ; elle était là, pour « maintenir l'ordre ». Il y avait deux agents. Mais ma théorie se confirmait. Ils se concentraient sur les pickpockets et les voleurs à la roulotte – je ne craignais rien. Je me mêlai à quelques gentlemen en habit de soirée, accompagnés par des dames en robe de satin, affublées d'une orgie de fanfreluches et de plumes. Un employé nous débarrassa de nos chapeaux, un autre de nos manteaux. Puis nous descendîmes six marches et débouchâmes dans la salle.

Qu'est-ce que je me rappelle du *Casino* ? Un tas de feuilles d'or et de marbre. Je devinai l'orchestre sur la galerie, une douzaine de musiciens ou plus, qui entamèrent une polka endiablée, mais je voyais à peine la piste de danse. Les femmes portaient des bottines à hauts talons, les hommes des chaussures vernies, et ils faisaient un bruit infernal en virevoltant de-ci de-là.

La clientèle ? Ah ! Les hommes affectionnaient les gants immaculés et les épingles de cravate ornées de bijoux, mais je dois dire qu'ils appartenaient pour la plupart à la classe moyenne, des employés, le genre qui recherche cette sorte de divertissement. Il n'y avait qu'une poignée de vrais gentlemen, qui avaient quitté leur club ou leur foyer pour une nuit de « bamboche ». Ils traînaient près des tables, fumaient des cigares, discutaient entre eux.

Les femmes ? Oh, il y avait beaucoup de *demi-mondaines**, et elles ne le cachaient pas. Les autres, j'avais du mal à les situer. Certaines étaient à n'en pas douter des vendeuses qui avaient déjà mal tourné, en pensée sinon en acte. Quelques-unes étaient des filles de commerçants, peut-être. Les sœurs ou les cousines des jeunes hommes et leurs amies.

Vous croyez ? Je ne sais pas. Il est possible que certaines aient préservé leur vertu ; qu'elles soient venues sans connaître la réputation de l'endroit. Mais j'en doute fort.

Ensuite ? Ensuite, je la vis ; j'errais sur le balcon au-dessus de la salle. Bel objet. Cheveux châtain foncé, yeux noisette, un col de dentelle, et un médaillon en or qui se balançait quand elle dansait. Une jeune femme pleine de grâce, quoique assez libre de ses faveurs. Elle embrassa sur la joue un vendeur boutonneux, cela ne traîna pas. Ensuite, pour mon bonheur, ses cheveux se défirent, elle dut se mettre à l'écart, passer une ou deux minutes à les recoiffer et à épingler son chignon. Elle était seule, c'était évident. Il n'y avait pas de galant ni une tablée précise à laquelle elle appartenait. Je descendis sur la piste et m'approchai d'elle lorsque le maître de cérémonie annonça la prochaine danse. Alors, pendant que nous dansions, je lui demandai son nom et lui proposai de boire un verre afin que nous puissions bavarder.

Comment ? Oh, je crois que c'était « Kate » ou « Kath », ou quelque chose de ce genre.

J'ai appris qu'il ne faut pas grand-chose pour gagner la confiance d'une femme de son style. Dans son cas, une coupe de champagne suffit. Je lui dis qu'elle avait de beaux yeux ; il vaut toujours mieux dire quelque chose de cette nature. De toute façon, elle était à moi, si j'en avais envie. Il ne restait qu'à se mettre d'accord sur le prix. Vous voyez que la vertu s'achète facilement dans cette misérable ville. Mais lorsque l'orchestre attaqua une horrible valse, elle déclara que c'était sa chanson favorite, et « ne voulais-je pas une autre danse ? ».

J'avais le couteau. J'aurais pu frapper là, dans le box sous l'escalier. Personne n'aurait remarqué. Mais j'attendis mon heure et lui dis que je la reverrais.

Vraiment ? Sa famille prétend qu'elle n'était pas de mœurs légères ? Oui, je m'en souviens. J'ai trouvé cela bizarre. Enfin, que faisait-elle là, alors ?

CHAPITRE IX

Dans sa chambre, Annabel Krout est assise devant le secrétaire, emmitouflée dans sa robe de chambre. Après avoir allumé la lampe à huile en cuivre, elle sort du tiroir un carnet, un porte-plume, un encrier et un buvard. Elle remplit la page de gauche d'une écriture dense, les lettres penchant sur la droite, couchées à la hâte, comme pour échapper aux limites de la page. Cinq ou dix minutes s'écoulent avant qu'elle ne s'arrête pour réfléchir, se tapotant la lèvre du bout de son porte-plume.

Un coup frappé à la porte l'arrache à sa rêverie. Avant qu'elle n'ait même pensé à répondre, Melissa Woodrow pénètre dans la pièce. Comme Annabel, Mrs. Woodrow est encore vêtue de ses habits de nuit, même si sa robe de chambre, en soie blanche brodée de lotus, est peut-être plus flamboyante que celle, quelque peu banale, de sa cousine.

— Bonjour, ma chère, dit Mrs. Woodrow. J'ai vu la lumière…

— Oh ! s'exclame Annabel. Je vous ai dérangée ? Je m'excuse. J'ai essayé d'éclairer le moins possible…

— Je vous en prie, ne soyez pas ridicule… nous ne sommes pas un pénitencier ! Je voulais juste m'assurer que vous alliez bien. Vous n'avez pas pu dormir ?

— Non… je veux dire, si, j'ai bien dormi, merci. J'avais simplement envie de noter quelques faits dans mon journal avant le petit déjeuner.

Un sourire indulgent effleure les lèvres de Mrs. Woodrow.

— Ah, votre journal ? C'est vrai, j'avais oublié. Votre mère m'a parlé de vos écrits… vous avez publié un petit article, si je ne me trompe ?

— Oh, ce n'était rien, cousine, je vous assure.

— Dites-moi, comment s'appelait le magazine ?

— Le *New England Monthly Bazaar*.

— C'est cela, nous ne le recevons pas ici, mais il a donc été publié ; c'est très bien pour vous. Vous devrez dire à Woodrow que vous êtes journaliste, ça le fascinera, j'en suis sûre. Vous n'écrivez pas sur nous, j'espère ?

Annabel Krout rougit, pose machinalement une main sur son carnet, qu'elle barbouille d'encre.

— Non, juste de notre visite au jardin zoologique.

— Parfait ! Je ne vois pas en quoi le *New England Monthly Bazaar* s'intéresserait à nous.

Annabel affiche un sourire poli.

— Bien, je vous verrai au petit déjeuner, nous pourrons planifier notre journée. Je suis désolée d'être montée me coucher si tôt hier soir… parfois, Lucinda m'épuise.

— Mr. Woodrow est rentré tard.

— Oui, j'en ai peur. Ah, voilà une nouvelle… j'ai fait une suggestion et Woodrow a suivi mon conseil, nous donnerons un dîner. Nous vous présenterons à nos amis ! Et je lui ai demandé d'inviter Mr. Langley – un gentleman si charmant –, ainsi, il y aura au moins quelqu'un que vous connaissez.

— Oh, vraiment ? C'est très gentil de votre part.

— Du moment que vous promettez de ne pas nous citer dans votre journal intime. Bien, je vous verrai au petit déjeuner ?

83

Annabel répond par l'affirmative et Mrs. Woodrow quitte la pièce. À peine a-t-elle refermé la porte qu'Annabel retourne à son carnet et sèche la bavure d'encre avec le buvard. Cependant, comme ses doigts sont plus sales que la page, elle va à la table de toilette et essaie de nettoyer l'encre avec l'eau froide de la veille et du savon. Constatant l'inefficacité de ses efforts, elle décide d'attendre qu'on lui apporte de l'eau chaude, se morigène et s'essuie les mains avec une serviette.

Dehors, on entend au loin le lourd bourdonnement de la circulation sur City Road. Annabel va à la fenêtre. Resserrant le col de sa robe de chambre autour de son cou, elle tire les rideaux et contemple la rue qu'éclairent les réverbères. Le soleil n'est pas encore levé, et le ciel est d'un bleu-noir d'encre, prélude de l'aube. En regardant de l'autre côté de la rue, elle distingue la silhouette d'un homme, petit et trapu, vêtu d'un épais manteau d'hiver.

Il s'arrête et lève les yeux vers elle ; ce n'est pas un simple coup d'œil, mais un long regard inquisiteur. Instinctivement, elle ferme les rideaux, mais elle ne peut s'empêcher de les entrouvrir pour épier l'inconnu.

Mais il est déjà reparti.

Le petit déjeuner chez les Woodrow se déroule comme celui de la veille. Même bacon, mêmes œufs, même supplément de viandes froides et de charcuteries, disposées avec élégance sur un plateau d'argent. En fait, Annabel Krout est frappée par l'assiette anglaise, qui lui semble en tout point identique à celle de la veille. Mais si elle s'interroge sur cette apparente mesure d'économie ménagère, elle est trop polie pour en parler à sa cousine.

Mr. Woodrow, lui, affiche la même mine taciturne, détachant une fois son regard du journal pour s'enquérir de la santé d'Annabel, et une seconde pour demander si la visite au jardin zoologique lui a plu. Il ne donne pas l'impression d'écouter les réponses, se contentant d'opiner de la tête ici ou là. Mrs. Woodrow, en revanche, meuble les silences par un inventaire exhaustif des visites à faire dans la grande métropole. Si Annabel exprime une légère préférence, c'est pour voir Westminster ou Saint-Paul. Elle trouve donc assez surprenant que sa cousine lui assure qu'elle « doit absolument » voir Regent Street en priorité. Elle ne peut pas non plus s'empêcher de penser, vu les descriptions détaillées de Melissa Woodrow sur la qualité et l'élégance des modistes et des merceries de ladite artère, que c'est sans doute par un certain intérêt égocentrique qu'elle manifeste l'envie de s'afficher avec sa cousine dans la « plus belle rue de Londres ». En outre, Annabel soupçonne, vu l'insistance avec laquelle elle lui recommande de s'acheter un chapeau pour la saison, que sa cousine caresse l'espoir de s'en acheter un aussi.

Néanmoins, elle accepte de bonne grâce la proposition et, une heure après le petit déjeuner, se retrouve avec Melissa dans le coupé des Woodrow qui file dans Pentonville Hill en direction de la gare de King's Cross. Elle regarde d'un œil avide par la vitre du véhicule, essayant de retrouver les points de repère dont elle se souvient de la veille. Même si l'attelage fonce au grand trot, elle reconnaît bientôt le clocher de l'église St James, à Pentonville. Même chose pour les rangées de maisons de deux ou trois étages et de boutiques noires de suie qui bordent le bas de la côte. Les maisons, toutefois, heurtent sa conception de la grande ville ; elles semblent bien trop petites et tassées, au point qu'elle se demande si, chaque nuit, elles ne se poussent pas les unes les autres et ainsi descendent en silence la pente de quelques centimètres.

Mais elle refoule vite sa déception. Car le grand abri de la gare St Pancras se dresse à l'horizon, surmontant les toits de King's Cross, à l'image de la coque retournée d'un énorme navire échoué. Tandis que le coupé s'approche de la gare, et de la folie gothique du *Midland Grand Hotel*, Annabel colle son visage au carreau. Mais la vitre a, semble-t-il, décidé de se rendre désagréable, tremblant à chaque cahot et cliquetant dans son châssis. Annabel se renfonce donc dans son siège, au grand soulagement de sa cousine qui ne cesse de s'inquiéter qu'elle « n'attrape froid ».

— C'est une si belle journée ! s'exclame Annabel. Il fait si clair, je commençais à craindre qu'il ne fasse jamais beau à Londres, après cet affreux brouillard.

— Oui, chère cousine, mais cela changera tout aussi vite. Et n'oubliez pas le vent ; il faut rester au chaud. Votre chère mère ne me pardonnerait jamais si vous rentriez à Boston malade.

Annabel acquiesce à contrecœur et rajuste son foulard pour la forme. Et tandis que Mrs. Woodrow se lance dans un discours sur les dangers du climat anglais, sa cousine américaine s'absorbe tranquillement dans la contemplation du spectacle d'Euston Road. Des monumentales statues grecques qui ornent l'église St Pancras au discret escalier de pierre qui mène à la station de métro d'Euston Square, Annabel Krout trouve des motifs d'intérêt à chaque coin de rue. Et si, alors que le coupé tourne vers le sud, les ennuyeuses rangées de maisons de Gower Street n'offrent que peu d'intérêt, elle se console avec les fugitifs aperçus de la vie quotidienne : une femme qui agite avec frénésie son parapluie devant un omnibus, sans parvenir à attirer l'attention du conducteur ; un garçon, vêtu du manteau rouge et de la casquette bleue distinctifs de la brigade des cireurs de chaussures, assis contre un réverbère, le visage empreint de mélancolie.

Elle envisage d'écrire un article pour le *New England Monthly Bazaar* intitulé : « Londres, scènes de la vie quotidienne ».

Melissa Woodrow lui tapote le bras, alors que leur voiture s'engage dans New Oxford Street.

— Voici le magasin, ma chère, juste en bas. Nous irons peut-être y faire un tour en revenant.

Annabel se dévisse le cou pour voir les Entrepôts Woodrow d'articles de deuil, mais l'immeuble est trop loin et le coupé file trop vite pour qu'elle distingue quoi que ce soit.

— Ah, fait Mrs. Woodrow, nous y sommes presque. Oxford Street. Non, nous ne nous arrêtons pas là.

— Il y a pourtant plein de magasins, remarque Annabel.

— Des boutiques. Oui, mais elles ne sont pas ce qu'on appelle « chic », répond Mrs. Woodrow en plissant le nez comme si elle sentait une odeur déplaisante.

— Ah, je comprends.

En réalité, il y a du vrai dans le commentaire de Mrs. Woodrow, même pour l'œil inexpérimenté d'Annabel. Car pour chaque « Grand Magasin » ou « Établissement » de trois étages, avec un joli nom peint en noir sur la corniche du rez-de-chaussée, ou dessiné en fer forgé, ou gravé en lettres d'or sur une vitrine immaculée, il y a une réplique plus petite et plus miteuse à quelques pas. Pour chaque géant du commerce qui vante avec fierté ses articles, du marchand de matelas en plume au meilleur magasin de confection pour hommes, il y a une vitrine sale derrière laquelle se cache une papeterie en gros ou une cave à vin moisie. Tous les cent mètres se dresse un pub, dont aucun ne ressemble aux élégantes auberges aux poutres apparentes ni aux tavernes accueillantes qui représentent, pour Annabel Krout, le bar anglais typique. De sorte que, si Mrs. Woodrow n'a pas une haute opinion d'Oxford Street, sa cousine est contente d'être pour une fois en plein accord avec elle.

Comme elles approchent d'Oxford Circus, la circulation ralentit. Mrs. Woodrow esquisse une moue de désapprobation en voyant la queue des omnibus qui bouchent la rue. Annabel, pour sa part, passe le temps en enregistrant mentalement les différentes livrées et noms de destination des bus qui roulent dans l'autre sens, les visages des passagers et des agiles contrôleurs qui semblent capables, à la moindre embardée, de garder un équilibre précaire sur le marchepied métallique à l'arrière de leur bus.

De fait, il faut dix à quinze minutes avant que le coupé des Woodrow puisse enfin tourner dans Regent Street et s'arrêter devant *King & Sheath*, marchands de tissu.

— Naturellement, le côté chic de Regent Street est à l'est, déclare Mrs. Woodrow en sortant de chez Barrett, la modiste. C'est là qu'il faut être vue.

— Pourquoi ? s'étonne Annabel en mettant le pied sur le trottoir grouillant de monde. L'autre côté semble tout aussi prestigieux.

— Les fainéants, ma chère. Le trottoir ouest attire la pire espèce de gentlemen, si on peut parler de gentlemen. On dit que c'est à cause de l'ombre qu'on y trouve en été.

Annabel observe le trottoir déplaisant de la rue. Les façades des magasins sont aussi hautes que celles d'en face ; les colonnes et les entablements aussi prononcés ; les vitrines aussi transparentes. En outre, elle ne voit aucun signe différenciant les bons gentlemen des mauvais. Il y a simplement une multitude d'hommes, de femmes et d'enfants, certains flânant, d'autres s'arrêtant devant les vitrines. Et qu'elles sont luxueuses ! Dans l'une, d'élégants châles sont drapés sur des présentoirs inclinés ; dans une autre, des rangées de bonnets bordés de dentelle sont suspendues sur des patères ; dans la suivante, des moirés de soie et des brocarts de surah sont prêts à être taillés par d'habiles couturières. À côté, un magasin de musique, dans la vitrine duquel des lithographies sont étalées en éventail. Vient ensuite une confiserie, où des gâteaux, des bonbons et des gelées, luisants dans la lumière, sont encadrés par des sucres d'orge recouverts de glaçage. En réalité, la seule différence qu'Annabel discerne entre les trottoirs est et ouest, tandis qu'elle marche à côté de sa cousine, est que l'est attire davantage de véhicules, garés le long du trottoir.

Ce sont, comme le lui explique discrètement Mrs. Woodrow, des carrosses de Mayfair, de majestueux landaus, qui s'aventurent très peu au-delà des frontières du West End. Deux fois plus grands que leur humble coupé, Annabel remarque que plusieurs portent des armoiries, blasonnées sur la portière. L'un d'eux s'enorgueillit même d'avoir un valet de pied aux mollets d'acier, dont, selon toute apparence, le seul rôle est de rester perché à l'arrière du véhicule, la mine sévère, le regard perdu dans la foule. Les seules activités pédestres sont l'œuvre des vendeurs et des vendeuses qui se hâtent de leur magasin aux véhicules en stationnement, les bras chargés de paquets. Un signe de tête ou un sourire accordé depuis la caisse, et ils repartent heureux ; une grimace les anéantit, et ils regagnent le magasin en marmonnant dans leur barbe. Dans un cas comme dans l'autre, ces allées et venues fascinent Annabel. Mrs. Woodrow à son tour ralentit le pas et jette des regards prudents dans chaque carrosse.

— On ne sait jamais qui on peut voir, ma chère, souffle-t-elle. Bon, où aller maintenant ? Chez Allison, je crois.

Annabel sourit, mais sa bonne humeur apparente cache près de deux heures d'ennui chez trois modistes, où aucun chapeau n'a été acheté. La perspective de regarder, une fois de plus, sa cousine hésiter entre diverses qualités de dentelle et de tissu ne l'enthousiasme guère.

— Ne peut-on trouver quelque chose à manger, cousine ? suggère-t-elle d'un ton placide.

— Mais si, très chère, pourquoi ne pas avoir dit que vous aviez faim ? Je connais un merveilleux confiseur dans le Quadrant[1].

Il s'avère qu'il y a un chapelier et une modiste sur le chemin de *Cooke & Stephenson*, confiseurs. Par conséquent, il faut encore une heure avant que les deux femmes puissent se restaurer. Elles ont, entre-temps, acheté deux chapeaux qu'on doit livrer à Duncan Terrace.

La salle de *Cooke & Stephenson* est une oasis de calme à côté de la rue bruyante et animée. On y trouve une douzaine de petites tables recouvertes de nappes en dentelle, et qui font face à un long comptoir en acajou sur lequel des sucreries et des gâteaux sont fièrement présentés. Derrière le comptoir, les lambris sont équipés de miroirs au-dessus desquels vacillent les flammes de petites lampes à gaz. À chaque table, deux ou trois femmes bavardent tandis qu'une serveuse en tablier circule dans la salle avec une table roulante chargée de café, de thé, et de toutes sortes de friandises.

Après une brève attente, on installe Annabel et sa cousine près de la vitrine, d'où elles peuvent voir défiler les véhicules en direction de Piccadilly Circus. Après avoir commandé du thé et des scones, Mrs. Woodrow s'excuse pour aller « se recoiffer », laissant sa cousine contempler le spectacle de la rue.

Annabel n'est pas fâchée de profiter d'un court instant de solitude. Elle essaie de son mieux de mémoriser les détails de Regent Street : les hommes et les femmes en élégants vêtements de jour, leurs chaussures crottées ; l'homme-sandwich qui déambule d'un air las et dont les panneaux vantent les mérites d'un fortifiant quelconque. Puis un balayeur, un Hindou, semble-t-il,

1. Le quartier de Regent Street. *(N.d.T.)*

passe à grandes enjambées, offrant ses services pour un penny. Annabel est tellement absorbée dans la contemplation de la scène, comme au théâtre, qu'elle ne remarque l'homme debout à côté de sa table que lorsqu'il se penche pour s'adresser à elle. C'est un gros au visage rond, le teint basané, mal dissimulé derrière les revers de son manteau qu'il serre autour de son cou.

— Miss Woodrow, je présume ?

Annabel sursaute.

— Non, désolée.

Elle ne sait pas bien comment répondre poliment à un étranger.

— Je suis une amie de la famille, précise-t-elle néanmoins.

— Ah, excusez-moi de vous avoir importunée.

— Ce n'est rien. Si vous patientez un instant…

Mais l'homme est déjà reparti. Elle le regarde, déroutée, sortir d'un pas vif, bousculant une femme au passage, puis se fondre dans la foule.

Elle se lève pour le suivre des yeux. Melissa reparaît.

— Que se passe-t-il, ma chère ?

— Un homme vient juste de me demander si j'étais Miss Woodrow. Il est reparti aussitôt.

— Vraiment ? Étrange… A-t-il laissé sa carte ?

— Non… il était très bizarre… peut-être un Italien ou…

— Un étranger ? Mon petit, il essayait de vous faire une proposition malhonnête. Dire que je croyais cet établissement respectable !

Une serveuse, qui a entendu son exclamation, lui jette un regard courroucé.

— Mais comment connaissait-il votre nom ? interroge Annabel.

— J'imagine qu'il nous suivait et qu'il nous a entendues parler. Ces gens sont d'une fourberie diabolique. Vous l'avez échappé belle.

Annabel acquiesce, songeuse, la tête ailleurs, les yeux toujours fixés sur l'endroit où l'homme a disparu. Puis, soudain, elle se rend compte qu'elle l'a déjà vu. Il ne lui faut pas longtemps pour se rappeler. C'est le visage de l'homme qu'elle a aperçu devant la maison des Woodrow, en train de surveiller sa fenêtre.

CHAPITRE X

C'est la fin de l'après-midi, le sergent Bartleby monte au petit trot l'escalier en colimaçon qui mène au bureau de Decimus Webb. La pièce, qui appartient à la Brigade des Enquêteurs, est située au-dessus de la vieille entrée en voûte de Great Scotland Yard. Exiguë, mal aérée, imprégnée des odeurs de crottin de cheval qui s'élèvent de la cour pavée, elle est à peine utilisée. Aujourd'hui, cependant, n'ayant rien à faire hormis la lecture de plusieurs interminables rapports et la rédaction d'une demande de remboursement d'une note de frais de deux livres et dix shillings, l'inspecteur Webb travaille *in situ*.

Bartleby reprend son souffle avant de frapper à la porte ; il enjambe avec précaution plusieurs caisses pleines de livres et de papiers qui bouchent en partie l'entrée. Webb lève les yeux de son travail et lui fait signe de s'asseoir – ce qui est plus facile à dire qu'à faire. Mal éclairée par deux lampes à gaz, les murs recouverts de tontisse dont la laine s'effiloche, la pièce présente, pour les imprudents, plusieurs obstacles semblables à ceux qui encombrent l'entrée. De fait, les rebuts de plusieurs années d'enquête jonchent le sol, dossiers de meurtres, d'enlèvements et de détournements anciens.

Webb n'en est pas le seul responsable. Il est de notoriété publique que la recherche de nouveaux locaux plus spacieux, dignes de la Brigade des Enquêteurs, fait partie des sujets de conversation des préfets de police. Néanmoins, en attendant que son supérieur ait fini de prendre des notes, Bartleby se demande s'il doit lui conseiller d'acheter un meuble de rangement. Il est sur le point de s'y aventurer lorsque Webb, après avoir reposé son porte-plume, lui demande :

— Alors, quoi de neuf ?

— Pas grand-chose. Un mot de l'inspecteur Hanson et un télégramme de Mr. Pellegrin, d'Abney Park.

— Oui, je me souviens de l'adresse, sergent. Bien, que dit-il ?

— Lequel ?

— Commencez par Hanson.

— Ah, en bref, dit Bartleby avec un léger sourire, il semble qu'ils aient perdu Mr. Brown. Ils étaient en planque devant son logis, mais… tenez, voilà.

Il sort la lettre en question.

— « Il a échappé à la surveillance de l'agent en service » et il nous demande d'avertir les services. On l'aurait jamais cru, hein ? Un grand type pareil, difficile à perdre de vue !

— Certes, certes. Avez-vous fait le nécessaire ?

— J'ai télégraphié la description à tous les services, et j'ai mis un mot dans le Bulletin de la semaine prochaine.

— Parfait. Nous ferons attention. Pauvre Hanson. Et Mr. Pellegrin, qu'a-t-il à dire ?

Bartleby sort le télégramme.

— Ah, oui, il a retrouvé les pompes funèbres qui ont fabriqué le cercueil, comme vous le lui aviez demandé – *Siddons & Sons*, Salisbury Square, Fleet Street.

— Siddons ? Oui, le nom me dit quelque chose.

— Pensez-vous qu'ils le notent dans leurs archives ?

— En tout cas, ils n'ont pas dû enterrer beaucoup de J. S. Munday à Abney Park en 1848, ne croyez-vous pas, sergent ? Nous pouvons au moins le leur demander.

— Oui, sans doute.

— Eh bien, s'impatiente Webb en replongeant le nez dans ses papiers, qu'attendez-vous ?

— J'y vais.

Le sergent Bartleby sort de Scotland Yard d'un pas vif, passe devant le *Clarence* et se dirige vers Whitehall. Il fait froid et la nuit tombe. Bien que décidé à marcher, l'approche d'un omnibus couleur chocolat à destination de Bank lui donne envie de monter. Toutefois, c'est un choix qu'il regrette vite, car à la station de Charing Cross, une foule s'entasse dans le véhicule, parmi laquelle une grosse matrone portant un carton à chapeau et un mystérieux panier en osier d'où s'échappent de temps en temps des aboiements et des jappements ; un jeune employé de bureau, vêtu comme sa fonction l'exige d'un costume en tweed, les cheveux dégoulinants de lotion capillaire ; et trois petits garçons, adeptes de l'escalade, confiés à une femme harassée, sans doute une domestique car trop jeune pour être leur mère. Repoussé dans un coin, le sergent Bartleby se demande si un agent en uniforme serait traité aussi mal que lui.

L'omnibus, néanmoins, roule tranquillement le long du Strand. Il ne ralentit qu'après St Clement. Car, tandis qu'il approche de la porte de Temple Bar, une brève altercation avec le conducteur d'un chariot distrait le cocher. L'omnibus repart et ne s'arrête que peu après Bolt Court, où Bartleby descend. De là, une courte marche, en passant par une ruelle étroite, le conduit à Salisbury Square.

La place elle-même ne ressemble en rien à celle de Trafalgar ou de Bedford, car elle est à la fois beaucoup plus petite et d'aspect inégal, sorte de vide entre des immeubles. On y trouve un hôtel, deux imprimeurs et, à l'ouest, la façade de *Siddons & Sons*, identifiable grâce à son nom en lettres d'or et à une vitrine où une urne sculptée dans le marbre est illuminée par une demi-douzaine de petits becs de gaz. C'est vers cet établissement que le sergent Bartleby dirige ses pas.

À l'intérieur, l'antichambre où sont reçus les visiteurs avant de passer aux salles d'exposition semble aussi quelconque que l'extérieur. Mal éclairée, elle ne contient que trois chaises d'aspect inconfortable et un employé en costume noir, la mine lugubre, assis derrière un petit bureau sur lequel trône un vase de fleurs séchées. La seule touche de vie provient du feu qui crépite dans l'âtre, et au-dessus du manteau de la cheminée, unique concession à la décoration, la statuette en porcelaine d'une jeune fille, drapée à la romaine, tête baissée, la « Virginité » à en croire le nom gravé en petits caractères sur son socle.

Bartleby se présente. Il se délecte, comme chaque fois, de préciser qu'il vient de Scotland Yard et de l'effet que cette noble institution produit sur ses interlocuteurs. En effet, on le fait entrer dans un couloir par une porte discrète, et, après quelques mots chuchotés, on l'introduit auprès de Joshua Siddons, le propriétaire.

La pièce de Mr. Siddons est mieux éclairée que celle réservée aux visiteurs. Outre les lampes murales, il y en a deux sur son bureau, coiffées de délicats abat-jour en verre ; un feu ronfle dans la cheminée, assez vaste pour que deux personnes profitent pleinement de la chaleur. Le siège sur lequel Mr. Siddons est assis, ainsi que celui qu'il désigne à Bartleby, est un fauteuil bien rembourré. Bref, cela ressemble davantage au cabinet de travail d'un célibataire.

— Hélas, cher monsieur, dit l'entrepreneur de pompes funèbres avant que Bartleby n'ait le temps de s'asseoir, c'est une triste journée. Une perte. Une grande perte. Mais, au risque de paraître présomptueux, je vous félicite d'avoir choisi le bon établissement.

— Pardon ?

— Je veux dire, sergent, une perte pour la police métropolitaine ; c'est une évidence. Et soyez sûr que mes hommes verront cela davantage comme un juste devoir que comme un simple travail. Un devoir que, j'ose le dire, *Siddons & Sons* est mieux que quiconque apte à accomplir.

— Non, vous ne saisissez pas tout à fait…

— Allons, allons, coupe Siddons malgré les protestations du sergent. Je sais, mon cher monsieur. Le préfet de police ne pense pas qu'à l'argent ; nous discuterons d'une petite remise en temps voulu. Commençons par le cercueil, si vous voulez bien… j'imagine que le défunt n'avait pas de famille. Marié à la police, comme on dit ?

— Non, je vous en prie… je ne suis pas là pour m'occuper de funérailles.

— Non ? Mon cher monsieur, je ne sais plus que penser.

— C'est une affaire de police. Je crains que votre employé ne m'ait mal compris. Nous espérions que vous pourriez nous aider.

Siddons paraît désorienté. Il sort un mouchoir bordé de noir et s'en frotte le nez.

— Ah ! Pardonnez-moi, sergent. Je crois que j'ai attrapé un rhume. Mais en quoi puis-je aider Scotland Yard ? Oh, je vous en prie, ne me dites pas qu'il s'agit d'une exhumation ! C'est contraire à l'esprit de notre profession.

— Euh… Il est trop tard pour cela.

— Trop tard ?

— Pour être direct, un cadavre a été volé dernièrement dans le cimetière d'Abney Park. Le directeur, Mr. Pellegrin, nous a demandé d'enquêter.

— Grand Dieu ! Oui, je connais Mr. Pellegrin, mais pourquoi diable voudrait-on faire une chose pareille à notre époque ? Et comment croyez-vous que je puisse vous aider ?

— Il prétend que c'était un de vos cercueils.

— Vraiment ? Oh, dans ce cas, cela doit être vrai. Mr. Pellegrin connaît son métier.

— Vous avez peut-être un dossier sur le défunt ? Pour l'instant, nous n'avons que son nom et l'année de sa mort.

— Un dossier ? Je peux vous trouver le métier qu'il exerçait. Nous le notons, d'habitude, et nous avons peut-être aussi l'identité du parent le plus proche – mais Mr. Pellegrin doit l'avoir aussi, sinon qui paie l'entretien de la tombe ?

— C'est là le problème, monsieur. Le type s'était suicidé – même s'il avait assez d'argent pour ses funérailles, à en juger par le cercueil.

— Comme c'est étrange ! Quel genre était-ce donc ?

— Le cercueil ? demande Bartleby en sortant son calepin. Je l'ai là. Ah, voilà, bois de rose, doublé de batiste.

— Trois livres et six shillings. Votre homme n'était pas un indigent, c'est déjà ça. Feriez mieux de me dire le nom… je demanderai qu'on fasse des recherches.

— J. S. Munday. Et l'année, 1848.

Mr. Siddons s'esclaffe, un rire nerveux, impulsif, qui perturbe la sobriété étudiée de son visage maigre.

— Pardonnez-moi, mais vous vous moquez, sergent ! C'est une farce !

— Du tout, monsieur, du tout, assure Bartleby, perplexe.

— Assurément, Mr. Pellegrin devrait se rappeler, dit Siddons, songeur. Quoique… c'était quelques années avant lui. Mon Dieu ! Quelle est cette promesse d'Isaïe, sergent ? poursuit-il avec un léger sourire. « Et la terre nous rendra vivants ses morts », n'est-ce pas ?

— Je crois que nous pouvons être sûrs que ce n'est pas l'œuvre de Dieu. Vous feriez peut-être mieux de me dire ce que vous savez ?

— Il vous suffit de lire les journaux de cette année-là, sergent.

— Et que dois-je rechercher ?

— La chapelle Éloi, sergent. Laissez-moi vous parler de la chapelle Éloi…

Au moment où Bartleby entre dans son bureau, l'inspecteur Webb repose les papiers qu'il était en train de lire.

— Vous auriez pu frapper, sergent.

— Excusez-moi.

— Je vois à votre expression que vous avez trouvé quelque chose. Vous me faites penser à un chien avec son os. Je vous écoute.

— La tombe, Siddons a tout de suite su.

— Vraiment ? Expliquez-moi ça.

— Il a dit que l'homme était connu dans le milieu des pompes funèbres. Jeremy Sayers Munday. Il s'est pendu. Je n'ai pas entendu parler de lui, mais peut-être que vous… c'était lui qui était derrière la Compagnie de la chapelle Éloi.

— Je me souviens du nom de la chapelle ; il y a eu un scandale, je crois ?

— Apparemment, acquiesce Bartleby. C'était une vieille église retapée dans les années 1840 et dont on avait vidé les caveaux. Siddons affirme qu'ils ont célébré des offices pour six mille morts avant de fermer en 1848.

— Ah, oui, dit Webb avec un sourire narquois, mais, en réalité, ils n'en ont célébré que quelques centaines. Oui, je m'en souviens bien : ça a fait du tapage à l'époque.

— Oui, quand on a appris qu'ils se débarrassaient des corps, qu'ils les recouvraient de chaux vive. Mr. Siddons ne se rappelle plus exactement l'endroit – Hackney Marsh, croit-il. Je peux vérifier si vous voulez.

— Oui, cela vaudrait mieux, consent Webb. Bon, nous pouvons au moins retrouver la famille du gentleman, les informer de… euh… la disparition. Siddons connaissait-il l'identité du parent le plus proche ?

— Il a dit qu'il devrait creuser, si vous me pardonnez l'expression. Il n'était pas sûr de trouver, vu les circonstances malheureuses. Même s'il trouve, je ne crois pas que la famille se réjouira d'apprendre ce qui s'est passé.

— Non. C'est quand même paradoxal, n'est-ce pas ? Que quelqu'un exhume Mr. J. S. Munday, quand lui-même ne pouvait se résoudre à enterrer la plupart de ses clients ?

— C'est aussi ce que Mr. Siddons a dit, monsieur, ça le faisait rire.

Joshua Siddons pose un regard pensif sur le grand livre en cuir ouvert sur son bureau. Le cuir lui-même est d'un brun clair, la couverture frappée de motifs géométriques, le dos rongé par les ans mais où la date « 1848 » en lettres d'or est encore visible. Siddons feuillette le livre, s'arrête à une page précise ; il attend un instant, perdu dans ses pensées, puis la déchire, la froisse en boule et la jette dans le feu.

Il reporte ensuite son attention sur le registre et, après réflexion, se met à déchirer le reste.

CHAPITRE XI

— Cette enfant fait tout pour me contrarier ! s'exclame Melissa Woodrow en redescendant au salon.

Assise sur le canapé, Annabel Krout, qui lit le dernier numéro de *Leisure Hour*, lève les yeux.

— Un plein sac d'amandes sucrées, continue Mrs. Woodrow, et elle a à peine dit merci ! Elle faisait tellement la tête que j'ai failli le lui reprendre.

— Oh, peut-être est-elle seulement un peu fatiguée, suggère Annabel.

— Fatigante serait plus juste, réplique Mrs. Woodrow en s'asseyant. Lucinda peut être tellement entêtée quand elle le veut – elle tient cela de son père – et elle est décidée à bouder.

— Parce que nous ne l'avons pas emmenée à Regent Street ?

— Exactement.

— Puis-je dire quelque chose, Melissa ?

— Je vous en prie.

— Cela ne me regarde pas, mais je ne peux m'empêcher de penser qu'elle s'améliorerait si elle jouait avec des enfants de son âge. A-t-elle des camarades ?

— Annabel, ma chère, répond Mrs. Woodrow en posant sa main sur le bras de sa cousine, je sais que vous voulez bien faire, mais elle est d'une constitution si délicate, et d'ailleurs, elle a Jacobs et moi. De toute façon, nous n'aurions pas pu l'emmener après sa petite escapade d'hier. Il faut qu'elle retienne la leçon…

Entendant du bruit dans le vestibule, elle s'arrête.

— Ah, ce doit être Jasper ! Mieux vaut ne pas lui parler de la bouderie de Lucinda, ma chère. Cela ne ferait que le fâcher.

Annabel acquiesce et pose son magazine tandis que la porte d'entrée claque. On entend la voix de Jasper Woodrow appelant son valet pour qu'il l'aide à ôter son manteau et lui apporte un « rafraîchissement ». Lorsque Mr. Woodrow arrive dans le salon, Annabel remarque que le rafraîchissement en question est un grand verre de cognac.

— Bonsoir ! lance-t-il d'un air mal à l'aise à son invitée et à sa femme. Quelle affreuse soirée ! Il fait un froid de tous les diables. J'ai pensé rentrer à une heure convenable, ma chère.

— Dieu merci, mais n'est-ce pas un peu tôt pour ça ? demande Mrs. Woodrow en désignant le verre. Que va penser Annabel ?

— Je suis sûr que Miss Krout, bien que de Boston, n'est pas une puritaine, Melissa, rétorque Mr. Woodrow, sans donner à Annabel le temps de répondre, ce dont elle lui sait gré. D'ailleurs, je crois que nous avons quelque chose à fêter.

— Tiens ?

— J'ai revu Langley. Son notaire est satisfait du contrat, il ne reste plus qu'à signer. Nous voilà associés.

— Mais c'est une excellente nouvelle ! s'exclame Mrs. Woodrow. Mr. Langley est un jeune homme si aimable.

— Vraiment ? En tout cas, il est riche, d'après son banquier.

— Mon cher ! s'offusque Mrs. Woodrow.

— Pardonnez ma franchise, Miss Krout. Ma femme a tout à fait raison.

— Je vous en prie, assure Annabel.

— C'est une déformation professionnelle… les hommes d'affaires sont souvent directs. J'imagine que votre père est comme ça.

— Je ne saurais dire, monsieur, répond Annabel, il ne parle pas de ses affaires à la maison.

— Il a raison, dit Mr. Woodrow, qui boit une gorgée de cognac d'un geste nerveux. Il a raison.

— Bon, intervient Mrs. Woodrow d'une voix enjouée, je vais demander à Mrs. Figgis de préparer le dîner. Un repas de fête… mais Dieu seul sait ce qu'il reste dans le garde-manger.

Son mari secoue la tête.

— Ah, non, dit-il, pas ce soir.

— Pas ce soir ?

— Je pensais que nous pourrions dîner dehors. J'ai réservé une table pour six heures tapantes au *Criterion*.

— Le *Criterion* ! s'exclame Mrs. Woodrow. Quelle excellente idée ! Mais cela ne nous laisse qu'une heure.

— Alors, dépêchez-vous. Et j'ai des places pour le théâtre à huit heures. Une comédie. J'espère que vous aimez le théâtre, Miss Krout ?

— Bien sûr.

— Le *Criterion*, Piccadilly, ma chère ! s'ébahit Mrs. Woodrow, comme si sa cousine n'avait pas estimé la proposition de son mari à sa juste valeur. C'est l'endroit à la mode de Londres. Il fait à la fois restaurant et théâtre – et le théâtre se trouve au sous-sol, même si c'est impossible à deviner… c'est très luxueux, incroyable ! C'est le dernier cri. La perfection ! Mais Woodrow, vous devriez avoir l'air un peu plus enthousiaste.

— Oui, mon amie, acquiesce son mari en se forçant à sourire.

Le fiacre que Mr. Woodrow a loué pour le trajet est plus confortable que le coupé familial, il peut charger quatre personnes, ce qui n'est pas un mince avantage, au lieu de deux pour le coupé. Une fois de plus, Annabel Krout essaie au passage de voler quelques vues de la ville. Il y a plein de lumières de toutes sortes, depuis les points blanc-jaune des becs de gaz qui illuminent les rues lointaines jusqu'au brasero, à côté de la tente en toile goudronnée qui abrite l'étal d'un marchand de café devant la gare de King's Cross. La lueur rougeâtre qui éclaire le visage des passants rassemblés autour du brasero l'émerveille.

— Il fait froid, n'est-ce pas ? dit Jasper Woodrow en suivant le regard d'Annabel. Je ne serai pas surpris si le brouillard s'installe.

— Vraiment ? s'étonne l'Américaine. Comment pouvez-vous le savoir ?

— Melissa vous dirait que j'ai le nez pour ça.

— C'est vrai, ma chère, acquiesce Mrs. Woodrow. C'est tout à fait inexplicable.

— Il suffit de regarder au loin, proteste Mr. Woodrow avec humilité. Vous ne voyez pas que l'air semble boueux ?

— Non, répond Annabel en scrutant les rues de traverse qui défilent.

— C'est que vous ne connaissez pas la ville, Miss Krout – d'ailleurs, j'imagine qu'elle doit vous paraître bien misérable comparée à Boston. Boston est un endroit propret, non ?

— Je ne saurais dire.

— Bien répondu, ma chère, très diplomate, intervient Mrs. Woodrow. Cessez de tourmenter cette pauvre fille, Woodrow !

— Je n'en avais nullement l'intention, conteste Jasper. Je me demandais juste ce que Miss Krout pense de notre capitale.

— Vous avez des manières brutales, vous le savez, dit Mrs. Woodrow d'un ton affectueux.

Woodrow se contente de secouer la tête.

— Et vous ne nous avez pas dit comment s'appelait la pièce, poursuit son épouse.

— C'est une surprise, ma chère.

— Une bonne, j'espère ! dit Mrs. Woodrow, bien que sa voix suggère qu'un tel mystère l'émoustille.

Annabel, pour sa part, retourne à la contemplation placide de la ville tandis que le véhicule emprunte Gower Street avant de s'engager dans New Oxford Street. Peu après, il tourne brusquement dans une ruelle.

— Où sommes-nous ? demande-t-elle.

— Dans Soho, explique Mr. Woodrow. Un quartier horrible qui fourmille d'étrangers – Français, Italiens, toutes sortes.

Annabel Krout rougit, peut-être parce qu'elle attend qu'une autre nationalité très précise s'ajoute à la liste, mais Mr. Woodrow ne remarque pas sa gêne.

Mrs. Woodrow se lance dans l'énumération de ses pièces préférées, des meilleurs théâtres de Londres, des célébrités qu'elle a entrevues dans diverses circonstances. Mais sa cousine continue de regarder par la vitre. Soho, lui semble-t-il, devient de plus en plus sombre à mesure que le fiacre s'enfonce dans son labyrinthe.

— Maudit brouillard, grommelle Mr. Woodrow. Je le savais !

De fait, le brouillard s'épaissit : les réverbères diffusent une lumière brunâtre ; les visages des étrangers qui sortent des cafés et des logements bon marché, rôdent devant les immeubles exigus, commencent à prendre une nuance grisâtre ; l'air lui-même devient dense et sale. Mais au moment où Annabel craint que le fiacre ne se perde dans le labyrinthe, il enfile un large boulevard bien éclairé et s'arrête peu après devant le *Criterion*.

— Enfin ! s'exclame Jasper Woodrow.

Les deux femmes attendent qu'il descende payer le cocher. Annabel insiste ensuite pour que sa cousine passe avant elle, mais tandis qu'elle descend du véhicule, aidée par Woodrow, elle est frappée par le rire amusé de sa cousine. Il est si singulier qu'elle craint d'en être la cause, pour un manquement à l'étiquette anglaise.

— Ma chère... regardez... comme c'est exquis... on ne pouvait trouver mieux.

Annabel contemple le théâtre. Même dans le brouillard, la façade en pierre blanche est pleinement visible, bien que les détails – les cornes d'abondance, les chérubins et les statues, noyés dans des niches sous l'entablement – soient quelque peu embrumés. Mais c'est l'affiche sous la marquise métallique qui attire l'attention de Mrs. Woodrow : *Une Américaine.*

— *Une Américaine* – Woodrow, comme c'est bien vu !

— Entrons, dit ce dernier. J'espère que le restaurant vous plaira. Je ne suis pas un adepte des cochonneries françaises, j'en ai peur, Miss Krout. J'imagine que vous autres Yankees préférez tout comme nous un bon morceau de viande, non ?

Annabel sourit poliment ; après tout, un excellent repas suivi d'une comédie, que demander de plus ?

Harold : Épouser une Américaine ? Impossible !
Greville : Pourquoi diable ?
Harold : Oh, on peut être à la fois américain et gentleman, comme vous, Greville. Mais pour ce qui est du sexe opposé...

— Qu'en pensez-vous, Miss Krout ? Pas mal, n'est-ce pas ?

Annabel Krout se mord la langue.

Harold : Elle est tellement différente des femmes que j'ai rencontrées ; si honnête, si positive ! Ma parole, elle aurait presque pu être anglaise !

La pièce terminée depuis longtemps, Annabel, après avoir enfin récupéré son manteau et son chapeau, se fraie un chemin dans le foyer en compagnie de Mrs. et de Mr. Woodrow.

Malheureusement, à la sortie du foyer exigu, la queue qui attend les fiacres alignés autour de Piccadilly Circus est encore plus longue que celle qui patiente devant le vestiaire. Pour ne rien arranger, le brouillard s'est changé en cette purée de pois sirupeuse qui a obscurci l'arrivée d'Annabel à Londres. On ne peut que deviner la silhouette brouillée des fiacres dont les lampes jumelles luisent à l'avant. Annabel voit dans les glaces dorées du foyer la foule avancer par à-coups : les hommes en tenue de soirée piétinant, les femmes maintenant leurs jupons serrés contre leurs jambes de crainte qu'une botte crottée n'en déchire l'ourlet.

— J'ai trouvé cela d'une telle drôlerie ! commente Mrs. Woodrow en approchant de la sortie. Mr. Byron est un excellent auteur. Avez-vous aimé, chère Annabel ?

Cette dernière se contente de sourire. Heureusement, toute discussion sur les mérites de la pièce est impossible tant la foule se presse sur le trottoir.

— Ah, Dieu merci ! s'exclame Mrs. Woodrow. Woodrow, où êtes-vous, Woodrow ?

— Ici, ma chère.

— Allez nous chercher un fiacre, pour l'amour du ciel ! Pourquoi ne pas avoir réservé le véhicule pour le retour, ça m'échappe !

— Je n'étais pas sûr de l'heure.

— Quelle importance, très cher !

Woodrow se hâte sans un mot, mais, quelques minutes plus tard, une bonne douzaine de spectateurs sortent du *Criterion* avec précisément la même intention. Jasper revient cependant et annonce qu'il n'a trouvé qu'un cab.

— Montez, dit-il, j'en prendrai un autre.

— Mais mon cher… commence Mrs. Woodrow.

— Le maudit bonhomme chargera d'autres clients si vous ne vous dépêchez pas, Melissa. Je lui ai déjà donné deux shillings… venez.

Au grand soulagement d'Annabel, Mrs. Woodrow obéit, de crainte, semble-t-il, de devoir attendre un autre véhicule dans le froid.

Jasper Woodrow regarde le cab tourner au coin de la rue et disparaître dans le brouillard. Et sans s'occuper des fiacres restants, il se dirige d'un pas vif en direction d'Holborn.

CHAPITRE XII

Devant les Entrepôts Woodrow, sous l'enseigne lumineuse « Nos articles sont toujours de la meilleure qualité », un homme attend au bord du trottoir, vêtu du lourd manteau en laine indispensable pour quiconque passe novembre à Londres. Dans la pénombre, éclairé seulement par la lueur de l'enseigne, il apparaît et disparaît tour à tour avec les vagues de brouillard et les rafales de vent. De fait, seule une poignée de passagers dans les cabs et les fiacres le remarquent. Néanmoins, l'homme en question n'est pas un fantôme nocturne, c'est Richard Langley, le nouvel associé des Entrepôts Woodrow.

Il sort sa montre de gousset, n'arrive pas à lire l'heure et referme le boîtier, agacé. Il arpente le trottoir d'un pas rageur. Il donne l'impression d'être sur le point de renoncer à attendre plus longtemps. Mais l'arrivée d'un autre homme, d'abord simple silhouette dans la pénombre, le retient. À la voix, il reconnaît Jasper Woodrow.

— Langley ! Mille excuses ! s'exclame Woodrow en serrant avec chaleur la main de son associé.

Son haleine sent l'alcool.

— Vous aviez dit dix heures et demie, monsieur.

— Je sais, mon cher ami, répond Woodrow, veuillez me pardonner. Une petite affaire m'a retardé. Je n'avais pas prévu le brouillard – j'aurais dû vous demander de m'attendre au chaud, dans un pub. Mais cela permet de jeter un dernier coup d'œil à notre vieux magasin. Il est en partie à vous, bien sûr – enfin, à partir de demain.

— Je ne vois toujours pas pourquoi nous ne pouvions attendre.

— Attendre ? Je croyais que vous étiez décidé. Pourquoi ne pas fêter le baptême ? Juste un petit verre, ça vous dit ?

— Oui, mais…

— Eh bien, venez. Que diriez-vous du *Casino*, c'est à deux pas ?

— Euh, je n'ai jamais… je veux dire, je ne reste jamais dehors aussi tard.

— Je m'en doutais, mon vieux – c'est pour ça que j'ai proposé ce rendez-vous. Vous m'avez l'air d'avoir besoin d'un peu de gaieté. Comme tout le monde, non ? Le meilleur endroit de Londres pour…

— Je sais, coupe Langley, vous m'en avez déjà parlé.

— Qu'en pensez-vous, alors ?

Woodrow observe son associé d'un œil ferme.

— Pourquoi pas ?

— Un verre ne fait de mal à personne, et une danse avec une jolie fille, hein ? C'est bon pour le moral. Avez-vous une fiancée, Langley ?

— Non.

— Tant mieux ! Je m'occupe de vous, mon garçon – venez, c'est par ici. Cela fait des années que je n'y ai pas mis les pieds. Ce n'est pas un endroit pour les chevaux de retour de mon âge. Ah, ça non.

Jasper Woodrow désigne la direction, puis, sans attendre de réponse, s'élance dans le brouillard, forçant Langley à le suivre.

Duncan Terrace.

— Jacobs, vous êtes là ?

— Oui, madame.

— Prenez ces manteaux et nettoyez-les de votre mieux ; il y a un affreux brouillard et nous sommes toutes deux couvertes de saletés. Et je vais peut-être prendre un bain avant de me coucher.

— Bien, madame. Monsieur n'est pas rentré ?

— Non, il a été retardé. Nous avons eu du mal à trouver un cab.

— Vous avez du courrier, madame.

— Merci, je le lirai plus tard.

Dans un coin de la grande salle du *Casino* d'Holborn, Jasper Woodrow se renfonce dans son siège et se balance en surveillant les couples qui exécutent une danse écossaise enlevée. Langley, pour sa part, semble nerveux.

— Très animé, vous ne trouvez pas ? remarque Woodrow.

— La musique est un peu trop forte pour mon goût, répond Langley.

— Oui, ils n'y vont pas de main morte. Attrapez le garçon… ah, je l'ai… hé, garçon, ici !

Woodrow saisit le bras d'un serveur qui s'incline avec déférence.

— Deux cognacs, doubles.

Le serveur acquiesce et se dirige vers le bar, dans une des niches sous la galerie où l'on distribue des « rafraîchissements ». Il revient bientôt avec deux cognacs. Jasper lève son verre.

— À notre association, Langley !

— À notre association !

— Ah, c'est mieux, dit Woodrow en voyant Langley avaler une gorgée de cognac. Bon, dites-moi, que pensez-vous de cette pouliche, là-bas ?

— Laquelle ?

— La brune avec la parure en argent autour du cou.

— Celle avec le collier ?

111

— Fascinante, non ? Pourquoi ne l'inviteriez-vous pas à danser ?

— Elle a déjà un cavalier.

— Ce gars-là ? Ce n'est pas un rival à la hauteur pour un type de votre trempe, Langley. Allez-y, invitez-la si ça vous dit.

— Non, je vous assure.

— Tenez, finissez votre verre… je vais commander une autre tournée. Garçon !

Melissa Woodrow est assise, nue, dans le tub, devant la cheminée de sa chambre, les cheveux attachés. Elle se lave le visage au savon, le frotte avec un gant qui se salit aussitôt. Ensuite, elle s'empare d'un pain de savon transparent et l'applique avec soin sur son corps tout en tendant les bras vers le feu. L'eau du bain ne tarde pas à prendre une couleur boueuse. Perdue dans ses pensées, Melissa Woodrow regarde l'eau d'un air chagriné.

Lorsque le bain refroidit, elle sort du tub, se sèche avec une serviette devant la cheminée, puis enfile sa chemise de nuit et sa robe de chambre en soie, va à son lit et tire le cordon qui pend de la cimaise.

Mrs. Woodrow commence à se brosser les cheveux. Des pas résonnent dans l'escalier, puis on frappe à la porte.

— Entrez !

C'est Jacobs.

— Madame ?

— Pas de nouvelles du maître ?

— Non, madame.

Tandis que l'orchestre attaque un nouveau morceau, Jasper Woodrow quitte la piste de danse et se laisse tomber sur son siège, épuisé. Richard Langley s'assied à côté de lui, le teint blafard et les yeux injectés de sang. Ils sont suivis par deux jeunes femmes, absorbées dans une conversation aussi futile qu'animée.

— Mesdames, dit Woodrow en tirant deux chaises, venez vous asseoir avec nous. Mon ami et moi n'avons jamais eu le plaisir d'une compagnie aussi exquise. Vous devez avoir soif – laissez-moi vous offrir du champagne.

La plus âgée des deux, de vingt et un ans à peine, s'assied en souriant. Son amie, qui jette vers Woodrow un regard inquiet, l'imite tout de même pendant que le garçon vient prendre la commande.

— Comment vous appelez-vous ? demande Woodrow.

— Susan, dit la plus âgée. Et voici Jemima.

— Ce sont de jolis noms, déclare Woodrow, mais plutôt fades pour des dames aussi fascinantes.

Le terme de « dames » fait glousser la plus jeune.

— Je vous appellerai Bella, dit Woodrow à la plus âgée en lui effleurant la joue du doigt.

La fille sourit mais lui écarte la main.

— Et mon amie ? demande-t-elle.

— Ah, je ne sais pas. Qu'en pensez-vous, Langley ?

— Je suis navré, répond ce dernier d'une voix pâteuse en posant un regard voilé sur son compagnon. Je suis navré… cette danse… je ne me sens pas trop bien.

La plus jeune murmure quelques mots à l'oreille de son amie et les deux femmes pouffent.

— Mon cher ami, dit Woodrow, j'espère que vous n'avez pas abusé. Et moi qui croyais que vous aviez à peine bu une goutte !

— Si j'ai…

Langley laisse sa phrase en suspens. Il tente de se lever, s'appuie sur le dossier de sa chaise, vacille. Woodrow s'excuse du regard auprès des jeunes femmes.

— Je ferais mieux de lui trouver un fiacre, annonce-t-il.

Melissa Woodrow finit de se brosser les cheveux et repose son peigne sur le napperon en dentelle de la coiffeuse. À côté du peigne se trouve une enveloppe adressée à « Mrs. Woodrow » et qu'elle a apportée du vestibule. Elle s'en empare. L'enveloppe n'est pas timbrée et rien n'indique son origine. Mrs. Woodrow la contemple d'un air songeur avant de l'ouvrir et de lire ces quelques mots sur une simple feuille :

VOTRE ÉPOUX A DES SECRETS

Un ami

Elle se mord la lèvre, ouvre d'un geste rageur le tiroir de sa coiffeuse où sont rangés ses jupons et y fourre la lettre.

— Voilà, mon vieux, dit Woodrow en poussant Richard Langley dans le fiacre dont il referme la portière en accordéon.

— Merci… d'habitude, je ne…

— Je sais, mon vieux. Pas la peine de vous excuser.

Woodrow lève ensuite les yeux vers le cocher, perché à l'arrière du véhicule.

— St John's Wood, mon brave… et roulez lentement, le pauvre ne se sent pas bien.

Le cocher acquiesce et le fiacre se dirige vers Oxford Street dans un bruit de crécelle. Lorsque la voiture a disparu dans le brouillard, le sourire de Woodrow s'efface. Il retourne au *Casino*. Il s'aperçoit que la bouteille de champagne qu'il avait commandée est vide et que les deux femmes sont en grande conversation avec deux jeunes gens.

Il s'apprête à les interrompre lorsqu'une femme qui passe par là accroche son regard. Il se hâte de la rejoindre.

— Un instant, miss. Ne nous sommes-nous pas déjà rencontrés… ?

CHAPITRE XIII

Peu après minuit.

De l'autre côté de la grille d'Abney Park, deux silhouettes se détachent dans l'encadrement de la porte d'un magasin. La nuit conserve des traces de brouillard, de sorte que les hauts réverbères qui bordent la rue semblent diffuser une lumière brunâtre, comme à travers des bouteilles de bière sales. Malgré tout, depuis leur planque, les deux hommes, qui distinguent l'autre côté de la rue, surveillent les pavillons qui gardent l'entrée du cimetière. Car, malgré ses défauts, la banlieue de Stoke Newington se trouve à six kilomètres au nord de la Tamise et n'est donc pas soumise à la même purée de pois qui étreint le cœur de la métropole.

Le sergent Bartleby tape des pieds et se frappe les flancs.

— On pourrait s'envoyer une gorgée de bière là-bas, dit-il en pointant son menton vers le pub du *Three Crowns*[1].

C'est un ancien relais de poste de taille moyenne dont l'enseigne lumineuse perce l'obscurité à moins d'une centaine de mètres de la cachette des deux hommes.

— Ils vont bientôt fermer. D'ailleurs, ça ne nous aiderait pas, sergent, n'est-ce pas ?

1. *Trois Couronnes.* (*N.d. T.*)

Bartleby adresse à Webb un regard douloureux que l'inspecteur ne remarque pas.

— Mais avions-nous besoin de venir ici ce soir ?

— Personne ne vous attend chez vous, n'est-ce pas, sergent ?

— Non. Et vous ?

Webb hausse les sourcils.

— Mes excuses, s'empresse de dire Bartleby. Ça ne me regarde pas.

Webb scrute la nuit.

— Nous sommes ici, sergent, explique-t-il, parce que ce que vous a dit Mr. Siddons m'a intrigué. Et parce que ça m'a fait penser à cette histoire de cadavre disparu. Je voulais voir les lieux afin de vérifier si un individu avait pu entrer par effraction en pleine nuit.

— La balade nous a fait du bien, dit Bartleby avec une légère pointe de sarcasme.

— Content de vous l'entendre dire. Et qu'avons-nous appris jusque-là, sergent ?

— Comment ?

Webb soupire.

— Nous sommes tombés d'accord : cela n'a pu se faire que la nuit.

— Oui.

— Pourquoi ?

— J'imagine que le type n'aurait pu creuser la tombe en plein jour sans se faire remarquer. Mr. Pellegrin a l'œil.

— En effet. À moins que notre voleur ne soit un des fossoyeurs, avance Webb, quelque peu hésitant, comme un professeur qui présente une thèse erronée afin de la démolir.

— Mais il l'aurait mieux recouverte. Facile à faire avec des mottes de gazon. Et Pellegrin l'aurait su.

Webb opine du chef.

— Exact. Nous devons donc supposer que l'auteur s'est introduit dans le cimetière la nuit. Mais nous avons fait le tour du mur d'enceinte, et cela semble improbable.

— Il aurait fallu une échelle, au moins, acquiesce le sergent.

— Ou une certaine agilité – bien sûr, ce n'est pas si haut que cela. Mais c'est derrière les jardins des maisons ou trop en vue. De belles petites maisons, d'ailleurs, habitées, sans doute, par d'honnêtes locataires. J'ai vu des rideaux bouger quand j'ai essayé d'entrer par le portail. Vous vous rappelez ?

— Oui, acquiesce Bartleby.

S'il est vexé qu'on lui parle comme à un élève, il réussit à le dissimuler.

— Notre voleur devait donc être un excellent cambrioleur.

— À moins qu'il n'habite dans une des maisons ?

Webb s'autorise un sourire.

— Vous êtes inspiré, sergent ! Je crois cependant que la plupart du temps on ne prendrait pas le risque d'être vu par un voisin. Enfin, c'est une possibilité. Néanmoins, nous sommes obligés de tester le veilleur de nuit. Demandez à n'importe quel voleur professionnel, sergent, il vous dira que le meilleur moyen de « casser chez un particulier », c'est par l'intermédiaire des domestiques. Même chose ici.

— Vous voulez qu'on reste en planque toute la nuit ?

— Non, je ne crois pas. Allez, soyez gentil, faites un saut au pub et rapportez une bouteille de cognac, voulez-vous ?

Aussi ravi que surpris, Bartleby reprend toutefois sa mine morose après avoir jeté un coup d'œil à l'inspecteur.

— C'est pas pour nous, hein ?

Webb confirme d'un signe de tête.

— Je reviens tout de suite, assure le sergent avec regret.

Il s'apprête à traverser la rue, s'arrête et se retourne vers Webb.

— Pouvez-vous me donner un ou deux shillings ?

— Vous en avez mis du temps, sergent ! remarque Webb quand Bartleby reparaît une dizaine de minutes plus tard, une bouteille à la main.

— Ils allaient fermer, y avait la queue au comptoir.

— J'espère que vous ne vous êtes pas laissé tenter, sergent ?

— Jamais pendant le service.

— Hum !

Bartleby regarde l'inspecteur d'un air interrogateur.

— Qu'y a-t-il, mon ami ?

— Nous n'y allons pas ?

— Attendons la fermeture du pub.

Bartleby scrute le *Three Crowns* d'un air abattu tout en tapant des pieds pour se réchauffer.

Il est minuit et demi lorsque les habitués sortent du pub. La plupart affichent un certain degré d'ébriété, soit dans leur démarche soit dans la façon dont ils se lancent des au revoir avant de se fondre dans le brouillard. L'un d'entre eux, cependant, crie quelque chose en direction du pavillon du cimetière où la lampe du veilleur de nuit éclaire la petite fenêtre.

— Ça va, Jem ?

Pas de réponse.

— Ça va ? insiste l'homme.

Le ton n'est pas aimable, il est proche du sarcasme. Une silhouette se découpe dans l'embrasure de la porte. Celle d'un vieil homme emmitouflé dans un manteau trop grand pour lui.

— T'es bien au chaud ? demande l'homme du pub.

Depuis l'autre côté de la rue où ils se trouvent, les policiers n'entendent pas la réponse du veilleur.

— T'es bien le seul a avoir chaud, pas vrai ? crie l'ivrogne en saluant le veilleur de nuit d'un grand geste.

Ce dernier fait une mimique pour indiquer comment il traiterait l'ivrogne s'il avait trente ans de moins. Cependant, après s'être assuré que son tourmenteur est parti, il rentre dans le pavillon.

Webb reporte son attention vers le pub.

— Je crois que c'était le dernier. Venez, sergent, donnez-moi cette bouteille et suivez-moi.

Bartleby s'exécute, traverse la rue sur les pas de Webb et se dirige vers le portail du cimetière où l'inspecteur lui fait signe de s'arrêter.

— Où que c'était, Bill ? demande-t-il à voix haute avec un accent déguisé.

Surpris par le ton familier de son supérieur, Bartleby s'efforce néanmoins de répondre de son mieux.

— Euh, où que c'était quoi ?

— La maison. Où t'as dit qu'elle était ? Ellis Road ? C'était pas plutôt Eltham ?

Le sergent Bartleby écarquille les yeux, comme s'il venait soudain de comprendre.

— Ah, euh… Elton, je crois bien, Charlie.

Webb hausse les sourcils et articule à voix basse un « Charlie » interrogateur. Bartleby branle du chef.

— Non, dit Webb, c'était pas ça. Que je sois pendu si ça fait pas une bonne heure qu'on tourne en rond.

Avant que le sergent puisse s'étendre sur le sujet, la porte de la maison s'ouvre et le veilleur de nuit, un homme d'une soixantaine d'années, sort, sa lanterne à la main.

— Qu'est-ce que c'est, ce vacarme ? Foutez le camp !

— On aimerait bien, l'ami, si on savait où aller, dit Webb avec la bonhomie d'un homme à moitié ivre. Un copain à nous habite dans le coin. Vous savez où se trouve, comment que ça s'appelle, déjà ? Eltham Road ?

— Ça serait pas Ellis ? suggère Bartleby.

— Non, dit le veilleur de nuit.

— Elton, alors ?

— Jamais entendu parler. C'est une nouvelle rue ?

— Oui, répond Webb, il a dit que c'était un bel endroit, une maison neuve, pas vrai, Bill ? On devait manger avec Fred et sa femme, mais on a bu quelques verres dans ce pub, là en bas, le *Crown* ou je ne sais quoi, et… mince, c'est quand même bizarre, tu trouves pas, Bill ?

Bartleby branle vigoureusement du chef.

— Impossible de me rappeler le nom. Vous êtes sûr que vous connaissez pas ?

— Comment connaîtrais-je si vous ne savez même pas le nom ?

— On ferait mieux de rentrer, Bill, intervient Webb. Vous croyez qu'on trouvera un fiacre, l'ami ?

Le veilleur de nuit hausse les épaules.

— Vous devrez sans doute marcher.

— Marcher ! s'exclame Webb. Par ce temps ? Je vais attraper la crève !

Bartleby remarque la bouteille de cognac que Webb agite à bout de bras.

— Quel gâchis, un si bon cognac !

— On boira un coup en route, dit Webb. C'est vraiment dommage – je comptais trinquer avec eux.

Le vieil homme fixe la bouteille d'un regard avide.

— Du cognac ?

— C'était leur meilleure bouteille – de l'argent foutu par la fenêtre.

— Attendez, dit le veilleur de nuit. Si vous avez froid, il y a un bon feu chez moi.

— Du feu ? s'écrie Bartleby. Oh, on voudrait pas s'imposer, hein, Charlie ?

Webb lui jette un regard menaçant.

— Vous êtes un bon chrétien, dit-il au veilleur de nuit. Tenez, que diriez-vous de partager la bouteille avec nous ?

— Oh, je ne sais pas… je suis de service…

— Ça peut pas faire de mal, insiste Bartleby.

— Ouais, je dois avoir deux ou trois verres quelque part, dit le veilleur de nuit.

Il se dirige vers le portail et débloque le cadenas.

— Venez, dit-il.

— C'est bien aimable à vous, l'ami, marmonne Webb.

Decimus Webb verse un autre verre de cognac tandis que le veilleur de nuit s'enfonce dans son fauteuil devant la petite cheminée.

— Vous êtes là tous les soirs ? demande l'inspecteur en buvant une gorgée.

— Ouais, fait le vieux, qui suit l'exemple de Webb, ça fait vingt ans, jamais manqué une nuit, sauf quand ma bourgeoise est morte.

— Désolé de l'apprendre, dit Webb.

— Oh, ça fait dix-sept ans, vous savez.

— Elle est enterrée ici ?

— Ouais. Bénie soit-elle, 17606. F07.

— Je vous demande pardon ? s'étonne Bartleby.

— C'est son numéro. Celui qui figure sur le registre, je le connais par cœur.

— J'imagine que vous n'avez pas trop de travail, vu l'endroit ? interroge Webb.

Le vieil homme renifle en désignant le cimetière.

— Non, ils me donnent pas trop de fil à retordre, pas vrai ?

Webb sourit.

— Je l'espère pour vous. Mais moi, ça me ficherait la frousse.

— C'est quoi, votre partie ? questionne le veilleur.

— Les chevaux, dit Bartleby.

Webb regarde son subordonné d'un air soupçonneux.

Le vieil homme secoue la tête.

— J'aime pas trop les chevaux, déclare-t-il.

121

— Le cimetière est donc pas hanté ? demande Webb avec un sourire.

— Non. Ou s'il l'est, les fantômes me fichent une paix royale. Mais je vous avoue, il y a quelques semaines de ça, un truc m'a filé la frousse.

— Quel truc ?

— Un gentleman qu'est resté enfermé une nuit. Je l'ai trouvé, égaré, près de la chapelle – j'ai cru que c'était un maudit fantôme ! Il prétendait s'être laissé distraire par les tombes et avoir perdu toute notion du temps. Dans le noir – je vous demande un peu ! Alors, je lui ai dit comme ça : « C'est la vie que vous perdrez si vous vous laissez distraire au point de trébucher dans une tombe ouverte ! »

— Bien dit ! approuve Webb. Un gentleman ? Oh, j'imagine que ça doit arriver souvent.

— C'est ça le plus bizarre. Je fais toujours deux fois le tour du cimetière avant de fermer les grilles. Mais je l'avais pas vu. Faute professionnelle. Y a de quoi perdre son boulot, vous savez. Vous gardez ça pour vous, bien sûr, ajoute-t-il sur le ton de la confidence.

— Vous inquiétez pas, l'ami… on sera muets comme une tombe. Ha, ha, ha ! Tenez, un autre verre, ça vous requinquera. Et cet homme, il était seul ? Je suppose que vous l'avez vite fait sortir ?

— Je vous l'ai déjà dit, non ?

— Il n'avait pas de sac ou je ne sais quoi ?

— Pourquoi vous me demandez ça ? s'inquiète le veilleur de nuit, soudain suspicieux.

— Alors ?

— S'il en avait un, je l'ai pas vu.

— Quel âge ? Vous vous souvenez de quoi il avait l'air ? Il était bien habillé ?

— Assez, oui. Je me rappelle pas, il faisait noir. Un type dans la moyenne, normal. Mais pourquoi toutes ces questions ?

— Oh, comme ça ! le rassure Webb. Simple curiosité. Hé, Billy, faudrait qu'on mette les bouts. On n'est pas encore rendus !

Le veilleur de nuit ouvre les grilles pour laisser sortir Webb et Bartleby, puis referme derrière eux. S'il a des doutes sur l'identité des deux visiteurs, ils sont relégués à l'arrière-plan. Il a surtout hâte de finir la bouteille de cognac devant un feu ronflant. Webb, pour sa part, marche d'un bon pas, un sourire satisfait sur les lèvres.

— Qu'en avez-vous pensé ? demande le sergent.

— Eh bien, je dirais que ce « gentleman » a de grandes chances d'être notre homme, sergent, même si le brave vieux n'a pas pu nous en fournir une bonne description. Évidemment, ce n'est pas sûr à cent pour cent. Disons qu'il s'est caché en attendant la fermeture, qu'il a creusé la tombe et… il reste un problème, pourtant.

— Il est reparti sans le corps ?

— On dirait, oui. À moins qu'il n'ait eu un complice, bien sûr. Mais il y a un détail qui me déroute : s'il y avait dans la tombe quelque chose qu'il convoitait, où a-t-il mis les ossements ? Pourquoi ne pas les avoir enterrés de nouveau ? Et si c'était le corps qu'il voulait, pourquoi ne pas l'avoir emporté ?

— Il les a peut-être planqués quelque part et il est revenu les chercher un autre jour.

— Ça fait froid dans le dos, dit Webb. Bon, repassez demain et interrogez notre veilleur de nuit – voyez si vous pouvez lui arracher une meilleure description quand il sera à jeun. Voyez s'il se souvient de vous pour commencer. Ce n'est peut-être pas un témoin fiable. Et faites un tour dans le cimetière – prenez des hommes avec vous, en civil – et assurez-vous que nous n'avons rien laissé passer.

— Quoi par exemple ?

— Les ossements. Le meilleur endroit pour les cacher, c'est encore un cimetière.

— Faut-il vraiment qu'on rentre à pied ?

— À moins que vous ne connaissiez un moyen pour faire venir un fiacre, oui, j'en ai bien peur. Pourquoi ?

— Dommage que vous lui ayez laissé la bouteille de cognac.

CHAPITRE XIV

Il est deux heures du matin ; Melissa Woodrow avance dans le vestibule sombre, une bougie à la main. Sa robe de chambre traîne sur le parquet cependant que quelqu'un essaie d'introduire une clé dans la serrure de la porte d'entrée. Finalement, après une éternité, lui semble-t-il, elle entend un déclic. La clé a trouvé son chemin et la porte s'ouvre. Une main d'homme tire l'épais rideau qui protège l'entrée.

— C'est vous, Woodrow ? s'inquiète Melissa tout bas.

— Bien sûr que c'est moi, réplique Jasper Woodrow en entrant d'un pas mal assuré.

Il a les joues rouges et les yeux injectés de sang de celui qui a trop bu.

— Vous pensiez que je cambriolais ma propre maison ?

— Je ne sais que penser, répond Melissa d'une voix où se mêlent la colère et l'inquiétude. Où étiez-vous passé ? Vous disiez que vous alliez chercher un fiacre.

— Juste prendre un verre, ma chère. J'ai rencontré votre Langley… je me suis dit qu'on pourrait fêter notre association.

— Langley ? Vous aviez rendez-vous ?

— D'une certaine manière, ma chérie, d'une certaine manière. Mais, vous savez, c'est une vraie lavette, il ne tient pas l'alcool ; on ne le dirait pas à le voir. Ou plutôt, il suffit de le regarder pour le deviner.

Un sourire grimaçant se dessine sur le visage coupe-rosé de Woodrow.

— Mais il a de l'argent.

— Vous ne m'aviez rien dit ! s'indigne Mrs. Woodrow.

— J'avais soif, se justifie son mari d'un ton rageur.

— Mais nous pensions que vous rentreriez directement. Nous étions inquiètes, Annabel et moi.

— Ah, la délicieuse Miss Krout ! s'exclame Mr. Woodrow d'une voix pâteuse. Où est-elle, d'ailleurs ? Faut que j'aille l'embrasser et lui souhaiter bonne nuit. C'est la moindre des politesses. Son vieux nous prêtera peut-être de l'argent, hein ? Remarquez, on n'en a plus besoin maintenant. Ah, ce cher vieux Langley ! Quelle chance de l'avoir rencontré !

— Chut, Woodrow ! Je n'ai jamais parlé d'argent – Annabel est couchée. Ignorez-vous l'heure qu'il est ?

— Il est… dit Woodrow.

Il tire la chaînette de sa montre de gousset, essaie d'ouvrir le boîtier d'une main maladroite.

— L'heure d'aller au lit. Vous n'avez pas envie de vous joindre à moi, j'imagine ?

— Je ne peux pas vous parler quand vous êtes dans cet état, Woodrow. Non, c'est impossible.

— Nous ne sommes pas obligés de parler, ma chère, rétorque Jasper.

Il pose ses yeux sur sa femme, mais elle évite son regard.

— Tant pis pour vous ! Je vais embrasser Miss Krout et lui souhaiter bonne nuit.

Là-dessus, Woodrow se dirige vers l'escalier, manquant trébucher sur le tapis. Melissa le rattrape, l'air horrifié.

— Woodrow ! Je vous l'interdis !

— Juste un petit baiser, ma chère.

— Je vous en prie, implore Melissa en lui saisissant le bras.

Il se dégage avec une telle énergie qu'il cogne la main de Melissa contre la rampe. Surprise par la rudesse de son mari, elle s'adosse aux barreaux, bouche bée, les larmes aux yeux.

— Suffit, maintenant. C'était pour vous taquiner. Tout cela est votre faute.

Melissa branle du chef mais ne répond pas.

— Je vais me coucher, annonce Woodrow, maussade.

Annabel Krout, en chemise de nuit, écoute à la porte de sa chambre les voix qui résonnent au rez-de-chaussée. Elle ne saisit que des bribes, parmi lesquelles son propre nom, et perçoit une profonde consternation dans la voix de Mrs. Woodrow. Elle entend ensuite les pas lourds de Mr. Woodrow dans l'escalier. Elle retient instinctivement son souffle lorsqu'il passe devant sa chambre et entre dans son dressing de l'autre côté du palier. Elle entend peu après le pas plus léger de Mrs. Woodrow et le bruissement de sa robe de chambre. Elle hésite à ouvrir sa porte, mais elle ne sait d'ailleurs pas ce qu'elle pourrait dire sans l'embarrasser. Par conséquent, elle attend quelques instants pour s'assurer que les Woodrow sont sur le point de se coucher, puis elle retourne dans son lit.

Elle s'allonge sur le dos et ferme les yeux.

Elle sombre bientôt dans un sommeil agité.

Annabel se réveille.

Sa chemise de nuit trempée lui colle à la peau et elle ne sait pas où elle se trouve. Puis elle surprend du coin de l'œil un mouvement singulier dans le noir. Le ventre noué, elle se dévisse le cou et voit une petite silhouette blanche passer sans bruit devant son lit.

Elle est d'abord paralysée par ce qui ressemble à s'y méprendre à un fantôme. Dort-elle encore ? Des souvenirs de cauchemars lui reviennent, des histoires que les nurses racontent aux enfants pour les effrayer. Tout en s'efforçant de chasser la peur qui lui assèche la bouche, elle observe en silence la forme blanche marcher jusqu'à la fenêtre, tirer le rideau et tapoter ses doigts contre les carreaux.

Annabel s'empare de la boîte d'allumettes sur sa table de chevet, en gratte une, manque de toutes les enflammer, et la faible lueur de la bougie qu'elle parvient à allumer suffit enfin à dissiper le mystère qui entourait le fantôme.

— Lucy ! s'exclame-t-elle.

La petite fille ne répond pas. De fait, rien n'indique qu'elle ait entendu. Elle continue de regarder par la fenêtre tout en tapotant les carreaux.

Annabel l'appelle de nouveau, mais n'obtient aucune réponse. Elle prend la bougie, se lève et va à la fenêtre. L'enfant ne bouge pas, les pieds nus, les yeux rivés sur la rue en contrebas.

— Lucy, que se passe-t-il ?

Lucy ne répond pas. Annabel va pour lui toucher le bras, mais des bruits de pas sur le palier et l'irruption soudaine de Mrs. Woodrow l'en empêchent.

— Ô Seigneur ! Je l'ai entendue dans l'escalier. Ne la réveillez surtout pas !

— La réveiller ?

— Je suis désolée, ma chère, j'aurais dû vous prévenir – oh, comme je m'en veux ! Lucy a… euh, est d'une complexion nerveuse… elle souffre de somnambulisme. J'aurais dû vous le dire, mais elle en était préservée ces derniers temps.

Annabel jette un regard inquiet vers la fillette.

— Il n'y a pas de mal.

— Non ? Elle a dû vous effrayer. Elle ne nous entend pas, vous savez. C'est une douloureuse épreuve, les médecins prétendent que cela lui passera, mais, franchement, je n'en sais rien.

— Que doit-on faire ? s'enquiert Annabel. Que regarde-t-elle, à votre avis ?

— Rien de particulier – c'est comme si elle était en transe ; en réalité, elle ne voit rien. En tout cas, elle ne se souvient de rien après. Il suffit de la reconduire au lit et de l'avoir à l'œil. Il n'y a rien d'autre à faire. Jacobs devra de nouveau partager sa chambre. Ça ne va pas lui plaire.

— Pour la surveiller ?

— Oui, elle risque de se faire mal, de tomber, que sais-je… Ils ne savent pas où ils sont dans ces moments-là.

Mrs. Woodrow soupire, puis se penche pour parler à sa fille.

— Lucy ? Viens, ma chérie, c'est la chambre de cousine Annabel, ce n'est pas la tienne. Je te reconduis au lit.

Rien n'indique que Lucy ait entendu, mais lorsque Mrs. Woodrow lui prend la main, elle se laisse guider hors de la chambre.

— Désolée, ma chère, poursuit Mrs. Woodrow à voix basse, essayez de dormir un peu.

— Vous n'avez pas à vous excuser, cousine…

La porte de la chambre de Jasper Woodrow s'ouvre à la volée. Il est en chemise et pantalon, et, la démarche incertaine, se retient au chambranle de la porte. Il jette un œil sur le palier, éclairé seulement par la bougie de Mrs. Woodrow.

— Que se passe-t-il ?

— Rien, Woodrow. Retournez vous coucher, mon cher.

— Je n'ai pas d'ordre à recevoir de vous, femme ! Sacrebleu, encore ? peste-t-il en désignant Lucy qui se tient, inconsciente, à côté de sa mère.

— Ce n'est rien, je vous assure.

— Ne me dites pas que ce n'est rien quand elle n'est pas dans son état normal ! Regardez-la ! Donnez-la-moi.

— Woodrow, non, je vous en supplie…

— Donnez-la-moi, vous dis-je.

Les protestations de Mrs. Woodrow sont vaines car son mari empoigne la fillette et la secoue. Doucement, au début, puis, n'obtenant pas de résultat, il la prend par les épaules et la secoue plus violemment. S'il désirait réveiller sa fille, ses méthodes obtiennent l'effet recherché. Annabel voit le visage de la fillette passer de la sérénité inexpressive à la conscience, même si elle paraît confuse, effrayée, et si elle éclate finalement en sanglots.

— Woodrow, cessez, je vous prie ! Vous lui faites mal !

Jasper Woodrow abaisse son regard sur sa fille : elle est inerte, les joues rouges et trempées de larmes. Il lui lâche un bras et la redresse de l'autre.

— Lucinda, tu m'entends ?

La fillette opine de la tête tout en sanglotant.

— C'était pour ton bien. Tu dois apprendre à te maîtriser. Tu m'entends ?

Lucy acquiesce de nouveau.

— Sinon, je serai obligé de te punir. Tu comprends ? Allez, réponds !

— Oui, papa, bredouille la fillette.

— Bien. Maintenant, reconduisez-la dans sa chambre, Melissa. Qu'on puisse dormir en paix, pour l'amour de Dieu !

Melissa Woodrow jette un regard vers son mari, mais ne dit rien. Elle pousse sa fille vers l'escalier. Jasper Woodrow est sur le point de regagner sa chambre quand Annabel, qui était restée sans un mot sur le pas de sa porte, s'avance.

— Je suis désolé que vous ayez assisté à cette scène, Miss Krout. J'espère que vous pourrez vous rendormir.

Annabel rassemble son courage.

— J'en doute fort, monsieur, à moins que je dise ce que j'ai sur le cœur.

Woodrow fronce les sourcils.

— Que voulez-vous dire ?

— Je pense que vous avez été très dur avec votre fille, dit-elle en s'efforçant de garder un ton modéré.

— Vraiment ?

— Elle n'y peut rien. Je ne connais pas grand-chose à cette affection…

— Non, en effet, coupe Woodrow d'un ton sec. Et même si je ne serais pas étonné que les Yankees se mettent à former des médecins du sexe faible, je vous saurais gré, Miss Krout, de garder vos opinions pour vous. Je vous souhaite une bonne nuit.

Annabel respire à fond pour tenter de se calmer, puis elle retourne dans sa chambre où la bougie brûle sur la table de chevet. Elle ne peut pas se rendormir. Elle envisage d'allumer la lampe pour écrire à ses parents, mais va plutôt à la fenêtre qui a tant attiré Lucy et plonge son regard dans la rue.

Mais il n'y a rien à voir.

Deuxième Partie

CHAPITRE XV

Le brouillard de la veille s'est enfin dissipé, mais d'épais nuages noirs, annonciateurs de pluie, recouvrent la ville. Devant les Entrepôts Woodrow, deux jeunes gens s'occupent à retirer les panneaux de bois qui protègent les vitrines. Ils échangent quelques mots amicaux puis enlèvent les volets, fixés aux rebords en cuivre pendant la nuit. Ils les appuient contre la façade puis les transportent avec célérité vers un lieu secret à l'arrière du magasin. De fait, c'est l'heure à laquelle les commerçants de la capitale se mettent en branle, et ainsi, le même exercice se répète tout au long de High Holborn, dévoilant les vitrines de plusieurs papeteries, d'un tailleur pour hommes, de *Henekey's Imperial Wine* et d'une douzaine d'autres importants détaillants.

Cependant, les deux jeunes employés de Woodrow remarquent une certaine différence. Ce genre d'activité, si banale soit-il, attire en principe l'attention moqueuse de quelque gosse des rues déguenillé traînant dans les parages, ou celle, plus indulgente, d'une domestique sortie faire une course, qui trouve un des deux jeunes hommes à son goût. Aujourd'hui, néanmoins, aucun badaud, aucun passant que la vie secrète des magasins londoniens intrigue ou captive. Ces mêmes curieux sont attroupés quelques centaines de mètres plus loin devant le *Holborn Casino*.

135

L'attroupement est en lui-même inhabituel, car le *Casino* est fermé dans la journée afin que les gens respectables ne soient pas choqués par la vue des ors scandaleux qui en tapissent l'intérieur. Par conséquent, le rassemblement insolite attire à son tour d'autres curieux, aussitôt absorbés par la foule. « Que se passe-t-il ? » demandent-ils. La réponse à leur question vole de bouche en bouche : « Un meurtre ! » Or, c'est une explication qui encourage les badauds à s'attarder pour en apprendre davantage, à se dévisser le cou pour entrevoir le vestibule du bal infâme.

C'est la présence de cette foule qui, tandis que son fiacre s'arrête de l'autre côté de la rue, ne laisse aucun doute à Decimus Webb sur sa destination. C'est d'ailleurs le seul avantage d'un tel enthousiasme populaire, car il faut deux bonnes minutes à l'inspecteur pour se frayer un chemin jusqu'aux deux robustes agents qui montent la garde devant la porte, bien qu'il crie à tue-tête le mot « police ». Il récolte en outre dans l'affaire une côte endolorie et un orteil écrasé. Une fois à l'intérieur, toutefois, il s'aperçoit que l'endroit est désert. Il descend quelques marches, passe devant le vestiaire et diverses antichambres, ouvre les portes en verre qui mènent à la grande salle en marbre. Il n'y a qu'une bouteille vide et du verre brisé par-ci par-là. Webb est frappé par le silence incongru qui règne dans un tel endroit.

— Bartleby ? crie-t-il.

Sa voix résonne dans la salle vide, mais il n'obtient pas de réponse. Enfin, des bruits de pas rapides, étouffés lui parviennent de la galerie.

— C'est vous, sergent ? s'enquiert-il.

— Oui, monsieur. Je descends.

Bartleby paraît, dévalant les marches.

— J'ai eu envie de jeter un coup d'œil.

— Tiens donc !

— Je savais que notre semaine serait surchargée. Je vous l'avais dit, non ?

136

— En effet, sergent. Mais avant que nous ne commencions, je tiens à vous signaler deux faits. Un, votre télégramme, ou plutôt le misérable qui me l'a apporté, m'a réveillé en plein sommeil. Deux, je suis venu ici directement, sans avoir bu la moindre goutte de café.

— Oui ?

— Je vous suggère juste de me donner les détails, sergent, et de me dire en particulier pourquoi cette affaire ne pouvait attendre que j'aie au moins déjeuné.

— Navré. J'ai pensé que vous seriez pressé de savoir, vu les circonstances.

— Sergent… dit Webb en conférant à ce mot un ton lourd de reproche.

— Désolé. Faut dire que je me suis levé de bonne heure – en réalité, je n'ai presque pas dormi – et à peine étais-je debout que nous avons été appelés ici en quatrième vitesse. J'ai rappliqué… et, euh, tout bien considéré…

— De quoi parlez-vous, sergent ? Je vous en prie, croyez-vous que j'aime les mystères ?

— C'est le même. Celui qu'a tué les deux filles du *Knight*. Il a remis ça.

Webb suit Bartleby dans un étroit couloir qui mène à l'arrière du *Casino*. À mesure qu'ils avancent, le décor devient de plus en plus terne, et bientôt le papier peint rouge et or au-dessus des lambris cède la place au plâtre et à la peinture blanche écaillée. Ils finissent par arriver devant une porte délabrée qui ouvre sur une petite cour entourée de hauts murs d'où part une ruelle qui contourne l'immeuble, seule issue possible.

— Ici ? demande Webb.

— C'est à deux pas.

Le sergent conduit Webb vers trois grosses poubelles et plusieurs cageots pleins à ras bord de bouteilles de vin vides. L'air est âcre et Webb ne peut s'empêcher de tousser.

— Ça pue, hein ? Il paraît que les hommes s'en servent de pissotière, quand les toilettes sont occupées.

— Oui, j'avais deviné.

— Juste derrière la poubelle. Je ne l'ai pas déplacée.

Webb s'avance pour regarder derrière la poubelle en fer-blanc. Par terre, recroquevillé en boule, gît le corps d'une jeune brune, les cheveux défaits, sa robe lie-de-vin déchirée au bras.

— Je vois. La gorge, dites-vous ? Avez-vous examiné la blessure de près, sergent ?

— Non, pas en détail.

Webb se penche pour écarter les boucles de la jeune femme, révélant une entaille sombre sur le cou. Il fronce les sourcils et pousse la tête de sorte que la blessure encroûtée de sang reste visible.

— Regardez, sergent, vous voyez ? Il lui a sectionné la trachée.

— Je vous crois sur parole.

— Sergent ! s'exclame Webb d'un ton agacé. Je ne m'attends pas que vous possédiez une licence en médecine, mais vous devez vous familiariser avec l'anatomie de base.

Bartleby se penche au-dessus du cadavre à contrecœur.

— Oui, je vois.

— Parfait. Et le morceau de papier était là ?

— Juste à côté. J'imagine qu'il le lui a mis dans la main et qu'il a dû tomber après.

— Montrez-moi.

Bartleby sort un morceau de papier de sa poche, couvert de gribouillis en lettres majuscules.

« *Il n'y a ni ténèbres ni ombre de la mort, où puissent se cacher ceux qui commettent l'iniquité.* »

— Encore Job, déclare Bartleby.

Webb le dévisage, perplexe.

— Il y a beaucoup de Dissidents[1] dans la famille. On étudie la Bible.

Webb soupire.

— Au moins, sergent, vous êtes bon à quelque chose. Et où mène cette ruelle ?

— Elle longe le bâtiment, puis débouche sur High Holborn, mais il y a un portail qu'on n'ouvre que pour les éboueurs, le lundi.

— Et la personne qui a trouvé le corps ?

— Une jeune femme. Elle arrive de bonne heure pour faire le ménage – elles sont plusieurs. Elle a trouvé le corps en allant vider les cendres. Elle est secouée – je l'ai laissée dans une des pièces du devant. Mais j'ai peur que vous n'en tiriez pas grand-chose.

— Non, vous avez raison, acquiesce l'inspecteur d'un air las en se retournant vers le cadavre. Est-ce que le gérant a été prévenu ?

— J'ai envoyé un agent le faire.

— Parfait, sergent. Vous feriez mieux de prévenir aussi l'inspecteur Hanson, par simple correction. L'homme semble doué de prescience.

— Oui. Très bien.

— Et pas un mot du morceau de papier, sauf à Hanson.

— Ah bon ?

— Notre assassin semble vouloir être reconnu. Il se plaît à envoyer des messages. J'ignore pourquoi il fait cela, mais je n'ai pas l'intention de lui donner la satisfaction de les lire dans la presse.

— Non. Mais les journalistes feront vite le rapprochement. Tout de même, trois femmes en une semaine !

Webb grimace.

— Trois femmes ? Oui, j'imagine, c'est inéluctable. Espérons que notre homme s'en tienne là, sergent.

— Oui.

1. Nom donné aux chrétiens qui n'appartiennent pas à l'Église anglicane. (*N.d.T.*)

— Une minute, sergent. Qu'est ceci ?

L'inspecteur se penche près de la poubelle, examine la poussière et déblaie des saletés du doigt, dévoilant une petite bourse en perles rouges, à moitié cachée par les cendres. Il la ramasse et la secoue.

— Regardez, sergent. Elle n'est pas là depuis longtemps, à mon avis. Dites-moi, cherchiez-vous à tester mes facultés d'observation ou ne l'aviez-vous pas vue ?

— Je ne l'avais pas vue.

— Bon, regardons ce qu'elle contient. Qu'avons-nous là ? Trois ou quatre shillings en petite monnaie ; un mouchoir en soie ; et... ah, voilà qui est mieux... un reçu pour neuf mètres de mousseline, à un shilling et un penny le mètre. Un reçu bordé de noir, qui plus est, avec le mot « Déduire » estampillé dessus.

— Y a-t-il le nom du magasin ?

— Entrepôts Woodrow.

— Woodrow ? C'est à deux pas. Croyez-vous qu'il appartenait à la jeune femme ?

— Je l'ignore, répond Webb, mais je crois que nous allons leur rendre une petite visite.

CHAPITRE XVI

Annabel Krout, qui dort d'un sommeil agité, se réveille en sursaut ; ses couvertures défaites tombent d'un côté du lit et elle sent un courant d'air froid sur son bras dénudé. Elle reborde ses couvertures en se demandant quelle heure il peut bien être. La chambre est dans la pénombre, mais l'aube naissante s'annonce derrière les lourds rideaux qui masquent les fenêtres à guillotine jumelles. Elle entend un bruit dans le couloir, la porte de sa chambre grince et s'entrouvre.

— Qui est-ce ? demande-t-elle d'une voix timide.

— C'est moi, miss. Je suis désolée, je ne voulais pas vous réveiller.

— Je l'étais déjà. Entrez.

Jacobs porte le broc d'eau chaude habituel qu'elle dépose sur la table de toilette. Sa ponctualité permet à Annabel de savoir qu'il est huit heures. Elle s'assied dans son lit.

— Pouvez-vous ouvrir les rideaux, Jacobs ?

— Tout de suite, miss.

Jacobs tire sur le cordon qui manœuvre les rideaux. La pièce s'éclaircit un peu, mais le jour dehors semble à Annabel morne et grisâtre.

— Quel temps fait-il ? demande-t-elle.

— Euh, le brouillard s'est levé.

— C'est une bonne nouvelle, j'imagine, dit Annabel avec un sourire.

— Oh, ça dure parfois plusieurs jours de suite, c'est effroyable. On peut ne pas voir le soleil pendant quinze jours.

— C'est vrai ?

— Oui, miss. Y a-t-il autre chose pour votre service ?

— Non, dit Annabel. Ah, attendez, s'écrie-t-elle après réflexion. Puis-je vous poser une question ?

Un voile d'inquiétude assombrit le visage de la femme de chambre.

— Si vous voulez, miss.

— Avez-vous… euh… entendu quelque chose cette nuit ?

— Quelque chose ?

— J'ai trouvé Lucy dans ma chambre. Mrs. Woodrow m'a dit qu'elle était somnambule.

— Ô Seigneur ! s'exclame Jacobs, qui porte aussitôt la main à sa bouche. Je vous demande pardon, mais je croyais qu'elle allait mieux.

— Pourquoi ? Ça lui arrive souvent ?

— De temps en temps, miss. Pauvre petite, c'est pitié.

— Mr. Woodrow était… euh… très contrarié.

— Ah bon ?

Jacobs détourne les yeux et s'occupe à remettre des objets à leur place sur la table de toilette.

— Excusez-moi, dit Annabel. Je comprends très bien que vous ne puissiez en parler. Je n'aurais pas dû le mentionner.

— Non, miss, c'est juste que…

— Que quoi ?

— Faut pas penser du mal du maître. Il paraît des fois un peu dur, mais il essaie de faire de son mieux.

Annabel esquisse un sourire poli.

— Oh, j'en suis sûre, dit-elle.

— Je voulais dire, insiste Jacobs, c'est une calamité pour eux deux.

— Eux deux ? Je ne comprends pas.

Jacobs rougit et son front se plisse.

— Oh, j'aurais dû me taire ! S'il vous plaît, n'en dites rien à Madame.

— Dire quoi ?

— Euh… fait Jacobs dans un murmure, le maître souffre du même mal.

— Vous voulez dire qu'il marche en dormant ?

Jacobs opine de la tête, les yeux rivés au sol.

— Je l'ignorais. Assurément, Mrs. Woodrow me l'aurait dit, au cas où… elle m'en aurait parlé.

— Oh, ça ne lui arrive pas souvent, maintenant, miss. Il dit que c'est une affaire de volonté. Mais entre vous et moi, il prend quelque chose pour mieux dormir.

— Je vois, fait Annabel.

Elle discerne quelque inquiétude sur le visage de la femme de chambre.

— Excusez-moi… je vous empêche de faire votre travail. Je vous jure que je n'en dirai rien, pas même à Mrs. Woodrow.

Jacobs sourit de soulagement.

— Puis-je disposer, miss ?

— Je vous en prie.

La table est dressée pour le petit déjeuner chez les Woodrow, mais la salle à manger est déserte. Le silence n'est brisé que par le tic-tac de la pendule sur la cheminée et par le léger craquement du plancher lorsque Annabel s'assied. Elle regarde l'heure – neuf heures dix – et remarque, pour la première fois, une photo de famille : Mrs. Woodrow assise, l'air grave, légèrement mal à l'aise ; Lucy assise en tailleur, la mine sérieuse, devant ses parents ; Mr. Woodrow debout, raide comme un piquet, en queue-de-pie, pater familias sévère fixant l'objectif.

Jacobs entre, silencieuse.

— Œufs au bacon, ou porridge, miss ?

— Vous m'avez fait peur, Jacobs.

— Désolée, miss.

— Je prendrai du bacon. Suis-je la seule à descendre pour le petit déjeuner ?

— Oui, miss. Monsieur est déjà sorti et Madame vous prie de l'excuser, mais elle est un peu fatiguée.

— Ah ! Merci.

— Prendrez-vous aussi du thé et des toasts, miss ?

— Oui, merci.

Jacobs quitte la pièce. Après son départ, Annabel se lève et fait le tour de la salle à manger. L'*Islington Weekly Chronicle* de Mr. Woodrow est sur la desserte, plié. Annabel s'en empare, le rapporte à la table et le parcourt d'un œil distrait. Un article, en bas de page, attire son attention :

LES MEURTRES DE L'HÔTEL

Trois jours ont passé depuis la découverte du corps de deux jeunes femmes, Elizabeth Violet Carter, dix-huit ans, et Annie Finch, dix-sept ans, sauvagement assassinées au *Knight's Hotel*, dans Ludgate Hill. Les deux victimes sont ce qu'on appelle des « malheureuses » et l'hôtel était fréquenté par des femmes de cette catégorie. Néanmoins, on ne peut imaginer une fin plus cruelle et la police de Londres fait tout son possible pour retrouver leur agresseur. Les circonstances de l'affaire, notamment la note singulière retrouvée dans la chambre d'Annie Finch, incitent la police à croire que le crime a été commis par un malade mental. Toutefois, aucun indice ne permet de diriger les recherches dans une direction précise.

Jacobs reparaît, une théière à la main, et regarde par-dessus l'épaule d'Annabel.

— Quelle horreur ! s'exclame cette dernière en reposant le journal.

— Miss ? Oh, l'histoire de l'hôtel ? Oui, les pauvres filles. Voici vos toasts, miss.

Son petit déjeuner terminé, Annabel remonte au deuxième étage. Elle ne va toutefois pas dans sa chambre, mais s'arrête devant celle de Mrs. Woodrow, hésite quelques secondes, puis frappe. Une réponse étouffée lui parvient :

— Qui est-ce ?

— Annabel. Puis-je entrer ?

Il y a un silence.

— Oui, ma chère, dit finalement Melissa, entrez, je vous en prie.

Annabel pousse la porte et trouve Mrs. Woodrow assise dans son lit en robe de chambre, les cheveux défaits, du fil et une aiguille à portée de main. Cependant, elle semble en effet fatiguée, du moins un peu pâle.

— Ma chère, dit-elle tout de suite, il faut me pardonner, j'aurais dû aller vous parler moi-même. Je suis seulement un peu fatiguée. Dites-moi, Jacobs ne vous a pas mise au courant ?

— Si, mais j'ai voulu venir prendre de vos nouvelles. J'espère que je ne vous dérange pas ?

— Oh, non ! Vous êtes pleine de sollicitude, Annabel. Ce sont mes nerfs, j'en suis sûre. Lucinda était si perturbée, cette nuit ; j'ai mis une bonne demi-heure à la calmer après... euh... le petit incident. Dites-moi, avez-vous bien déjeuné ?

— Oui, assure Annabel. Lucy va-t-elle bien ?

— Je crois, oui. Jacobs la surveillera. Mais je crains que nous ne devions annuler nos projets pour la journée. Je suis absolument incapable de sortir dans mon état. J'en mourrais.

— Je comprends, dit Annabel, bien qu'elle ne puisse dissimuler une pointe de déception, car la visite de Saint-Paul ou du célèbre Crystal Palace semble lui échapper. Je sortirai peut-être seule, juste pour me dégourdir les jambes. Puis-je emmener Lucy ?

145

— Oh, non, ma chère. Elle est bien trop fragile après ses crises. Il vaut mieux la ménager pour l'instant.

— Et si Jacobs nous accompagnait ?

— Oh, ma chère Annabel, Jacobs est bien trop occupée pour ça. Non, vraiment, je dois me reposer. Je comptais faire un peu de raccommodage, juste pour me distraire, mais je suis trop lasse. Je vais sans doute faire une petite sieste. Trouvez donc à vous occuper, mon petit. J'ai emprunté deux livres à la bibliothèque, je crois qu'ils sont en bas. À moins que vous n'aimiez Walter Scott ? Woodrow en a de magnifiquement reliés dans son bureau. Je ne crois pas qu'il en ait ouvert un seul… quel dommage !

— Puis-je jouer du piano ?

— Oh, je ne sais pas. Le bruit perce les murs de manière affreuse…

— Dans ce cas, cousine, il n'en est pas question. Je trouverai de quoi me distraire.

— Parfait, dit Mrs. Woodrow. Je vous promets que nous sortirons nous amuser dès que j'irai mieux.

— Il n'y a aucun problème, je vous assure. Dois-je demander à Jacobs de vous apporter quelque chose ?

— Des toasts, peut-être. J'aimerais des toasts.

— Je m'en occupe. Et je repasserai plus tard voir comment vous allez.

— Pas avant une heure ou deux, ma chère.

Avant de sortir, Annabel gratifie Mrs. Woodrow d'un sourire poli, qui s'efface à peine a-t-elle passé la porte. Elle regagne sa chambre la mine sombre, s'assied sur son lit en soupirant, contrariée par la perspective d'une longue journée désœuvrée. Puis elle se souvient des toasts de Mrs. Woodrow et tire le cordon pour appeler Jacobs. Au même moment, une sonnerie métallique aiguë lui parvient du demi-sous-sol. Mais, bizarrement, elle n'est pas suivie de bruit de pas dans l'escalier.

Annabel attend une ou deux minutes, puis tire de nouveau le cordon. Toujours rien. Elle sort sur le palier : aucun bruit. Le front plissé, plus perplexe qu'irritée, elle descend au premier où elle tombe sur Jacobs qui accourait.

— Je suis affreusement navrée, miss. J'étais en train de disputer le garçon boucher – la viande est épouvantable –, je n'ai pas entendu la sonnette.

Annabel sourit.

— C'est juste que Mrs. Woodrow aimerait des toasts.

— Je transmets à la cuisinière, miss, répond Jacobs, qui se hâte de redescendre.

Annabel entre dans le salon, pose un œil attristé sur le piano, puis regarde par la fenêtre. Pas de signe du garçon boucher ni d'un quelconque livreur. Toutefois, son esprit est tout entier occupé par les longues heures d'oisiveté qui l'attendent.

Elle se penche sur le piano, fait courir ses doigts sur l'octave aiguë, esquisse un bref arpège. Elle s'attend presque à entendre Mrs. Woodrow frapper sur le plancher, mais il n'y a aucun bruit.

Annabel soupire, puis referme le couvercle du piano.

CHAPITRE XVII

L'inspecteur Webb entre d'un pas vif dans les Entrepôts Woodrow accompagné du sergent Bartleby. Il ignore la courbette du portier en livrée noir et or, et se dirige droit vers le comptoir le plus proche, celui de la papeterie, où un vendeur attend le client. Dans la vitrine du présentoir se trouvent divers modèles d'enveloppes et de papier bordés de noir, mais Webb n'y jette même pas un coup d'œil. Il murmure à l'oreille du vendeur quelques mots que le sergent ne saisit pas. Cependant, il a dû préciser qu'il s'agit d'une « affaire de police urgente » car le jeune vendeur en question se précipite vers l'arrière du magasin et reparaît avec un de ses supérieurs. Ce dernier, un homme à la barbe grisonnante aussi solennel que le papier à lettres, conduit les deux policiers à l'étage, à travers une porte marquée « *Employés* [*] » qui mène aux bureaux.

— Nous pourrons parler ici, dit l'homme en poussant Webb et Bartleby vers la pièce qui constitue son domaine. Je vous proposerais bien de vous asseoir…

Webb regarde autour de lui ; un bureau et une chaise sont les seuls meubles. Quelques livres de comptes, un porte-plume, un encrier et un buvard occupent le bureau, mais hormis des étagères bourrées de dossiers, il n'y a rien.

— Ne vous donnez pas cette peine, Mr…

— Prentice. Je suis le chef de rayon. Mon supérieur, Mr. Woodrow en personne, n'est pas encore arrivé. Nous ne l'attendons pas avant une demi-heure.

— Cela ira, Mr. Prentice. Dites-moi, fait Webb en tirant le reçu de sa poche, que vous inspire ceci ? Un client peut-être ?

Prentice sort des lunettes cerclées d'or de la poche de son gilet et lit le reçu.

— Non, inspecteur, je ne crois pas.

— Non ? s'étonne Bartleby.

— Non, répète Prentice, sûr de lui. Le tampon, ici, vous voyez ? « Déduire ». C'est un reçu qu'on a donné à un employé, sans doute une de nos filles, mais j'ignore laquelle. C'est à déduire de son salaire.

— Ah, je vois, fait Webb.

— Vous voulez dire qu'il s'agit d'un achat pour elle-même ? demande Bartleby.

— Ou pour ses parents. C'est un procédé classique qui n'a rien d'illégal, je vous assure, s'empresse de préciser Prentice. Les filles ont parfois envie d'une nouvelle robe du dimanche ; si nous avons un vieux stock de tissu, nous le leur vendons à prix réduit.

— Pour des robes normales, pas des robes de deuil ? interroge Bartleby.

— Bien sûr. Il paraît que le gris foncé, que nous proposons pour un demi-deuil, est très à la mode, si la coupe est moderne. Naturellement, une jeune femme dilapiderait une grande partie de son salaire pour être à la mode si elle en avait l'occasion ; nous ne proposons ces arrangements qu'une fois par an.

— Vraiment ? fait Webb. Dites-moi, connaissez-vous bien les filles ? Elles vivent sur place, j'imagine ?

— En effet. Nous avons vingt jeunes filles, huit jeunes hommes et une dame qui les supervise.

— Pour veiller à leur moralité ?

— Exactement.

149

— Admirable. Dites-nous, Mr. Prentice, encouragez-vous vos filles à sortir le soir ? Leur laissez-vous beaucoup de liberté ?

— De liberté, inspecteur ? Ce qu'il en faut, mais nous ne fermons pas tôt chez Woodrow. Disons, une fois par semaine entre sept et dix heures, et le dimanche, bien sûr.

— Cependant, elles doivent rentrer avant dix heures ?

— Oui. C'est un établissement honnête et bien géré, inspecteur. Pardonnez-moi, je ne vous suis pas très bien… où avez-vous trouvé ce reçu ?

— Près du corps d'une jeune fille assassinée, Mr. Prentice. Non loin d'ici.

Le chef de rayon a un mouvement de recul.

— Grands dieux !

— Vos filles sont-elles toutes à leur poste, ce matin ?

— Oui, bien sûr, répond Mr. Prentice, puis il se reprend. Euh, toutes sauf une. Mais je vais la congédier dès son retour.

— Une fauteuse de troubles ?

— Tout juste. Une certaine Miss Price – elle est avec nous depuis un peu plus d'un an mais elle ne nous a causé que des soucis, inspecteur.

— Une brune d'environ un mètre soixante ?

— Seigneur, vous ne voulez pas dire que…

— Je ne veux rien dire du tout, mon ami. Mais si vous pouviez nous accorder cinq minutes, je vous demanderais de suivre mon sergent.

— Maintenant ? Où ?

— Au *Holborn Casino*. C'est là que nous avons trouvé la jeune fille – votre Miss Price, j'en ai peur – mais nous n'en serons pas sûrs tant que vous ne l'aurez pas identifiée.

Mr. Prentice se recule, effaré.

— Oh, certainement pas ! Je ne suis pas l'homme de la situation… je veux dire, Mr. Woodrow sera là d'une minute à l'autre. Je ne peux quitter mon poste.

— Allons, Mr. Prentice, ce ne sera pas long. C'est très important, comme vous vous en doutez. D'ailleurs, pour un homme de votre profession, ce n'est pas une grande affaire.

Mr. Prentice pâlit.

— Nous habillons les vivants, inspecteur. Je n'ai aucune expérience des…

— Des cadavres ? suggère Bartleby.

— C'est que le présent compte plus que tout dans notre métier, dit Webb d'un ton conciliant. En outre, vous aideriez la police de Sa Majesté. Pensez-y.

— Euh, j'imagine que… bredouille Prentice.

— Voilà qui est mieux, dit Webb.

CHAPITRE XVIII

Jasper Woodrow arrive aux Entrepôts à neuf heures et demie, son heure habituelle. Comme tous les jours, il racle d'abord ses chaussures crottées sur le grattoir situé devant l'entrée. Toutefois, il est interrompu par la survenue soudaine d'un de ses chefs de rayon.

— Bon sang, Prentice, je vous en prie, laissez-moi le temps d'entrer ! s'exclame Woodrow.

— Désolé, monsieur, mais il s'agit d'une affaire urgente. J'ai cru sage de vous en parler à la première occasion.

— Bon, ça devrait suffire, déclare Woodrow en abaissant ses yeux sur ses chaussures. Entrons.

Mr. Prentice bat en retraite, suivi par son patron. Woodrow se dirige vers l'escalier, Prentice sur les talons.

— Je vous écoute, dit-il en grimpant.

— Une de nos vendeuses, Miss Price… une affreuse affaire… je ne sais comment vous le dire… elle a été retrouvée morte.

Woodrow s'arrête, la main sur la rampe en acajou.

— Morte ?

— Assassinée, monsieur, pour être précis, dit une autre voix que Woodrow ne connaît pas, tandis qu'un homme d'une certaine corpulence, la cinquantaine, en costume de tweed, descend à leur rencontre.

— Je vous en prie, inspecteur, s'empresse Prentice à voix basse, pas si fort ! Pensez à notre réputation.

Mr. Woodrow, voici l'inspecteur Webb, de Scotland Yard.

Jasper Woodrow semble un instant déconcerté, mais il se ressaisit rapidement.

— Nous ferions mieux d'aller dans mon bureau, messieurs, propose-t-il.

Webb opine de la tête.

— Naturellement. Pardonnez ma brusquerie. Nous autres policiers, nous oublions trop vite les bonnes manières. Montrez-nous le chemin.

— Ce n'est pas loin, assure Woodrow.

Webb est installé dans le bureau de Woodrow.

— Une histoire affreuse, dit-il, même s'il ne manifeste pas une grande émotion.

— Affreuse, répète Jasper Woodrow, assis derrière son bureau. Je suis désolé pour la famille de la pauvre petite, inspecteur, inutile de le dire. Mais je dois veiller à mon gagne-pain et à celui de mes employés. Nous ne pouvons pas empêcher les journalistes de s'emparer de l'affaire, j'imagine ?

— Connaissez-vous le *Casino*, monsieur ? demande Webb.

— Oui, dit Woodrow d'une voix hésitante. De réputation, oui.

— Une réputation fort peu enviable, vous en conviendrez. Vous imaginez le parti qu'en tireront les journaux.

— Sommes-nous certains que c'est bien Miss Price ?

— Absolument, monsieur, assure Prentice, qui se tient en retrait. Je crains… je l'ai vue de mes propres yeux, monsieur.

— Vous ne savez pas si cette jeune femme avait des ennemis, par hasard ? demande Webb.

— Des ennemis, inspecteur ? s'étonne Prentice.

— Nous devons envisager les cas classiques… les rivales, les amoureux jaloux, ce genre de chose.

— Pas à ma connaissance, inspecteur, répond Prentice.

Woodrow dévisage son employé d'un air sombre en pianotant sur son bureau d'une main nerveuse.

— Pas à votre connaissance, Prentice ?

— Non, monsieur.

— J'imagine, poursuit Woodrow, une pointe de colère dans la voix, que vous ignoriez aussi qu'elle fréquentait ce maudit *Casino* à des heures impossibles ?

— En effet, monsieur, je l'ignorais, répond l'employé, tête basse. De toute façon, j'allais la congédier.

— Pourquoi ? s'enquiert Webb.

— À vrai dire, inspecteur, elle attirait le genre de gentlemen dont nous nous passerions aisément.

— Des gentlemen ? fait Webb. Je croyais que vos vendeuses étaient bien élevées. Quel genre de gentlemen ?

— Des flemmards, inspecteur, des bons à rien.

Woodrow pousse un soupir exaspéré.

— Eh bien, maintenant, nous savons où elle les rencontrait, n'est-ce pas ? Et pourquoi diantre sortait-elle à des heures pareilles ?

— Il semble que notre surveillante n'ait pas été aussi scrupuleuse que j'aurais pu l'espérer, dit Prentice, plutôt nerveux.

— Que vous auriez pu l'espérer ? s'exclame Woodrow. Sacré nom, à quoi servez-vous ? Vous feriez mieux de retourner à votre poste.

Prentice ne se le fait pas dire deux fois, il quitte le bureau en toute hâte.

— Cela pourrait causer notre ruine, inspecteur, dit enfin Woodrow. Notre ruine !

— Personne n'aime le scandale, rétorque Webb. Mais nous devons attraper le misérable qui a fait ça et nous ne pouvons promettre la discrétion.

— Oui, sans doute, soupire Woodrow. Je ne vois pas ce que je peux faire de plus. Vous dites que votre sergent interrogera les autres filles, doit-il vraiment les interroger toutes ?

— Ce serait préférable, oui. Remarquez, la nouvelle se répandra vite, de toute façon. Vous ne connaissiez pas Miss Price vous-même, monsieur ?

— Oh, j'ai dû l'apercevoir. Mais je laisse Prentice et deux autres responsables s'occuper du personnel de vente. J'ai peu de rapports avec les vendeuses.

— C'est naturel. C'est une vieille entreprise, n'est-ce pas ? Il me semble me souvenir que votre magasin est là depuis longtemps, quoiqu'un peu moins grand. Et si ma mémoire est exacte, il portait un autre nom.

— Il appartenait au père de mon épouse, inspecteur, et à son grand-père avant. Mais je ne vois pas le rapport avec ce qui nous intéresse aujourd'hui.

— Pardonnez-moi, Mr. Woodrow, simple curiosité professionnelle, dit Webb en se levant. Une regrettable habitude, toujours poser des questions. Mais je ne vous retiendrai pas plus longtemps. Il vaut mieux que je me sauve.

— Savez-vous qui a pu tuer cette malheureuse, inspecteur ? demande Woodrow en voyant les deux policiers s'apprêter à partir.

— J'aimerais bien. Mais, j'y pense, étant dans la profession, vous allez peut-être pouvoir m'aider pour une affaire toute différente.

— Vraiment ?

— Oui. Avez-vous entendu parler d'un dénommé Munday, par hasard ? Jeremy Sayers Munday ?

Woodrow réfléchit avant de répondre.

— Je… je ne crois pas, bredouille-t-il d'un air nerveux. Pourquoi cette question ?

Webb hoche la tête tandis que Jasper Woodrow ouvre la porte de son bureau.

— Même métier que vous, mais c'est une tout autre histoire. Ne vous inquiétez pas.

155

— Je vous raccompagne, inspecteur, propose Woodrow.

— Inutile, monsieur, je connais le chemin, dit Webb
en prenant son melon sur le portemanteau. Nous vous
tiendrons au courant, je vous le promets.

— Je vous remercie, inspecteur.

Webb salue le propriétaire du magasin. Les deux
employés qui travaillent dans l'antichambre jettent un
regard au policier, puis retournent à leur besogne.

En refermant la porte derrière Webb, Jasper Woodrow
pâlit, le sang se retire de son visage rougeaud. Il va à la
cheminée, présente ses mains devant les flammes, mais
la chaleur n'a pas l'effet désiré et il retourne à son bureau,
où il garde, dans un tiroir, une flasque de cognac. Il la sort,
dévisse le bouchon et avale une longue rasade. Il s'assied
et, pendant plusieurs minutes, son regard erre dans
l'espace comme s'il soupesait un problème insoluble.

— Jones ! crie-t-il enfin.

Aussitôt, un des deux employés qui demeurent de
l'autre côté de la porte paraît sur le seuil.

— Envoyez un message à Mr. Siddons, Salisbury
Square. Demandez à un garçon de le lui apporter – dites
que j'ai besoin de le rencontrer, c'est une affaire de première urgence.

— Rien d'autre, monsieur ?

— N'ai-je pas été assez clair ?

— Si fait, monsieur. J'y cours.

L'employé sort, laissant Woodrow une fois de plus
seul avec ses pensées.

— Ah, vous voilà, sergent ! dit Webb en parvenant
au rez-de-chaussée des Entrepôts Woodrow.

— Je préparais une pièce pour interroger les filles.

— Parfait, parfait. Bien que je ne croie pas que vous
trouviez grand-chose.

— Vous pensez que l'assassin l'a choisie au hasard ?

— C'est plus que probable. Mais on ne sait jamais. Elle le connaissait peut-être, ou bien s'étaient-ils déjà rencontrés au *Casino*. Cela vaut la peine d'approfondir la chose. Voyez si elle fréquentait quelqu'un en particulier ; il semble qu'elle attirait un certain type d'hommes.

— Je ferai de mon mieux. Ah, le télégramme de l'inspecteur Hanson. Il viendra ici directement, il demande que vous l'attendiez au *Casino*.

— Certainement pas, sergent. Vous ne l'avez sans doute pas remarqué, mais je n'ai toujours pas mangé. J'ai besoin, au moins, d'une tasse de café fort et d'une tranche de bacon, si ce n'est pas trop demander.

— Dois-je avertir l'inspecteur Hanson ? Dois-je mentionner le bacon ?

— L'humour ne vous sied pas, sergent. Faites-lui visiter les lieux, montrez-lui le cadavre avant qu'on ne l'emporte. Puis demandez-lui de me rejoindre à Scotland Yard, je le verrai là-bas, à une heure, s'il a le temps.

Le sergent acquiesce ; Webb s'apprête à quitter le magasin, mais il se retourne soudain et fait signe à son sergent d'approcher.

— Autre chose, lui murmure-t-il à l'oreille, trouvez ce que vous pouvez sur Mr. Woodrow. J'aimerais surtout savoir depuis combien de temps il est dans ce métier.

— Puis-je vous demander pourquoi ?

— Simple curiosité, sergent.

Bartleby dévisage Webb avec une sorte de perplexité que son supérieur trouve profondément agaçante.

— Eh bien, qu'attendez-vous, sergent ?

Bartleby opine de la tête tandis que Webb sort dans High Holborn à la recherche d'un fiacre.

— Nous ne pouvons pas empêcher les journalistes de s'emparer de l'affaire, marmonne-t-il dans sa barbe.

Planté sur le bord du trottoir, il sort sa pipe tout en guettant un fiacre.

— Certainement pas, monsieur, loin s'en faut.

CHAPITRE XIX

Annabel Krout est assise à son secrétaire, un porte-plume à la main, devant une page blanche sur laquelle elle n'a encore écrit que le titre, « Le Londres des théâtres », deux fois souligné. Cinq minutes passent, puis dix. Comme les cloches d'une église voisine sonnent midi, Annabel repose son porte-plume, se lève et va de nouveau à la fenêtre. Elle abaisse son regard vers l'étroit ruban de Duncan Terrace et son jardin grillagé. Mais il n'y a rien à voir. De fait, la scène, qui, craint-elle, risque de devenir son principal souvenir de la métropole, reste immuable et ne stimule en rien son imagination. Avec une grimace, elle renonce à regret à son idée d'article.

Elle descend, trouve Jacobs sur le palier en train d'appliquer de la cire sur la rampe d'escalier avec une détermination rigoureuse propre à décourager toute tentative de conversation. D'ailleurs, la seule information qu'elle obtient est que « Madame » ne doit être dérangée sous aucun prétexte car elle « compte dormir jusqu'à quatre heures », ce qui n'est pas pour remonter le moral d'Annabel.

C'est pourquoi, se souvenant du conseil de Mrs. Woodrow, elle décide de diriger ses pas vers le bureau, à l'arrière du premier étage. Elle tourne timidement la poignée en cuivre, manque frapper à la porte, même si elle sait qu'il n'y a personne. Lorsqu'elle entrouvre la porte, elle est troublée par une odeur qui lui évoque étrangement un parfum qu'elle ne parvient pas à définir. Elle croit d'abord qu'elle émane des livres, cuir des reliures et papier, puis le souvenir lui revient. C'est un relent entêtant de tabac et de cognac qu'elle associe à son hôte.

— Je vais juste emprunter un livre, annonce-t-elle à Jacobs, avant de le regretter aussitôt, car elle n'a nul besoin de demander la permission.

La domestique, toutefois, acquiesce et reporte derechef son attention sur son travail avec une hâte, à la limite de la politesse, qui semble dire : « Qu'est-ce que j'en ai à faire ? »

Annabel ouvre la porte en grand et entre. De prime abord, et bien qu'une haute fenêtre donne sur le jardin, la pièce paraît être la plus petite de la maison et assez sombre, bien moins spacieuse qu'elle ne l'avait cru. Le bureau contient une modeste cheminée et un seul fauteuil disposé juste devant. De chaque côté de l'âtre, les niches sont tapissées d'étagères qui croulent sous les livres, notamment de gros volumes rouges, qui, de plus près, s'avèrent être des exemplaires reliés de *Punch*. Annabel laisse courir son doigt sur les dos et tombe sur l'œuvre de Scott, presque neuve, comme l'avait suggéré Mrs. Woodrow. Elle s'arrête au hasard sur *La Fiancée de Lammermoor* et l'extrait de la rangée. Puis, bien que la pièce soit un peu froide, elle s'assied au bord du fauteuil et feuillette le livre, sautant l'introduction :

Peu de personnes ont connu mon secret pendant que je compilais ces récits, et il n'est guère probable qu'ils verront le jour du vivant de leur auteur. Quand bien même cela arriverait...

Annabel s'arrête quand son pied touche un petit morceau de papier qui crisse sous sa chaussure. Elle se penche, le ramasse et découvre qu'il s'agit d'un billet, taché par une substance non identifiable.

BILLET D'ENTRÉE
Extraordinaire soirée de chants et de danses
13 novembre 1874
HOLBORN CASINO, High Holborn

ATTENTION : Conservez ce billet ; afin d'éviter les intrus et les indésirables, il servira de sésame entre le Hall et le Salon. On vous le demandera peut-être.

Sans connaître la réputation ni l'emplacement du *Holborn Casino*, Annabel ne peut s'empêcher de s'étonner qu'un tel billet se trouve chez les Woodrow. Elle en conclut, avec une grimace, qu'il fournit une explication à l'arrivée tardive d'un Mr. Woodrow passablement éméché, la veille au soir.

Finalement, elle place le billet dans le livre, avec l'idée de le montrer à sa cousine, et reprend sa lecture.

Lorsque Annabel quitte le petit bureau, elle a à peine terminé le premier chapitre. Car, sans le confort d'un feu, elle trouve la pièce un peu trop froide à son goût, l'endroit trop oppressant. Elle envisage d'appeler Jacobs, qui a disparu depuis longtemps du palier, afin de lui faire allumer un feu. Mais, craignant que Mr. Woodrow ne considère une telle démarche trop présomptueuse de sa part, elle y renonce. Ainsi, fuyant les autres pièces plus guindées, elle retourne dans sa chambre et s'installe sur son lit, assise bien droite. Un bon feu flambant dans l'âtre, elle est prête à se replonger dans *La Fiancée de Lammermoor* lorsque des pas se font entendre et qu'on frappe doucement à sa porte.

— Entrez !

Lucy Woodrow paraît. Annabel l'accueille d'un sourire, repose son livre et lui fait signe d'approcher.

— Bonjour, mon petit, dit-elle.

— Bonjour, répond la fillette. Vous êtes malade, vous aussi ?

— Pourquoi ? Qui est malade ?

— Maman. Elle est couchée.

— Non, mon petit. Je lisais. Et je crois que ta maman n'est pas dans son assiette, voilà tout.

Lucy hausse les épaules.

— Jacobs a dit que je pouvais descendre vous voir, si j'étais sage.

— Et as-tu été sage ?

Lucy acquiesce.

— Et qu'as-tu fait ce matin ? continue Annabel, qui s'assied sur le bord du lit.

— J'ai lu. Maman dit que je dois lire ; mais c'est toujours les mêmes livres idiots, et la lecture m'ennuie.

Elle semble répéter cette dernière phrase comme un perroquet, sans doute l'a-t-elle entendue dans la bouche de son père ou de sa mère, mais elle la prononce néanmoins avec une grande sincérité. Annabel abaisse son regard sur son roman, qu'elle écarte de la main.

— Oui, c'est vrai. Dis-moi, Lucy, es-tu sortie depuis que nous sommes allées au jardin zoologique ?

Lucy secoue vigoureusement la tête.

— Et moi, je suis restée enfermée toute la journée. Alors, Lucinda Woodrow, propose Annabel, une lueur malicieuse dans les yeux, aimerais-tu aller faire un tour ?

— Oh, oui ! applaudit la fillette.

— Où allez-vous, miss ? demande Jacobs qui paraît dans le couloir.

— J'emmène Lucinda faire un tour, répond Annabel en arrangeant le manteau et l'écharpe de la fillette. Nous avons besoin de prendre l'air.

— Il fait froid, miss, et Madame…

— Elle dort. Nous ne nous absentons pas longtemps, cinq minutes, n'est-ce pas, mon petit ?

— Pas plus, renchérit Lucy, comme choquée à la perspective de s'attarder dehors.

— Où comptez-vous aller, miss ? Vous ne connaissez pas le quartier.

— Cinq minutes, Jacobs, insiste Annabel, agacée. Nous ne pouvons pas nous perdre en si peu de temps.

— Je ne sais pas, miss.

— Vous n'avez pas besoin de savoir, dit Annabel, exaspérée.

Elle tire le rideau et ouvre la porte d'entrée.

— Viens, Lucy.

La fillette ne se fait pas prier ; et si elle ne tire pas la langue à la femme de chambre, elle la dévisage avec une expression de satisfaction et de triomphe très explicite.

Dehors, le froid est plus vif qu'Annabel ne l'avait cru. Elle regarde Lucy, mais, plutôt que de frissonner, sa jeune cousine semble au contraire revigorée – ou du moins nettement plus radieuse.

— Si on allait voir le canal ? propose Annabel.

Lucy opine de la tête. C'est un court trajet ; il faut longer le jardin, enfiler la rue suivante, puis l'entrée du tunnel d'Islington se présente mais rien n'indique la présence de l'eau qui coule sous leurs pieds. Lucy fixe des yeux la portion du canal visible à travers les grilles qui protègent ses rives élevées. Une barge navigue paresseusement sur l'eau sale en direction de l'écluse suivante, mais cela ne semble pas retenir son attention. En fait, la fillette tire Annabel par la main et cette dernière se laisse entraîner vers le portail qui cache un étroit sentier descendant vers le canal lui-même. Un autre bateau est amarré près du chemin de halage et deux jeunes gens s'activent avec la toile goudronnée ficelée qui couvre sa cargaison. L'un d'eux, vêtu de futaine marron et coiffé d'un bonnet en toile défraîchi, lève les yeux de son travail.

162

— Puis-je vous aider, miss ? demande-t-il en souriant.

— Suffit, Jim, le rabroue son collègue.

Annabel tire la fillette qui aurait aimé s'attarder plus longtemps.

— Prenons ce chemin, dit-elle en jetant au jeune homme un regard noir.

Lucy affiche le genre de déception dont seuls les enfants d'un certain âge sont capables.

— À moins que nous ne retournions à la maison ? hésite Annabel. Il ne faut pas traîner, sinon Jacobs va s'inquiéter.

Lucy secoue la tête.

— Je lui ai promis, insiste Annabel. Cinq minutes. Bon, au bout du chemin et on revient. Allons-y, et je dirai à ta maman que tu as été exceptionnellement sage aujourd'hui.

La fillette fait la moue, mais, soupesant peut-être les avantages d'un rapport favorable, finit par céder. Il ne leur faut pas plus de quelques minutes pour atteindre le bout de Colebrooke Row et revenir.

— Dis-moi, Lucy, questionne Annabel tandis qu'elles rentrent, te souviens-tu de quelque chose de singulier la nuit dernière ?

— Non.

— Tu ne te souviens pas d'être venue dans ma chambre ? insiste Annabel en s'efforçant de garder un ton léger.

— Non, dit la fillette, troublée.

— Te rappelles-tu t'être réveillée ?

— Oui, finit par admettre Lucy.

— Où était-ce ?

— Dans le couloir.

— Et que s'y passait-il ?

— Papa était en colère.

— Sais-tu pourquoi ?

163

Lucy hausse les épaules. Annabel sourit, l'air compatissant.

— Je crois, dit-elle en se baissant pour être à la hauteur de la fillette, que ton papa se fâche parfois très fort, même si je suis persuadée qu'il t'aime beaucoup.

Lucy secoue la tête.

— Non, ce n'est pas vrai, dit-elle.

Annabel fronce les sourcils.

— Eh bien, si tu as du chagrin, si ton papa a été sévère avec toi, viens me voir, nous parlerons. D'accord ?

Lucy fait oui de la tête.

CHAPITRE XX

Decimus Webb est assis dans un des trois salons particuliers du *Clarence*, à Scotland Yard. C'est un endroit à l'écart, isolé du reste de l'établissement par deux panneaux en acajou sculpté surmontés d'une vitre en verre gravé, et qui possède sa propre porte d'entrée. Ce doit être cela que le policier apprécie. Car il n'a pour ainsi dire pas touché à sa pinte de bière, et le seul fumet qu'il goûte est le faible relent de bière et de tabac qui flotte dans l'air. La porte finit toutefois par s'ouvrir et une silhouette familière pointe sa tête dans le salon.

— Inspecteur Hanson, je commençais à croire que vous vous étiez perdu, dit Webb.

Hanson entre. Webb lui fait signe de prendre un siège.

— On m'a dit à Scotland Yard que je vous trouverais peut-être ici, explique Hanson.

— Ah, vous avez donc vu mon bureau ? Je trouve cet endroit plus agréable pour réfléchir. J'ai un arrangement avec le patron. Il me laisse occuper le salon sans consommer plus d'une pinte de tout l'après-midi.

— Et en échange ?

— Je ferme les yeux sur les misérables cotes qu'il propose pour les courses à Epsom.

— Les paris ? Il ne peut quand même pas s'en tirer, pas si près de Scotland Yard ?

— Mon cher ami, qui sont, croyez-vous, les parieurs ? De toute façon, je laisse ce genre de délits à l'adjoint du préfet.

— La police de la City ne tolérerait pas ces activités !

— Sans doute, inspecteur. Voulez-vous boire quelque chose ?

— Non, merci.

— Bon, venons-en à l'affaire qui nous intéresse. Vous avez parlé à Bartleby et vous avez vu le cadavre, je suppose ?

— En effet, acquiesce Hanson. Puis-je voir le mot ? Vous l'avez sur vous ?

— Même écriture que l'autre, si je me souviens bien, dit Webb.

Il sort le morceau de papier de son portefeuille et le pose sur la table.

— Identique, approuve Hanson en examinant l'écriture d'un air sombre. Nous enquêtons sur la même affaire, inspecteur. Je savais qu'il recommencerait. J'en étais sûr !

— Vous avez raison. Un type qui découpe gaiement des jeunes femmes tous les deux ou trois jours, il n'y a pas de quoi se réjouir, n'est-ce pas ?

— Certes pas. Si c'est là son obsession, j'avoue ne pas voir comment l'en empêcher.

— J'imagine que mon inflexible sergent n'a rien découvert de tangible sur les habitudes ou les relations de Miss Price ?

— Il ne m'en a rien dit.

— C'est donc qu'il n'a rien trouvé. La discrétion n'est pas son fort. Voyez-vous, je me demandais si elle était allée au *Casino* seule ou avec une autre fille ; ou si quelqu'un l'avait aidée à échapper à la surveillante du magasin Woodrow ? Mais si cette personne existe, je ne crois pas qu'elle viendra témoigner.

— Le *Casino* a une certaine réputation.

— Méritée. Demandez à n'importe qui de la Division E. Aucune fille qui se prétend convenable n'admettra l'avoir accompagnée dans un tel endroit – encore moins d'avoir vu quoi que ce soit. En tout cas, pas si elle veut conserver sa place.

— Pas même pour prévenir un autre meurtre ?

— Dans ce cas, peut-être. Espérons que cela incitera les témoins éventuels à se manifester.

— Y en a-t-il d'autres ? s'enquiert Hanson.

— Nos hommes rendront visite aux pubs voisins, parleront aux filles et aux coquettes qui fréquentent le *Casino*. Mais je ne me ferais pas d'illusions à votre place, inspecteur. Notre homme a bien choisi son endroit – il ne doit pas être inhabituel de voir un homme se faufiler dans cette allée avec une fille et en ressortir seul. Pardonnez-moi, mais vous semblez découragé.

— En toute franchise, j'espérais que vous stimuleriez mon inspiration, avoue Hanson d'un air abattu.

— Eh bien, parlez-moi des progrès de votre propre enquête.

— Ces progrès, ou plutôt leur absence, c'est précisément pourquoi j'avais entretenu l'espoir que... mais passons. Laissez-moi vous narrer les détails. Notre médecin légiste a pratiqué l'autopsie des deux victimes.

— Quelque chose de particulier ? demande Webb.

— L'estomac de Betsy Carter contenait une forte dose de laudanum ; je peux vous faire envoyer le rapport, si vous voulez.

— Non, inutile. Autre chose ?

— Pas mal de cognac.

— Ah, le cognac. Il était donc drogué. Mais pourquoi ? La fille était à sa merci, après tout – pourquoi l'avoir droguée avant de la poignarder ?

— Je n'ai aucune explication. À moins qu'il n'ait voulu, dans je ne sais quel intérêt morbide, avoir la fille entièrement en son pouvoir. Il est hélas difficile de savoir quand…

— Il lui a réglé son compte ?

Hanson toussote.

— Peut-être que, lorsqu'il s'agit de donner le coup de grâce, notre homme devient lâche ; il veut peut-être être sûr de réussir ?

— Et la deuxième fille – Finch, si je me souviens bien ?

— Un peu d'alcool, mais pas autant. Et en tout cas, aucun soporifique. Elle a été étouffée, je ne m'étais pas trompé, inspecteur.

— Je n'en ai jamais douté. Il n'y a pas de quoi vous en vouloir, inspecteur ; cette misérable affaire n'obéit à aucune logique. Ah, avez-vous retrouvé la carafe manquante ?

— Oui, dans une cour toute proche, mais en mille morceaux. Nous ne pouvons qu'en déduire le contenu.

— Et votre Mr. Brown ?

— Il a échappé à notre filature, comme vous le savez.

— Je ne vous demanderai pas comment cela a été possible.

— L'alcool. J'ai puni le responsable.

Webb s'autorise un léger sourire.

— Ah bon. Croyez-vous que Brown sache quelque chose ? Ou n'aime-t-il tout simplement pas être sous surveillance ?

— Impossible à dire, mais je préférerais savoir où il est.

— Certes, c'est notre seul témoin.

Webb soulève sa pinte et en boit une gorgée.

— Dites-moi, simple curiosité, croyez-vous toujours que notre homme est un aliéné ? Tout le problème est là, n'est-ce pas ? J'ai beaucoup réfléchi. S'il agit sur un coup de folie, nous nageons en plein brouillard – comment l'en empêcher ? Pour cela, nous devons anticiper ses actes.

— Eh bien, dit Hanson, imaginons qu'il poursuit une certaine logique, si tordue ou folle soit-elle. Pour autant que nous le sachions, il n'y a aucun lien entre les différentes victimes.

— Absolument aucun ? demande Webb.

— Ni Miss Finch ni Miss Carter ne fréquentaient le *Casino*, j'en suis presque sûr. Je l'aurais appris.

— Et Miss Price ?

— D'après ce que m'a dit votre sergent, Price vivait avec son père à Enfield avant d'être engagée chez Woodrow. Elle aurait pu aller au *Knight*, mais comment le savoir ? Si lien il y a, il est dans l'esprit de leur assassin.

— C'est juste. Mais notre homme suit une logique. Il a pris la peine de droguer la première ; il nous laisse de misérables *billets doux**. À mon avis, il a longuement préparé son affaire.

Hanson soupire.

— Je vois ce que vous voulez dire, inspecteur. Mais tout cela nous laisse dans le brouillard.

— Hum, fait Webb. Avez-vous épuisé toutes les pistes ? N'y avait-il pas un petit ami, un type pour lequel les deux filles se seraient disputées ?

— Je ne crois pas que cela soit nécessaire, inspecteur, même si j'ai écumé tous les pubs, toutes les maisons de jeu autour de Saint-Paul, tous les lieux possibles, interrogé tous ceux qui prétendaient connaître l'une ou l'autre des victimes. D'après ce que j'ai compris, c'étaient des filles faciles qu'on rencontre dans les bars à gin. Il les a sorties toutes les deux, puis a montré sa préférence pour la petite Finch, ce qui a rendu l'autre jalouse. C'est une tactique classique avec ce genre de filles. Elles adorent se voler dans les plumes.

— Et l'homme… que savons-nous de lui ?

— Un prétendu gentleman – mais il ne faut pas prendre ça au pied de la lettre, même si on m'a dit que les filles qui fréquentent le *Knight* sont très recherchées par une certaine catégorie de godelureaux. Elles s'en tirent fort bien. On m'assure qu'une baronne du Sud-Ouest a fait ses débuts chambre vingt-neuf.

Webb ne peut s'empêcher de sourire.

— Vous n'imaginez pas combien de fois j'ai entendu cette histoire, ou une autre du même tonneau. Ça procure un brin d'espoir pour les moins chanceuses.

— De toute façon, je nage complètement, avoue Hanson.

— J'aimerais vous aider. Peut-être que si vous retrouviez votre Mr. Brown… Pour ma part, je ne peux que vous promettre de vous tenir informé de nos progrès éventuels, et j'espère que vous en avez autant à mon service ?

— Naturellement, assure Hanson.

— Parfait. En attendant, j'ai peur d'avoir une autre affaire à dénouer – j'espérais la confier à Bartleby, mais il est sans doute occupé au *Casino* avec les aspects pratiques, pour aujourd'hui, au moins.

— Un autre meurtre ?

— Du tout. Une personne disparue. Enfin, façon de parler.

— C'est-à-dire ?

— Me croiriez-vous si je vous disais qu'il s'agit d'un enlèvement de cadavre ? Je ne vous révélerai pas le nom du cimetière ; le directeur a peur des retombées négatives sur son commerce.

Hanson hausse un sourcil.

— Je croyais que nous avions bouclé Burke[1] il y a quarante ans.

— Confidence pour confidence, dit Webb en se levant, c'est aussi ce que je croyais. Étonnant, non ?

1. Burke, un Irlandais, enlevait des gens, les étranglait et vendait leur corps à des chirurgiens en quête de matériel de dissection. Il fut pendu à Édimbourg en 1829. Par la suite, on avait coutume d'appeler les criminels qui se livraient à cette activité des « Burkers ». *(N.d.T.)*

CHAPITRE XXI

Lorsque Jasper Woodrow regagne son logis à six heures passées, il a commencé à pleuvoir. Toutefois, l'eau ne tombe pas sur sa tête, mais crépite bruyamment sur le toit du fiacre qui le conduit dans Pentonville Hill et sur l'infortuné cocher qui tient les rênes. De fait, celui-ci, le chapeau à large bord et le ciré ruisselant de pluie, mène son cheval au pas de charge comme s'il espérait précéder les nuages, et fonce à bride abattue vers Duncan Terrace. Si la pluie ne se laisse pas distancer, le trajet est au moins des plus rapides, ce qui sied au passager, qui ouvre la portière à double battant et pose le pied à terre avant même que le véhicule ne soit à l'arrêt complet. Après avoir réglé le cocher, Jasper Woodrow gravit en hâte le perron, sort ses clés et entreprend d'ouvrir la porte d'une main maladroite.

Jervis, son valet, accourt le débarrasser de son manteau et de son chapeau.

— Où est ma femme ? demande Jasper en ôtant ses gants.

— Elle s'est retirée dans sa chambre ce matin.

— Vous ne l'avez pas vue, depuis ?

— Non, monsieur.

Woodrow s'impatiente :

— Pour l'amour de Dieu, qu'attendez-vous pour me servir un cognac ?

— Tout de suite, monsieur.

Resté seul dans le couloir, Woodrow est intrigué par le froissement d'une page ; il marche jusqu'au seuil du petit salon d'où il voit Annabel assise devant la cheminée en train de lire *La Fiancée de Lammermoor*. Elle tourne les yeux vers lui en entendant ses pas et fait le geste de se lever. Il toussote.

— Ah, Miss Krout ! Je vous en prie, restez assise.

— Monsieur.

Silence.

— J'espère que vous avez passé une bonne journée.

— Oui, je vous remercie.

— Que lisez-vous ?

— Walter Scott. Melissa m'a dit que je pouvais l'emprunter.

— Elle a bien fait.

Nouveau silence.

— Miss Krout, ce n'est peut-être pas le moment d'y revenir, mais j'ai l'impression d'avoir été trop brutal hier soir. Si je vous ai blessée, rapport à cette affaire avec Lucinda, croyez bien que ce n'était pas mon intention. J'étais assez fatigué.

Si Annabel estime que c'est là une plate excuse, rien ne le trahit dans son expression.

— C'est compréhensible, assure-t-elle.

— Parfait. Je ne voudrais pas que nous restions sur un malentendu. Bon, maintenant il faut absolument que je voie mon épouse.

— Elle est restée au lit toute la journée. Transmettez-lui mes vœux de bon rétablissement.

— Je n'y manquerai pas.

Woodrow esquisse un semblant de courbette, puis quitte la pièce.

Il entre dans la chambre de son épouse sans même frapper. Sa femme est assise dans son lit, le buste droit, toujours en robe de chambre, les paupières closes.

Cependant, elle ne dort pas ; elle ouvre les yeux et les tourne vers son mari.

— Ah, dit-elle, je suis bien aise que vous soyez rentré. J'ai eu une journée affreuse, mon cher.

— Navré de l'apprendre ; je n'aime pas vous savoir l'esprit attristé.

— Avez-vous vu Annabel ? J'ai peur qu'elle se soit déjà lassée de nous. Elle avait l'air très déçue quand je lui ai dit que je ne pouvais pas sortir aujourd'hui.

— Je lui ai parlé en bas. Elle lisait un lamentable roman de Scott.

— Oui, je l'ai autorisée à l'emprunter, vous n'y voyez pas d'inconvénient ?

— Du tout, assure Woodrow, qui semble néanmoins préoccupé. Je ne supporte pas cet écrivain.

Il s'assied sur le lit, les mains sur les cuisses, comme s'il se préparait à essuyer un choc soudain. Cela lui ressemble si peu que sa femme s'en inquiète ; elle lui effleure le bras.

— Quelque chose ne va pas, mon cher ? C'est Lucy ? J'ai dit à Jacobs qu'elle devrait désormais coucher dans sa chambre.

— Non, ce n'est pas Lucinda, répond Woodrow, même si la seule évocation de son nom le fait grimacer.

Il remue les lèvres en silence, comme s'il cherchait ses mots.

— Melissa, vous savez que normalement je ne vous ennuierais pas avec de tels sujets, mais je dois être franc ; j'ai besoin de votre aide.

— Que diable voulez-vous dire, Woodrow ?

— Il y a eu… euh… je ne sais comment dire. Un événement malheureux. Une des vendeuses a été retrouvée morte… ce matin.

— Morte ? C'est atroce !

— Non, vous ne comprenez pas. Elle a été assassinée ; c'est dramatique ; on l'a retrouvée au *Casino*. La gorge… euh, on m'a dit que c'était odieux. C'est l'œuvre d'un dément ; on ne l'a pas encore arrêté.

Mrs. Woodrow se tasse.

— Seigneur !

— Oui, acquiesce Woodrow, c'est horrible.

— Le *Holborn Casino* ? Mais qu'y faisait-elle ?

— Ce que toutes les filles qui fréquentent ce genre d'endroit y font.

— Mon Dieu ! Pauvre petite. Comment s'appelait-elle ?

— Nom d'un chien, qu'importe son nom, il s'agit de notre réputation ! Ne voyez-vous donc pas ? C'est déjà mauvais que ce soit une de nos vendeuses, mais au *Casino* ! Cela fera la une des journaux dès lundi. Pour nos affaires, cela peut signifier la ruine.

— Woodrow, je vous en prie, ne criez pas ! Les domestiques vont vous entendre.

Jasper inspire profondément.

— Excusez-moi. Je ne voulais pas être si… excessif. Mais vous ne mesurez pas la gravité de la situation.

Mrs. Woodrow semble décontenancée.

— C'est affreux, certes, je veux dire, j'ai du mal à imaginer, et bien sûr les gens vont jaser. Mais notre réputation est excellente. Nous attendrons que les choses se calment, voilà tout.

Woodrow secoue la tête.

— Les gens ont la mémoire longue. Mais ce n'est pas le pire. Langley est revenu sur ses engagements. J'ai passé deux heures avec lui, cet après-midi ; je lui ai expliqué la situation, de sorte qu'il l'apprenne de ma bouche plutôt que dans le *Daily News*. Il dit qu'il n'est pas certain de « s'engager vu les circonstances ».

— S'il n'y a que cela, dit Mrs. Woodrow, le nouveau magasin attendra. Je sais que vous chérissiez cette idée, mon ami, mais vous prendrez votre mal en patience, j'en suis sûre.

Jasper secoue de nouveau la tête.

— Vous ne comprenez pas. Nous avons besoin de son argent. Nous en avons besoin maintenant !

— Pourquoi ?

— Il y a des choses que je ne vous ai pas dites. Des sujets professionnels dont je ne parle pas en temps ordinaire… des dettes.

— Mais vous pouvez les rembourser, n'est-ce pas ?

— Non ! De sales dettes. J'ai fait certaines transactions, sans doute imprudemment. Bref, je vous épargne les détails ; d'ailleurs, ils ne signifieraient rien pour vous. Nous avons un besoin urgent de l'argent de Langley.

Mrs. Woodrow porte la main à son front.

— Oh, mon cher, à ce point ?

— Je peux payer les salaires jusqu'au Nouvel An ; nous devrions avoir assez pour le gaz et le charbon…

— Et ensuite ?

— C'est tout. À moins que les choses ne changent, nous sommes cuits.

Mrs. Woodrow dévisage son mari, hébétée. Ni l'un ni l'autre ne parlent pendant une bonne minute.

— Seigneur, qu'aurait dit papa ?

Woodrow se lève.

— Melissa, grogne-t-il d'une voix où pointe une imperceptible colère, votre père est mort, paix à son âme. Il m'a confié ses affaires.

— Et voilà ce que vous en avez fait ! Comment est-ce possible ?

Woodrow jette sur sa femme un regard amer, mais se mord la lèvre.

— Cela peut encore être sauvé si nous trouvons l'argent ; ce serait un investissement pour l'avenir.

— Nous ?

— Si vous parliez à votre cousine. Peut-être son père accepterait-il de nous accorder un prêt. Même

175

cinq cents livres suffiraient ; assez pour calmer certains de nos créanciers.

— Grands dieux, Woodrow, combien sont-ils ?

— Peu importe. Passé un certain point, on déshabille Pierre pour habiller Paul. Ce qui compte, c'est la somme totale. Lui parlerez-vous ?

Mrs. Woodrow s'essuie les yeux, puis baisse la tête.

— Je ne peux.

— Vous ne pouvez pas ? Que diantre voulez-vous dire ?

— Vous savez très bien, Woodrow… que dirait la famille ?

— Au diable la famille ! Préférez-vous la banqueroute ? Être jetée à la rue ?

Mrs. Woodrow pousse un soupir accablé.

— Ne soyez pas ridicule.

— J'aimerais l'être.

— Et Mr. Langley ? C'est un homme si convenable – peut-être que si vous souligniez certaines circonstances ; si vous vous expliquiez…

— Il est peut-être riche, mais il n'est pas stupide, Melissa.

Elle regarde son mari, qui se tient près de la fenêtre, abattu.

— Je regrette de vous en avoir parlé, dit-il enfin.

Mrs. Woodrow repousse les couvertures et se lève ; elle ouvre le tiroir de sa coiffeuse et fouille parmi ses culottes en soie.

— Je comprends enfin ce que cela signifie, c'est déjà ça, dit-elle.

Woodrow se tourne vers elle, perplexe. Elle lui tend des feuilles.

— Tenez, dit-elle. J'aurais dû vous les montrer. Je m'en veux, j'aurais dû. Mais je ne savais pas quoi penser, Woodrow.

Il prend les feuilles et les lit ; c'est une singulière litanie d'accusations.

176

VOTRE MARI EST UN IMPOSTEUR

VOTRE MARI A DES SECRETS

MÉFIEZ-VOUS DE VOTRE MARI

— Où les avez-vous trouvées ?

— On les a envoyées par la poste. La première est arrivée il y a une quinzaine de jours. J'allais vous en parler, je vous le jure, mais l'occasion ne s'est jamais présentée. Savez-vous qui a écrit ces billets ?

Woodrow fait signe qu'il l'ignore.

— Je ne conçois pas qu'on puisse être aussi malveillant, poursuit sa femme, dettes ou pas.

— Moi non plus, approuve machinalement Woodrow.

— Qu'est-ce que c'est ?

— Rien, affirme Jasper Woodrow en froissant les billets. Vous avez raison, c'est de la pure malveillance. Je vais les brûler. Si vous en recevez d'autres, il faudra me le dire.

Mrs. Woodrow saisit le bras de son époux en soupirant.

— Nous affronterons l'orage ensemble, mon cher, nous ferons face.

Son mari continue de froisser les feuilles en opinant de la tête.

— Woodrow, regardez-moi. Est-ce que Mr. Langley a dit qu'il renonçait définitivement à s'associer ?

— Il est resté vague. Nul doute que mon insistance l'a embarrassé.

— Mais si vous aviez cet argent, croyez-vous que le magasin prospérerait ? Vous pourriez rembourser vos créanciers ?

— Je ne commettrai pas deux fois les mêmes erreurs.

— Eh bien, je l'inviterai à dîner dans un jour ou deux.

— Quel intérêt ?

— Cela le mettra peut-être dans de bonnes dispositions, plus ouvert à la persuasion. Cela lui montrera que vous n'êtes pas découragé.

— Et s'il ne vient pas ?

— Cela se peut, mais je m'arrangerai pour qu'il sache qu'Annabel serait heureuse de le voir. Je suis sûre qu'elle lui plaît.

— Certes, c'est une jeune femme séduisante.

— Woodrow ?

— Pas autant que vous, ma chère.

— J'espère bien !

Mrs. Woodrow gratifie son mari d'un sourire et pose la tête contre son épaule.

— Woodrow, nous nous en sortirons, je vous le promets.

Jasper abaisse les yeux sur sa femme et s'efforce de lui rendre son sourire.

— Vous m'avez tout dit, chéri, n'est-ce pas ?

Il opine de la tête.

— Bon, je vais demander à Mrs. Figgis de préparer le dîner.

INTERLUDE

La Bible ?

Mais bien sûr, j'y puise un grand réconfort. Et vous-même, Miss Krout ? La lisez-vous souvent ? Content de vous l'entendre dire. Cette misérable ville s'améliorerait beaucoup s'il y avait davantage de jeunes femmes comme vous et moins de... non, je ne peux prononcer le mot.

Si, il faut me croire. Vous avez été protégée du pire, Miss Krout, comme il se doit. Si, Dieu vous en garde, vous circuliez à pied le soir, vous verriez l'étalage du vice, des scènes qui révulseraient toute bonne chrétienne. J'ai même traversé, je l'avoue, un cimetière où une demi-douzaine de jeunes filles, à peine nubiles, se livraient à leur abominable métier parmi les tombes. Le soir, Londres est la ville la plus pourrie du monde, j'en suis convaincu.

Excusez-moi, j'ai élevé la voix sans m'en rendre compte.

La chapelle Éloi, oui, bien sûr. C'est là que tout a commencé ; c'est le cœur putride, le cancer de toute cette affaire. Dites-moi, Miss Krout, avez-vous lu des récits des années 1840 sur notre belle ville ? Elle était, figurez-vous, devenue trop grande pour nos pittoresques églises médiévales, celles qui plaisent tant à vos compatriotes. Les cimetières de la City étaient les pires ; semblables à des marécages, surpeuplés de cadavres,

179

entassés par douzaine dans des fosses étroites, les pauvres comme les puissants. Parfois, on ajoutait de la terre, au point de presque atteindre le sommet des murs de l'église. Ailleurs, on se contentait de brûler les cercueils et d'enterrer les corps les uns sur les autres. Dans les quartiers les plus pauvres de la capitale, on voyait des hommes sauter dans les tombes pour les tasser, écraser les os s'il le fallait ; c'était fréquent.

Vous croyez que j'exagère ?

Non, je ne suis pas en colère. J'essaie juste d'être précis. Disons seulement que de telles pratiques heurtaient trop notre bon goût anglais. Nous avons donc construit nos nouveaux cimetières ; des parcs et des jardins pour les morts, au lieu de marécages. Il paraît que c'est une idée que nous avons empruntée aux Français, mais c'était tout de même une bonne initiative. J'imagine que vous n'avez pas ce problème de surpeuplement à Boston ?

Bref, de toute façon, il devint évident qu'il y avait de l'argent à gagner pour ceux qui procurent des sépultures aux morts ; de nouveaux cimetières, des actions dans les entreprises de pompes funèbres – de grosses sommes. Bon, vous savez aussi bien que moi, Miss Krout, que chaque nouvelle activité commerciale attire les fripouilles. C'est une loi universelle ; certains hommes sont moins scrupuleux que d'autres. Les entreprises de pompes funèbres ne faisaient pas exception.

Je crois que la Compagnie de la chapelle Éloi a été fondée aux environs de 1846 ; vous chercherez la date précise vous-même. Ce n'était pas cher, cela je le sais, et bien plus pratique pour l'homme ordinaire qu'une lointaine concession à Kensal Green ou à Highgate. On a vidé les caveaux avant de commencer. Oui, c'était une grande église, près de Fleet Street. Et je crois que c'était un endroit agréable… au début. Mais ils l'ont rempli à ras bord, voyez-vous, du sol au plafond, avec des cercueils en bois bon marché. Et quand il a été plein, ils ont tout simplement vidé les cercueils, un peu comme on vide les cendres dans une poubelle. Sauf que dans ce cas précis, les cendres étaient, disons, de nature plus embarrassante, de sorte qu'ils ont été obligés d'agir en secret. Mr. J. S. Munday y a veillé. Il a fondé la compagnie, vendu les actions. Un jeune homme habile, ambitieux.

Mais l'été 1848, ils ont traîné avant de nettoyer et la décomposition était trop avancée. Il y avait sans doute des mesures urgentes à prendre ; ils ont été trop négligents. Puis, une nuit, quelqu'un a vu leur charrette pleine de… euh, appelons ça *disjecta membra*.

Mr. Munday a été ruiné, le pauvre s'est suicidé avant le jugement ; les actions ne valaient plus rien.

Une histoire bien morale, à vrai dire. Du moins est-ce ce que je croyais il y a encore deux mois. Étrange comme une rencontre fortuite peut changer la vie du tout au tout, n'est-ce pas ?

Pardonnez-moi, Miss Krout. Dans les circonstances présentes, on est obligé de philosopher.

« Le pardon de Notre-Seigneur » ? Ça alors ! Comptez-vous me réformer ?

Non, non. J'attends Son jugement, c'est tout.

CHAPITRE XXII

Annabel Krout se réveille. Elle entend Jacobs aller et venir dans la chambre. La domestique est discrète, mais le bruit parvient néanmoins aux oreilles de l'Américaine : la préparation de l'eau chaude matinale, le léger choc de la porcelaine sur la table de toilette, les pieds qui se déplacent, le frottement de l'allumette.

— Bonjour, miss.

— Ah, bonjour, Jacobs. Merci.

— Voulez-vous que je tire les rideaux ? Ça s'est un peu dégagé.

— Oui, s'il vous plaît.

Jacobs s'exécute. Annabel remarque des trouées de ciel bleu. Elle s'assied en se frottant l'épaule.

— Vous n'avez pas bien dormi, miss ?

— J'ai juste un peu mal, c'est tout. Comment va Miss Lucy ?

— Aussi paisible qu'un agneau, miss. Je n'en dirais pas autant de moi.

— Vous l'avez surveillée ?

— Oui, miss. J'ai installé mon lit dans sa chambre.

— Cela ne doit pas être drôle pour vous, Jacobs.

— Ça ne m'ennuie pas, miss, répond la domestique sans conviction. Je l'ai déjà fait. Autre chose, miss ?

— Non, merci.

— Ah, Mrs. Woodrow aimerait vous dire un mot avant le petit déjeuner. Dans sa chambre, miss, si cela vous convient.

— Merci, Jacobs. Mrs. Woodrow va-t-elle mieux ?

— Elle est mieux aujourd'hui, miss.

Habillée, sa toilette matinale terminée, Annabel se rend chez sa cousine, qu'elle trouve en bien meilleure santé que la veille. Assise toute vêtue devant son miroir, Mrs. Woodrow joue avec les frisettes qui ornent son front.

— Ah, ma chère Annabel. Entrez et asseyez-vous. Avez-vous bien dormi ?

Annabel obéit et prend un siège à côté de la coiffeuse. Cependant, avant qu'elle n'ait pu répondre, Mrs. Woodrow se tourne vers elle et reprend d'une voix quelque peu précipitée :

— J'ai, hélas, une nouvelle fort désagréable à vous apprendre. J'aurais dû le faire hier soir, mais je n'étais pas moi-même et Woodrow ne valait guère mieux. J'ai à peine pu avaler quelque chose. Vous avez dû nous trouver grossiers au dîner.

— Non, pas du tout, répond Annabel avec politesse.

Puis une pensée lui traverse l'esprit et un voile assombrit son visage.

— Cousine, il n'est rien arrivé à papa ni à maman ?

— Oh, Annabel… quelle idée ! Dieu nous en garde ! Non, il ne s'agit pas du tout de ça. Je ne vous aurais rien dit, mais ça sera dans tous les journaux et les domestiques vont cancaner, c'est inévitable. C'est la raison pour laquelle je préfère vous en parler en tête à tête.

— Pardonnez-moi, cousine, je ne vous suis pas.

— C'est normal, je m'exprime mal, soupire Mrs. Woodrow. Un drame affreux est arrivé ; une de nos vendeuses, euh, oh, comment formuler cela sans choquer ? On l'a retrouvée morte, hier ; la police a dit à Woodrow qu'elle avait été agressée par un aliéné.

— Agressée ? Vous voulez dire qu'on l'a assassinée ?

— Oui, très chère, c'est affreux, n'est-ce pas ? Le pire, j'en ai peur, c'est qu'on a découvert son corps dans un endroit de mauvaise réputation, un bal près des Entrepôts. Il semble qu'il y ait eu de sa part, comment dire, une conduite inconvenante.

— C'est atroce !

— En effet, acquiesce Mrs. Woodrow. C'est très dommageable pour nos affaires, très. Woodrow est accablé. J'ai cru bon de vous le dire. Je n'en ai pas encore parlé aux domestiques, ma chère, mais ils finiront par l'apprendre, c'est fatal. Je ne sais pas quoi faire.

— C'est naturel.

— On se sent obligé de porter le deuil ; voyez-vous, je ne connaissais pas la malheureuse, mais c'est tellement horrible ! Bien, cela suffit. J'en ai sans doute déjà dit plus que la décence ne le permet – vous ai-je choquée, Annabel ?

— Non, pas du tout. Enfin, si, Melissa, mais je ne sais quoi dire.

— Vous n'avez rien besoin de dire, ma chère. J'en ai discuté avec Woodrow et nous avons décidé de ne pas vous tenir à l'écart. Après tout, vous n'êtes plus une enfant. Parfait, oublions cela et passons à des choses plus plaisantes. Je ne veux pas que votre séjour en pâtisse. Et pour aujourd'hui ? Nous irons à la messe de onze heures, si vous nous accompagniez ?

— Bien sûr.

— Parfait. Ah, Woodrow propose que nous fassions une petite balade ensuite. L'air frais nous fera du bien à tous, qu'en pensez-vous ? C'était votre avis, hier.

Le petit déjeuner se déroule sans incident et presque en silence. Mr. Woodrow paraît distant et un peu fatigué, ses yeux présentent le même aspect larmoyant qu'Annabel avait remarqué le premier matin. La table débarrassée, Woodrow se retire dans son bureau et son épouse dans son boudoir afin de décider quels bijoux porter ce jour et choisir un chapeau convenable pour la messe. Annabel, pour sa part, son imagination d'écrivain stimulée par les nouvelles de l'assassinat, regagne sa chambre où elle envisage d'écrire un article intitulé « La tragédie londonienne » afin de révéler aux lecteurs du *New England Monthly Bazaar* les contrastes saisissants entre la criminalité américaine et anglaise. À vrai dire, elle est déçue que Mr. Woodrow n'ait pas déployé tout son lyrisme à propos du meurtre tout en mangeant ses œufs pochés.

Finalement, toutefois, l'arrivée de sa cousine sur le seuil l'arrache à ses rêveries. Après divers commentaires sur sa robe et sur sa coiffure, qu'elle arrange de son mieux pour complaire aux canons exigeants de Melissa Woodrow, tout le monde se rassemble dans le vestibule. Lucy, surtout, a revêtu ses plus beaux habits du dimanche, bien que la perspective d'aller à la messe ne semble pas la réjouir outre mesure et qu'elle affiche une mine particulièrement maussade.

— Tu es ravissante, Lucy, déclare Annabel.

La fillette se renfrogne davantage. Néanmoins, la sonnerie de la porte d'entrée coupe toute discussion.

— Qui cela peut-il bien être, à cette heure et un dimanche ? demande Mrs. Woodrow.

Sans attendre l'arrivée de son valet, Jasper résout la question en allant ouvrir la porte lui-même sans cérémonie. C'est Joshua Siddons.

— Ah, pardonnez-moi, Woodrow, vous aussi, madame. Je tombe au mauvais moment.

— Mr. Siddons ! s'exclame Melissa Woodrow. Quelle bonne surprise ! Nous allions partir à l'église.

— C'est pour cela que je vous prie de m'excuser, chère madame.

— N'en faites rien. Mais où avais-je la tête ? Je ne crois pas que vous ayez rencontré ma cousine, Miss Krout ?

— Enchanté, Miss Krout, dit Siddons en s'inclinant.

— Voulez-vous vous joindre à nous ? propose Mrs. Woodrow.

— J'en serais ravi.

— J'imagine que Mr. Siddons aimerait d'abord échanger avec moi quelques mots, Melissa, intervient vivement Mr. Woodrow. Nous avons besoin de parler affaires.

— Un dimanche matin, Woodrow ? Je vous en prie !

— Ce sera vite réglé, ma chère. Nous vous rejoindrons.

— Je ne le retiendrai pas longtemps, chère madame, c'est promis, dit Siddons.

Mrs. Woodrow y consent et, accompagnée d'Annabel Krout et de Lucinda, elle monte dans la voiture qui les attend dans Duncan Terrace.

— C'est donc elle, la cousine ? interroge Joshua Siddons, assis dans le salon des Woodrow. Charmante créature ! Vous ne m'en aviez rien dit ! Quand est-elle arrivée ?

— Peu importe. Pourquoi n'êtes-vous pas venu hier soir ?

— J'avais un enterrement à Woking, si vous tenez à le savoir, Woodrow. Je n'en suis rentré que fort tard. Bon, quelle est l'urgence ?

— J'ai de mauvaises nouvelles, répond son hôte qui se réchauffe devant la cheminée.

— Ah, oui, fait Siddons avec un léger sourire. Cette sale affaire au *Casino*. J'en ai déjà entendu parler, je vous l'avoue. J'ai vu un article à la gare, hier soir. Journalisme de bas étage. Ce n'est pas bon pour le commerce, n'est-ce pas ? J'aimerais vous aider, mais... Rester au-dessus de la mêlée, cela a toujours été ma devise.

Son manteau sur les épaules, Woodrow serre à deux mains le chapeau qu'il tient devant lui.

— Ce n'est pas tout. Langley s'est retiré.

— Ah, quel dommage ! Mais, vraiment, cher ami, je ne vois pas ce que je peux faire.

— Au contraire, vous pourriez m'aider, si vous le vouliez. Vous le savez d'ailleurs très bien.

— Mon cher Woodrow ! s'exclame Siddons, comme si on l'avait insulté. Un arrangement est un arrangement. Qu'y a-t-il ? Êtes-vous dans une mauvaise passe ?

— Vos remboursements me coûtent beaucoup en ce moment ; cette affaire rend les choses encore plus difficiles. Tout honnête homme considérerait que notre compte est réglé depuis longtemps.

— Malgré tout… répond Siddons en chassant l'idée d'un geste.

— En outre, je m'aperçois maintenant que vous n'avez pas rempli votre part du marché, insiste Woodrow en fusillant le croque-mort du regard.

Siddons hausse les sourcils.

— Personne ne peut dire ça, proteste-t-il.

— Menteur ! Le policier qui est venu me voir à propos de la misérable fille m'a aussi demandé si je connaissais un certain « Jeremy Munday ».

— Munday ? fait Siddons, toujours souriant, comme s'il essayait de se souvenir du nom.

— Ne jouez pas avec moi, monsieur. On ne me traite pas à la légère. Pourquoi m'a-t-il demandé ça ?

— Oui, pourquoi ?

— Ne me provoquez pas. Je jure devant Dieu que si vous…

— Je n'ai rien fait, réplique Siddons avec un soupir théâtral. Toutefois, j'avoue que la police est aussi venue chez moi.

— Pourquoi ?

— Eh bien, c'est cela qui est extraordinaire, pour m'apprendre qu'un mystérieux Burker a sévi à Abney Park. Incroyable, n'est-ce pas ?

— Seigneur ! suffoque Woodrow, stupéfait. Vous ne voulez pas dire que…

— Que le repos éternel de Jeremy Munday a été troublé ? Si, précisément. Il ne reste plus qu'un cercueil vide. Étrange, non ?

— Pourquoi ne m'avez-vous pas prévenu tout de suite ?

— Pourquoi ? Pourquoi n'ai-je pas simplement conduit le sergent à votre porte ?

— Je vous ai déjà dit de ne pas jouer à vos petits jeux avec moi, fulmine Woodrow. Pourquoi diable cela arrive-t-il maintenant ? En avez-vous parlé ?

— Maîtrisez-vous, mon cher ami. Je n'ai rien dit à personne. La police est venue me trouver à cause du cercueil, c'est tout. Mr. Pellegrin leur a donné le nom du fabricant.

Woodrow secoue la tête.

— Impossible. Cela fait vingt-cinq ans. Au moins.

— Allons, vous n'avez rien à craindre. C'était sans doute une farce ; un pari entre étudiants en anatomie. Oui, c'est cela. Vous connaissez ces jeunes gens. « Retrouvons le cadavre du vieux Munday, on va voir ce qu'il est devenu. » Cela expliquerait tout, n'est-ce pas ?

— Une farce ? Non, à l'époque, peut-être. Mais aujourd'hui… qui se donnerait un tel mal ?

— Aucune idée.

— En outre, c'est « nous n'avons » rien à craindre que vous auriez dû dire, n'est-ce pas ?

— En effet, acquiesce Siddons, conciliant. Venez, nous allons être en retard à la messe.

— Non, c'est ridicule ! Pourquoi cela arrive-t-il maintenant ?

Siddons soupire.

188

— Qu'attendez-vous de moi, mon cher ami ? Votre femme et sa jolie cousine vont s'impatienter.

— À qui en avez-vous parlé ? insiste Woodrow d'une voix où l'affolement le dispute au désespoir. Vous en avez parlé à quelqu'un, c'est la seule explication.

— Je n'ai parlé à personne ! Toutefois, si vous continuez sur cette voie, vous allez tout déballer... sans mon aide.

— Nous sommes toujours solidaires ?

— Bien sûr.

— Fort bien. Alors écoutez-moi. Remettez au moins le règlement de ce mois à plus tard. Sur la tête de ma mère, les affaires ne le supporteraient pas. Moi non plus.

Siddons fronce les sourcils.

— Devons-nous revenir là-dessus ?

— Un mois de délai, c'est tout ce que je demande.

— Je vous ai pourtant accordé assez de faveurs.

— Je vous rembourserai... avec intérêt.

Siddons soupire.

— Oh, c'est entendu. Vous savez, Woodrow, vous ne semblez pas aller très bien. C'est déjà ce que j'ai pensé la dernière fois que nous nous sommes vus.

Woodrow détourne les yeux.

— Il y a... d'autres affaires délicates.

— Ah ? Quoi ?

Woodrow se ferme.

— Vous refusez d'en parler à votre vieil ami ? cajole Siddons.

— Ami ? ricane Woodrow.

— Absolument, confirme le croque-mort, intrigué. Qu'y a-t-il ? Qu'est-ce qui vous inquiète ?

Woodrow le regarde droit dans les yeux.

— Je ne vous le dirai pas, même si ma vie en dépendait.

CHAPITRE XXIII

L'église St Mark, dans Myddleton Square, est un imposant bâtiment gothique qui se dresse telle une île au milieu de la place, flanquée de tous côtés par des immeubles de quatre étages. Certes, les entrelacs très ornés des fenêtres et le haut clocher sont plutôt incongrus parmi les maisons georgiennes qui l'entourent, et il y a quelque chose de presque panoptique dans son emplacement. Néanmoins, la messe du dimanche attire un grand nombre de fidèles, et, à la fin du service, les Woodrow, accompagnés de Joshua Siddons, ont du mal à regagner le véhicule qui les attend.

— Comment avez-vous trouvé le sermon, Mr. Siddons ? demande Mrs. Woodrow comme ils atteignent enfin leur équipage.

— Pas mal, madame. À vrai dire, j'aurais préféré davantage de substance.

— Je n'ai jamais entendu un type aussi mou, intervient Jasper Woodrow. Incapable de distinguer l'agneau du Seigneur de son rôti du dimanche.

— Woodrow ! le réprimande son épouse. Il va vous entendre. Le pauvre a un cheveu sur la langue, c'est tout.

— Si vous le dites, ma chère.

— Je dois m'en aller, madame, ajoute Siddons. Ce fut un plaisir, comme toujours.

— Il faut que vous veniez dîner, répond Mrs. Woodrow. Je vous enverrai une invitation dès ce soir, c'est promis.

— Je serai très honoré. Et je me fais une joie de vous revoir, Miss Krout, assure le croque-mort en prenant la main d'Annabel qu'il serre entre les siennes. Une grande joie.

Annabel répond poliment et peu après Mr. Siddons prend congé et traverse la place. Jasper Woodrow fait alors signe à sa famille de monter dans la voiture.

— Allez, Lucinda, dit-il en tendant la main à sa fille.

Elle l'ignore et grimpe toute seule.

— Où allons-nous ? questionne Mrs. Woodrow tandis que le cocher referme la portière. Encore une surprise ?

— Le temps s'étant amélioré, ma chère, j'ai pensé qu'on pouvait faire un tour à Abney Park.

— Je ne crois pas en avoir entendu parler, dit Annabel. Ce jardin ressemble-t-il à Regent's Park ?

— Quelle idée ! s'exclame Mrs. Woodrow. Non, c'est un bien meilleur endroit pour un dimanche. C'est un cimetière, qui est, ma foi, fort beau.

— Ah ! Vous y allez souvent ?

— Davantage en été, cousine. Woodrow, vous ne croyez pas qu'il fait un peu froid pour Lucinda ?

— As-tu froid, mon petit ? demande Jasper.

La fillette secoue la tête.

— Vous voyez, elle va très bien. Au demeurant, c'est très instructif pour les affaires. J'aime voir ce que portent les plus jolies veuves. Ce sont elles que les autres copient.

Mrs. Woodrow sourit.

— Mon farceur de mari plaisante, Annabel. Je vous conseille de l'ignorer.

Mr. Woodrow baisse la tête, dans un simulacre de repentance.

Le trajet ne dure pas plus de vingt minutes. Annabel voit les bâtiments publics et les théâtres d'Islington disparaître, remplacés par le stuc blanc des maisons de banlieue, parmi lesquels se dresse ici ou là une église ou une chapelle. Finalement, le véhicule tourne dans Stoke Newington Church Street, une route étroite dont les demeures forment un mélange de vieux cottages, de manoirs en brique rouge mangés par le lierre et de villas pittoresques, dont les dimensions, loin de complaire aux canons des architectes, ne répondent qu'à la fantaisie de leur propriétaire. Le véhicule s'arrête enfin près d'un portail et d'un muret surmonté de grilles.

— Nous y sommes, annonce Mr. Woodrow.

— Vous ne préférez pas l'entrée principale, mon cher ?

— Miss Krout aura ici une meilleure vue de la chapelle.

Melissa Woodrow acquiesce. Lorsqu'elle pose le pied à terre, Annabel remarque un homme, de l'autre côté du portail, sur la pelouse, près d'une tombe, des feuilles de papier à la main. Vêtu d'une veste à carreaux bon marché, il se lève à leur approche et ôte son chapeau bosselé.

— Un plan du parc, monsieur ? Ça montre toutes les promenades, les personnages célèbres, les plus belles tombes. Un penny seulement. Et vous, madame ?

— Non, merci, dit Jasper Woodrow en entraînant son petit groupe. Je connais le chemin.

— Comme si nous avions besoin de cela ! renchérit son épouse.

Le dimanche, Abney Park accueille beaucoup de monde. Des grappes d'hommes, de femmes, d'enfants, surtout vêtus de noir, déambulent sur les sentiers de gravier, admirant les pelouses, les buissons bien taillés, déchiffrant les noms latins des plantes sur les cartes gaufrées, plantées là pour l'édification des passants. D'autres lisent les inscriptions sur les pierres tombales, à la mémoire de maris affectueux et de pères indulgents.

Annabel Krout marche d'un pas lent dans l'allée centrale avec les Woodrow. Le parc lui-même est dessiné autour de vieux arbres : une promenade circulaire autour d'un immense cèdre du Liban, les tombes rayonnant à partir du centre ; une avenue entre deux rangées d'ifs. Mais ce qui attire le regard, c'est la chapelle qui se dresse au cœur du cimetière ; sa haute flèche gothique pointe au-dessus de deux tourelles jumelles, le soleil hivernal frappe de rouge et de pourpre les vitraux de la rosace.

— Ne trouvez-vous pas cet endroit superbe, chère cousine ? demande Mrs. Woodrow. C'est si paisible. Bien sûr, c'est encore plus beau au printemps.

— Non ! dit Lucinda Woodrow.

— C'est pourtant un bien joli parc, Lucy, dit Annabel.

La fillette hausse les épaules.

— À part toutes les tombes, finit-elle par soupirer.

— Oh, regarde cela, Lucy, ma chérie, recommande Mrs. Woodrow en désignant une haute colonne surmontée d'une urne. « Si Tu me demandais de renoncer à ce que j'estime le plus ; cela n'a jamais été à moi ; je T'abandonne ce qui T'appartient ; que Ta volonté soit faite. » Que crois-tu que cela signifie ?

Si Lucy Woodrow s'apprête à répondre, elle en est empêchée par une exclamation de sa mère :

— Regardez qui est là !

Annabel Krout suit le regard de Mrs. Woodrow et voit une silhouette familière approcher. C'est Richard Langley.

— Monsieur, madame, Miss Krout, dit-il en soulevant son chapeau.

— Mr. Langley, quelle coïncidence ! Qu'est-ce qui vous amène ici ?

— Mes parents y reposent, madame, un peu plus loin. Ils sont décédés l'année dernière. Je ne manque jamais de venir une fois par mois.

193

— Oh, navrée de l'apprendre, monsieur. Toutes mes condoléances.

— Merci. Ah, peut-être aimeriez-vous voir l'endroit ? J'y allais. C'est un beau monument.

— À vrai dire, déclare prestement Mrs. Woodrow, je vous avoue me sentir mal tout à coup. Woodrow, il y a un banc près du mémorial de Watts, n'est-ce pas ? Pouvons-nous nous y asseoir un instant ? Pardonnez-moi, Mr. Langley. Cependant, je suis sûre qu'Annabel serait ravie, n'est-ce pas, chère cousine ?

Annabel affiche un sourire nerveux.

— Ma foi, oui.

— Fort bien, dit Mr. Langley. Si vous n'y voyez pas d'inconvénient, monsieur ?

— Non, bien sûr, répond Mr. Woodrow.

— Nous vous retrouverons au mémorial ?

— Nous vous y attendrons, acquiesce Mrs. Woodrow en baissant la voix d'un ton de conspiratrice.

Après quelques politesses, Langley conduit Annabel le long du sentier. Jasper Woodrow attend qu'ils soient hors de portée d'oreille avant de s'adresser à son épouse :

— Êtes-vous sûre que cela va, Melissa ?

— Oh, Woodrow, comment pouvez-vous être aussi obtus ? Ce jeune homme est amoureux d'Annabel, j'en suis sûre. Je vous ai dit que nous l'avons rencontré dans le parc ?

— Oui.

— Croyez-vous vraiment à une coïncidence ? Il la poursuit, voilà. Ah, ces rencontres « fortuites » !

— Il n'est pas convenable que cet homme nous suive, déclare Woodrow.

— Vous faisiez pareil avec moi, si je m'en souviens bien, mon cher.

— C'était différent. Et je suis certain que votre cousine n'a nul besoin d'une marieuse.

Melissa Woodrow regarde son mari avec coquetterie.

— Si vous le dites. Oh, Lucinda, je t'en prie, ne t'éloigne pas.

Lucinda Woodrow, immobile et boudeuse, semble à vrai dire loin d'envisager une escapade. Elle revient près de sa mère sans se plaindre et la famille marche en silence vers le mémorial de Watts, où le fameux écrivain[1] est figé en statue pour l'éternité.

— Savez-vous, à son retour, j'ai l'intention d'inviter Mr. Langley à dîner demain.

— Est-ce nécessaire ? demande distraitement Mr. Woodrow.

— Bien sûr ! Ayez donc un peu confiance…

— Pardonnez-moi, ma chère, j'en ai pour un instant. Un besoin pressant.

Melissa Woodrow soupire tandis que son mari se hâte vers la chapelle.

— Qu'allons-nous faire de ton père, chère enfant ?

Lucinda ne répond rien.

Jasper Woodrow jette un regard par-dessus son épaule, puis marche de son pas le plus vif, passe devant la chapelle et se dirige vers le mur du fond d'Abney Park.

Il n'est pas surpris de trouver la partie qu'il recherche déserte. De fait, tandis qu'il approche, les tombeaux deviennent moins imposants ; les monolithes, les anges et les urnes laissent place à de simples croix en bois. Et sur une concession où la terre a été fraîchement retournée, des planches sont disposées en travers de la tombe d'un certain Jeremy Sayers Munday.

— Que je sois pendu ! murmure Woodrow dans sa barbe, le visage blême.

---

1. Isaac Watts (1674-1748), fils d'une famille de Dissidents, est resté célèbre pour ses nombreux hymnes calvinistes. Ses poèmes et ses chansons pour enfants étaient très populaires, et on en trouve des parodies dans *Alice au pays des merveilles*. *(N.d.T.)*

CHAPITRE XXIV

Dans le salon de sa modeste maison de Sekforde Street, à Clerkenwell, Decimus Webb feuillette le *Times* en fumant sa pipe. Tout est calme le dimanche car les entrepôts, les ateliers et les manufactures qui dominent le quartier sont fermés pour le repos dominical. À vrai dire, Webb a loué la maison, en entrant à Scotland Yard, précisément pour sa situation paisible au milieu d'un quartier animé ; à l'époque, cela lui avait semblé un astucieux mélange. Néanmoins, jour de repos ou pas, Decimus Webb ne parvient pas à se concentrer sur son journal ; il le rejette et se perd dans la contemplation du feu qui crépite dans la cheminée.

Il pose finalement sa pipe sur le carrelage de l'âtre, va à son bureau, prend son calepin, ouvert à la page qu'il lisait encore la veille. Le calepin contient des notes de documents officiels qu'il a relevées au Bureau du registre général, parmi lesquelles un extrait du certificat de décès de Jeremy Sayers Munday : « Asphyxie causée par la compression du cou due à la pendaison » ; « Suicide d'un homme qui ne jouissait pas de toutes ses facultés mentales ; Tho. Melkin, coroner du Middlesex. » Webb marque une pause et tourne une autre page où figurent des noms et des adresses recopiés dans le dernier recensement de la capitale. La plupart sont barrés, mais ses yeux

196

s'attardent sur le dernier : « St Luke – Eliza Munday – décédée ».

Il réfléchit, puis empoche le calepin, prend sa veste sur le dossier de la chaise et sort en décrochant son manteau et son chapeau à la patère du vestibule.

La paroisse St Luke s'étend à huit cents mètres à l'est de chez Webb. Le marché de Whitecross Street se trouve en son centre et c'est vers cette artère grouillante d'activité que Webb dirige ses pas.

Les marchandises exposées dans Whitecross Street n'ont rien pour tenter les riches de la capitale, ce sont surtout des occasions : vêtements, casseroles, poêles, produits de base de la vie quotidienne. Le moindre mètre carré est occupé par des tables à tréteaux et des présentoirs aux couleurs criardes, sur lesquels ces objets sont exposés. Le peu de place restant est accaparé par la nourriture. Des produits comestibles et non comestibles de toutes sortes se battent pour attirer l'attention des badauds, on y trouve pêle-mêle les articles des épiciers, des bouchers et des boulangers. Des gamins vendent des bulots, « huit pour un penny », entre des charrettes de marchands de quatre-saisons. Des adultes portent des plateaux de muffins et de crêpes « tout chauds ». Bien qu'il ait déjà pris son petit déjeuner, Webb ne peut s'empêcher de saliver en passant devant le stand du boulanger. Le fumet de viande rôtie, deux douzaines de repas dominicaux, achetés et payés, chacun dans sa cassolette en terre, embaume la rue. Cela vaut presque la peine, songe-t-il, de parcourir Whitecross Street uniquement pour toutes ces odeurs de nourriture. Et, comme pour lui donner raison, sur le trottoir d'en face, la brasserie *Golden Lane*, dont la cheminée s'élève au-dessus des toits, mêle son arôme aux senteurs du quartier, chargeant l'air de vapeur d'alcool et du lourd parfum du malt.

Webb parvient à sa destination, une voie étroite qui mène droit à une cour, à l'écart de la rue commerçante. La cour elle-même est un carré boueux entouré de maisons décrépites de trois étages, surmontées d'ardoises bancales, la brique noircie comme si elle attirait toute la suie du voisinage. Les fenêtres de plusieurs maisons sont brisées et colmatées par des planches. La seule note de couleur provient d'une cage à oiseaux, palais miniature en or sale sur le rebord d'une fenêtre du troisième étage. Webb consulte son calepin avant de frapper à la porte la plus proche, sur laquelle ne figure aucun numéro. Il obtient une réponse immédiate en la personne d'une femme d'une soixantaine d'années enveloppée dans un fin châle rouge. Elle ouvre la porte à la volée et l'accueille avec un enthousiasme pour le moins tiède.

— C'est pas le jour du loyer.

— Je ne viens pas pour encaisser.

— Eh bien, on achète pas.

— Je ne vends pas. Dites-moi, madame, connaissez-vous par hasard une certaine Munday qui habite dans le coin ?

— Vous êtes qui ?

— La police, madame.

— Pas de « madame » avec moi !

La femme se tourne vers le couloir et crie :

— C'est juste un maudit roussin, Bill.

— Une femme du nom de Munday, insiste Webb.

— Comment je le saurais ? Et d'ailleurs, qu'est-ce que ça changerait ?

— Je vous serais redevable, madame.

La femme réfléchit.

— Il y avait bien une Eliza Munday, mais ça remonte à loin. Elle est plus là.

— Elle a déménagé ?

— D'une certaine manière. Morte, que j'ai entendu dire.

— De quoi ?

— Comment que je saurais ? De la même maladie que moi, à attraper la crève en restant dans les courants d'air.

— De quoi vivait-elle ? Savez-vous au moins ça ?

— Vous êtes drôlement curieux, hein ? Elle faisait n'importe quoi pour joindre les deux bouts, comme nous tous.

— Elle recevait des messieurs ?

— P't-être, quand elle était plus jeune. Elle faisait les poubelles avant qu'on l'emmène.

— On l'a emmenée où ?

— À l'hospice. C'est ça qui l'a tuée, j'en mettrais ma main à couper.

— Ah ! J'imagine que c'était St Luke, près du canal ?

La femme acquiesce.

— Alors, ça vaut combien ?

Decimus Webb se fend d'un sourire.

— Comme je vous l'ai dit, je vous suis redevable, madame.

La femme referme la porte, dégoûtée.

— Foutu roussin ! marmonne-t-elle entre ses dents.

Decimus Webb retraverse le marché, passe devant l'église St Luke, remonte Ironmonger Row et enfile les rues secondaires qui mènent à City Road. C'est une marche de dix minutes à peine et il atteint vite les grilles de l'hospice St Luke. En réalité, ce n'est pas un hospice classique, car il est réservé aux femmes de l'Union pour l'aide aux pauvres d'Holborn. Néanmoins, l'immeuble rectangulaire, gris comme une prison, qui forme le corps principal est aussi sinistre que ses homonymes de la capitale. Il souffre par ailleurs de la comparaison avec son voisin immédiat, la taverne de l'*Eagle*. Car cette dernière, à la fois music-hall et pub, s'enorgueillit d'un grand jardin clos de murs recouverts d'affiches de sa dernière fantaisie, *Les Vacances de Cupidon : florilège musical.* St Luke, pour sa part, avec son aspect pratique aussi monotone qu'implacable, donne une impression d'hostilité à toute forme de gaieté. De fait, on ne trouve qu'une pancarte, agrémentée d'un dessin en noir et blanc, clouée sur la porte : une main gantée qui dirige les nouveaux venus vers le bureau d'aide sociale.

L'employé, à cheval sur le règlement, exige que Webb lui montre le mandat attestant de son autorité avant de le laisser entrer. Néanmoins, les formalités accomplies, et après s'être enquis des archives que possède le bureau, l'inspecteur est dirigé vers un escalier en pierre qui mène à une salle précise du bâtiment monolithique.

Webb ouvre la porte d'un geste hésitant. Il se trouve dans une longue pièce semblable à une étable dont le toit est soutenu par de grosses poutres métalliques. Des lits, peut-être quarante de chaque côté, sont alignés contre le mur à intervalles réguliers ; et du toit pendent non seulement les becs de gaz, même s'il est trop tôt pour qu'ils soient allumés, mais aussi des planches sur lesquelles sont peintes des sentences édifiantes témoignant de la grandeur du Créateur. Il y a aussi, à intervalles réguliers, de grandes fenêtres à guillotine par où la lumière tombe sur les patientes : des femmes de tous âges, vêtues de robes de gros-grain rayées réglementaires, soit allongées soit assises sur les lits, occupées à lire, à tricoter ou à effectuer une tâche domestique similaire. Le seul bruit est le clic-clac des aiguilles, œuvre d'une demi-douzaine de patientes ; il résonne dans l'air pareil à des murmures d'insectes.

Webb s'avance vers l'infirmière de la salle, une femme d'âge moyen en charlotte et tablier, qui, assise à un bureau près de l'entrée, surveille ses ouailles.

— Pardonnez-moi, madame, dit-il dans un souffle, je suis inspecteur de police. Puis-je vous dire un mot ?

L'infirmière opine de la tête. Webb est frappé qu'elle ne soit pas surprise par sa visite ; il ne fait aucun doute que les employés de l'Union sont habitués aux inspections de la police. L'infirmière lui fait signe de la suivre dans la cage d'escalier.

— Vous êtes arrivé à un moment calme, inspecteur. Je ne veux pas déranger les femmes plus que nécessaire. Pour qui êtes-vous venu ?

— Non, vous vous méprenez, madame, sourit Webb, même si j'essaie de retrouver les parents d'une femme bien précise, au sujet d'une affaire sur laquelle j'enquête. Vous me pardonnerez de vous épargner les détails. Il suffit de dire qu'il ne s'agit pas d'une de vos patientes actuelles, mais d'une ancienne qui est, m'a-t-on dit, décédée.

— Qui cela, inspecteur ?

— Elle s'appelait Eliza Munday. Vos archives suggèrent qu'elle est morte ici l'année dernière ; le 16 avril.

L'infirmière paraît réfléchir, puis la mémoire lui revient.

— Munday ? Oui, je me rappelle. Je crois que c'était le cœur. Mais cela n'avait rien à voir avec la police.

— Non, en effet. Vous avez organisé son enterrement, j'ai cru comprendre ? Le cimetière de la City et Tower Hamlets, d'après vos archives ?

— Cette compagnie s'occupe de tous nos enterrements, inspecteur. Leurs prix sont très raisonnables.

— Ah ! Sa famille avait-elle été prévenue ?

— Elle n'en avait pas, si je me souviens bien. Non, attendez… c'est pour cela que je me souviens du nom. Il y avait quelqu'un.

— Qui ?

— Un notaire est passé peu avant sa mort. Je n'étais pas de garde, j'en ai peur ; je me rappelle que

Miss Barton, une collègue, m'en a parlé. Il représentait un cousin ou un oncle. Il était question d'un héritage. Eliza était tout excitée.

— Je vois. Croyez-vous que je puisse parler à votre collègue ?

— C'est hélas impossible, inspecteur. Miss Barton s'est éteinte.

— Ah, toutes mes condoléances, madame, dit Webb avec un soupir. Ce notaire – vous disiez qu'il était question d'un héritage –, en est-il sorti quelque chose ?

— Pas à ma connaissance, inspecteur. Mais je ne connais pas les détails.

— Et j'imagine que Mrs. Munday ne parlait jamais de sa famille ? De son mari, peut-être ?

— Pas que je sache.

— Dites-moi, avez-vous l'adresse de ce notaire ? J'ai besoin de contacter la famille.

— Laissez-moi vérifier dans le registre, inspecteur. Un instant.

Webb patiente.

— Nous y voilà, annonce l'infirmière à son retour. Mr. Cardew. Cardew et Fils, 214 Newgate Street.

— Vous êtes sûre ? demande Webb en fronçant les sourcils.

— Que voulez-vous dire, inspecteur ?

— Vous êtes sûre du numéro et de la rue ?

— Naturellement ! Le notaire l'a noté lui-même pour nous. C'est une écriture d'homme.

Webb soupire.

— Je savais que ça ne serait pas simple, grince-t-il entre ses dents.

— Inspecteur ?

— Dites-moi, vous n'avez pas vu ce notaire vous-même ? Quelqu'un peut-il se rappeler à quoi il ressemblait ?

— J'en doute, inspecteur. Cela fait près d'un an.

— Je suis navré, madame, toutes mes excuses. C'est que j'ai peur qu'on ne vous ait dupés. Voyez-vous, si je me souviens bien, les numéros de Newgate Street ne dépassent pas le 120. Je doute que ce cabinet existe.

— C'est un bien étrange mensonge. Qui était-ce, à votre avis ?

— En vérité, madame, je l'ignore.

INTERLUDE

Avez-vous visité un de nos hospices, Miss Krout ? Je vous le recommande avant votre retour. Vous trouverez cela intéressant. Ce sont de véritables bouillons de culture du vice, le terrain le plus fertile pour tous nos maux sociaux. Je vous assure, la moitié des femmes des rues sortent des hospices, où elles ont grandi faute de famille. Nos prisons en sont pleines. Et, savez-vous, lorsqu'elles en ont terminé de leur vie, elles retournent invariablement à l'hospice dont elles sortent ; qui d'autre les accepterait ? Du berceau à la tombe. Un système épatant !

De la pitié ? Si, bien sûr. J'ai été élevé en bon chrétien craignant Dieu, Miss Krout. J'ai eu pitié d'elle en la voyant allongée. Mais elle était si dégradée, si corrompue par sa condition, je pouvais à peine me résoudre à lui parler. Je voyais bien que l'existence à laquelle elle avait été réduite l'avait entièrement consumée. En effet, c'était comme si un affreux cancer avait rongé tout ce qui était féminin ou honnête en elle. Sa vue me révulsait.

Je suis navré, je suis trop franc. Mais c'est la nature du fléau social, Miss Krout. C'est l'immoralité qui l'engendre. C'est dans l'immoralité qu'il prospère.

Non, toutes les femmes qui ne sont pas chastes ne sont pas des prostituées ; mais elles le deviennent par nécessité. Je suis désolé, mais comment appeler une femme qui donne contre de l'argent ce qu'elle ne devrait donner que par amour ? Ce n'est pas une femme, n'est-ce pas ? Elle perd tout ce qui l'élève au-dessus de l'animal. Heureusement qu'elle est morte !

Si, j'éprouvais une profonde pitié. Et je bouillais de colère, Miss Krout, je vous assure. Il brûlait en moi un feu dévorant.

CHAPITRE XXV

Decimus Webb arrive à Scotland Yard à huit heures précises. Il y a un semblant de jour dehors, mais sans plus. Par conséquent, il est obligé d'allumer le gaz et doit lire le journal à la faible lueur de la flamme. Cependant, il se passe à peine cinq minutes avant qu'on ne frappe à la porte de son bureau. C'est le sergent Bartleby.

— Encore en retard, sergent ? demande Webb.

— Mes excuses, monsieur.

— Avez-vous lu les journaux ?

— De bons articles ?

— Ne soyez pas désinvolte, mon vieux. Je lis le *Telegraph* parce que c'est cette feuille, et d'autres du même acabit qui semble procurer à l'adjoint du préfet l'aune à laquelle il mesure nos progrès. Vous seriez avisé d'en faire autant, si vous voulez garder votre place. Tenez, écoutez :

MEURTRE DU *CASINO*

Le meurtre d'une jeune femme, similaire à ceux commis récemment au *Knight*, a été perpétré samedi matin à l'aube au *Holborn Casino*. Tout laisse croire que le coupable est le même monstre. En outre, ce nouveau meurtre prouve que sa brutalité n'a d'égale que son audace. Cependant, il n'y a eu aucune arrestation, et il semble que notre police et nos détectives soient, une fois de plus, impuissants. Que des crimes aussi odieux puissent être commis est en soi une honte pour notre civilisation ; qu'ils doivent rester impunis est un scandale qui ne sert qu'à jeter le discrédit sur nos institutions, autrefois si nobles. Nous croyons savoir que l'inspecteur Webb de Scotland Yard est le policier chargé des investigations ; espérons qu'il est déterminé à amener ce tueur de femmes devant la justice.

L'une des conséquences imprévues du meurtre est peut-être de précipiter la fermeture du *Holborn Casino*, un lieu de vice bien connu. Sans pour autant faire l'économie des souffrances et des drames, si le *Casino* devait fermer ses portes pour de bon, espérons au moins voir une amélioration de la morale nocturne de la capitale. Car ce sont ces mêmes bals, ces mêmes salons qui nourrissent les maux qui assaillent notre grande ville. Est-il surprenant, lorsqu'on permet à de tels endroits de prospérer, d'en être récompensé en retour ? Pendant combien de temps le spectre de la mort doit-il hanter nos rues avant que nous admettions que nous sommes remboursés au centuple par les salaires du péché ?

— Ah, fait Bartleby, ça aurait pu être pire.

— « *Une fois de plus impuissants* » ? « *Salaires du péché* » ?

— Je n'y prêterais pas attention, suggère le sergent.

— Hum. Espérons que l'adjoint du préfet partage votre opinion, sergent. Que s'est-il passé, samedi ?

— L'autopsie de Miss Price dans la soirée, monsieur. Le légiste était très accommodant mais il n'a pas trouvé grand-chose dans ses… euh, entrailles ; quelques huîtres et un peu d'alcool.

— Est-ce tout ? Frugal, non ? Autre chose ?

— Non, rien d'autre. Mais il a dit que la gorge était dans un état bizarre.

— En dehors de la plaie ?

— Il a dit que ç'a été fait de face, explique Bartleby avant de reprendre son souffle. Il pense que le coup a plutôt été porté vers l'avant que d'un côté à l'autre. Elle s'est peut-être défendue. Il a aussi précisé que l'assassin était droitier.

— Hum, ça ne nous dit pas grand-chose, sinon que notre homme n'a aucun scrupule à tuer. Mais nous le savions déjà. A-t-on des témoins ?

— Non. Personne n'a rien vu. En tout cas, c'est ce qu'il semble. Ah, j'ai interrogé le directeur et le personnel du *Casino*, comme vous me l'aviez demandé. Personne ne se souvient de la jeune femme, encore moins des gens à qui elle aurait parlé.

— Sacré bon sang, mon vieux, il devait y avoir entre quatre et cinq cents personnes ce soir-là ; l'une d'elles a forcément vu quelque chose. Et les collègues de Miss Price ?

— Rien d'intéressant. Elle fréquentait trop les jeunes messieurs, mais personne ne se souvient d'aucun nom.

— Seigneur ! J'espérais au moins un début d'indice.

— Vous avez ma parole, monsieur, s'empresse de déclarer Bartleby. Je n'ai absolument rien trouvé qui puisse nous servir. Ah, j'ai aussi posé des questions sur Mr. Woodrow : il dirige apparemment le magasin depuis environ cinq ans, depuis la mort de son beau-père.

— Tiens ? Savons-nous quel métier il exerçait auparavant ?

— Non.

— Eh bien, renseignez-vous.

— Des raisons particulières ?

— Pour tout vous dire, sergent, j'ai trouvé sa réaction un peu suspecte quand j'ai mentionné le nom de Jeremy Munday. Il a semblé nerveux, pourtant il a prétendu ne jamais avoir entendu ce nom. Ça m'a intrigué, c'est tout. Cela vous suffit comme explication ?

— Vous croyez qu'il sait quelque chose ? Sur Munday ou sur l'affaire du *Casino* ?

Webb pousse un soupir.

— Sergent, peut-être que si vous creusiez un peu, nous trouverions quelque chose.

Résolu à ne pas débattre du problème plus avant, Bartleby sort son calepin et gribouille quelques notes au crayon.

— J'ai passé toute la matinée à interroger les vendeuses, inspecteur, je vous jure.

— J'en suis sûr, sergent, et je ne vous blâme pas. Mettons cela de côté pour l'instant, et revenons à Mr. Munday. Avez-vous organisé la fouille d'Abney Park ?

— Ah, pas encore. J'étais déjà assez occupé comme ça.

— Eh bien, faites-le maintenant. J'avoue qu'il y a dans cette affaire des choses encore plus troublantes que je ne croyais.

— Oui ?

— Je suis allé à Somerset House et j'ai trouvé le nom de sa femme dans le recensement ; elle est morte à l'hospice St Luke, l'année dernière.

— Pas d'autre famille ?

— Je n'en ai pas trouvé, mais ça ne prouve rien. Cependant, un homme lui a rendu visite avant sa mort ; il prétendait être notaire et venait pour une affaire d'héritage.

— Il prétendait ?

— Il a donné un faux nom et une fausse adresse. Qu'en déduisez-vous, sergent ?

— C'est le même homme que celui d'Abney Park ! Il recherchait peut-être la même chose que celle qu'il espérait trouver dans la tombe.

— Exactement ce que j'ai pensé. Mais elle vivait à l'hospice, sergent. Que pouvait-elle avoir qui ait une telle valeur ?

— Ce n'était peut-être pas un objet, suggère Bartleby. Et si c'était un indice ou une information ? Tenez, si c'était quelque chose qui a conduit ce faux notaire à la tombe du mari ?

— Bravo, sergent. Mais la question est : de quoi s'agissait-il ? Qu'est-ce qui pouvait être aussi important au bout de vingt-cinq ans ?

Bartleby réfléchit en plissant le front.

— Aucune idée, avoue-t-il enfin.

— Quelqu'un le sait, pourtant. Finirons-nous par découvrir qui ?

Dans son bureau de Salisbury Square, Joshua Siddons consulte son courrier de la mi-journée. Reconnaissant l'écriture d'une enveloppe, datée du matin, il l'ouvre tout de suite.

Cher Mr. Siddons,

Ce fut une joie de vous voir hier, et cela m'a rappelé que nous n'avons pas eu le plaisir de votre compagnie depuis des lustres. J'espère que vous pardonnerez cette invitation tardive et que vous honorerez notre dîner de votre présence demain soir. Le repas est à sept heures et demie. Ce sera simple, avec notre cousine Annabel, que vous avez rencontrée aujourd'hui, et une relation de Woodrow, Mr. Langley, un charmant jeune homme que, je crois, vous connaissez déjà. Notre soirée ne sera pas une totale réussite sans vous. Ne vous souciez pas d'envoyer votre réponse ; nous la ferons prendre dans le courant de la journée.

Votre dévouée,
Melissa Woodrow
Duncan Terrace, 16 novembre.

Siddons plie soigneusement la lettre en deux et la glisse en souriant dans la poche de son manteau.

CHAPITRE XXVI

— Quelle heure est-il, très chère ? demande Melissa Woodrow tandis qu'elle applique les touches finales de cosmétique sur son visage en s'admirant dans la glace de sa coiffeuse.

— Presque sept heures et demie, répond Annabel Krout, sagement assise sur le lit de sa cousine.

— Ô Seigneur ! Cela suffira. Quelle horreur !

— Loin de là, cousine !

— Vous êtes trop bonne, ma chère. Êtes-vous sûre de ne pas vouloir un peu de crème, juste pour les joues ? La chaleur dans la salle à manger dessèche la peau.

Mrs. Woodrow choisit un petit pot étiqueté « huile de cacao de la princesse de Galles » et le propose à sa cousine qui secoue la tête.

— Non, ça va, je vous assure.

— Ah, c'est l'avantage de la jeunesse. Non, ne rougissez pas, ma chère, vous êtes belle comme une image. Venez, descendons attendre dans le salon. Je suis certaine que Mr. Siddons sera ponctuel ; il dit toujours que c'est indispensable dans son métier.

— Je n'en doute pas un instant, renchérit Annabel, ne sachant que répondre.

En effet, tandis qu'elles se dirigent vers l'escalier, la sonnette de la porte d'entrée retentit.

— Que vous avais-je dit, très chère ? À la minute près.

— Mr. Siddons est-il aussi une relation d'affaires, comme Mr. Langley ? questionne Annabel.

— Oh, grands dieux, non ! C'est-à-dire, il est dans les pompes funèbres, mais c'est un vieil ami de Woodrow, et il connaissait aussi mon père. D'ailleurs, c'est lui qui nous a présentés, figurez-vous.

— Vraiment ?

— Oui, répond distraitement Mrs. Woodrow en entrant dans le salon, davantage concernée par les bruits qu'elle entend dans le vestibule. Oh, ai-je demandé à Jacobs de vérifier le sel ? Il a tendance à sécher ; je le lui ai répété maintes et maintes fois. Je parie qu'elle aura oublié. Ah, c'est Mr. Siddons : je reconnaîtrais sa voix n'importe où. J'ai l'impression qu'il n'est pas seul.

En effet, l'arrivée de Joshua Siddons est suivie par celle de Richard Langley, les deux hommes en tenue de soirée noire et écharpe blanche. Le croque-mort, malgré son habitude de la pompe due à sa profession, ne paraît pas aussi fringant que son jeune compagnon.

— Mrs. Woodrow, ravi de vous voir ! s'exclame Siddons en s'inclinant. Vous aussi, Miss Krout.

— Nous parlions justement de vous, monsieur, répond Mrs. Woodrow.

— En bien, j'espère, dit Siddons en s'inclinant de nouveau.

— Oh, vous me taquinez, monsieur, s'esclaffe Mrs. Woodrow avec un rire de jeune fille. Vous savez que je ne sais pas me défendre. Comment allez-vous, Mr. Langley ?

— Fort bien, merci. Et vous-même ?

— Le mieux possible, merci. Êtes-vous venus ensemble ? demande Mrs. Woodrow à ses deux invités.

— Une rencontre fortuite, madame, répond Siddons. Nous nous sommes retrouvés sur le perron. Où est donc votre époux ?

Melissa Woodrow hoche la tête, affectant l'indulgence pour les défauts de son époux.

— Ah, mon mari ! J'imagine qu'il n'a pas entendu la sonnette. Il est encore dans son bureau.

— Je vais le chercher, s'empresse Siddons. Il faut économiser les semelles de votre bonne, n'est-ce pas ?

— Je vous assure, il n'est point besoin…

— Je suis déjà en route. Je suis sûr que Mr. Langley saura vous tenir compagnie.

Ce dernier sourit de bonne grâce.

— Je ferai de mon mieux, madame.

Après avoir récupéré son mari, et respecté un laps de temps convenable, Mrs. Woodrow conduit ses invités à l'étage inférieur, dans la salle à manger. Annabel trouve la table des Woodrow parfaite, malgré les craintes de la maîtresse de maison à propos du sel. Un vase de fleurs fraîches occupe le milieu de la table, illuminé par deux petits candélabres munis chacun de trois bougies. Des salières en argent, ainsi que deux carafes de xérès, sont disposées autour du vase avec la même précision militaire. Les couteaux, fourchettes et cuillères reposent sur la soie damassée qui protège la nappe, tous polis au point de refléter la lumière des bougies ; enfin, des serviettes d'une blancheur immaculée soigneusement pliées attendent les convives. Jervis aide Mrs. Woodrow à s'asseoir en tête de table ; Jasper Woodrow tire la chaise de sa cousine américaine, puis s'assied face à son épouse. Les deux invités sont ensuite guidés à leur place respective, le croque-mort à côté d'Annabel Krout et Richard Langley en face.

— Jervis, dites à Jacobs de commencer à servir, voulez-vous ? ordonne Woodrow.

Aussitôt le valet s'esquive avec discrétion en direction de l'escalier de la cuisine.

— Mr. Langley, interpelle Joshua Siddons, avez-vous déjà eu le privilège de dîner chez Mrs. Woodrow ?

— Non, monsieur, je n'ai pas eu cet honneur, répond Langley en dépliant sa serviette sur ses genoux.

— Eh bien, attendez-vous à vous régaler. La table de Mrs. Woodrow est un modèle d'efficacité et d'art culinaire. Vous rentrerez chez vous en chantant les louanges de sa cuisinière. Chaque plat est digne de l'école de Kensington, je vous assure.

— Je n'en serais pas surpris, déclare Langley en inclinant la tête vers la maîtresse de maison.

— En réalité, c'est même trop bon pour l'école, continue Siddons. Je ne rends pas justice à Mrs. Woodrow. Après avoir goûté à sa cuisine, ils laisseraient tomber.

— Il y a une école de cuisine à Kensington ? demande Annabel.

— Depuis l'Exposition universelle de l'année dernière, très chère, explique sa cousine. Je crois qu'elle est restée ouverte. Mais pourquoi une jeune dame aurait-elle besoin de conseils en la matière, j'avoue ne pas comprendre.

— Cela me semble pratique, ose Annabel.

— Avez-vous un cordon-bleu chez vous, à Boston, Miss Krout ? s'enquiert Richard Langley.

— Je n'y ai jamais réfléchi, mais maintenant que vous me posez la question, oui, je crois.

— Pour Boston, je ne sais pas, interrompt Melissa Woodrow, mais à Londres une bonne cuisinière vaut de l'or. En réalité, de nos jours, il est plus fréquent qu'une cuisinière exige des références de la famille qui veut l'engager que l'inverse.

— Vous me faites marcher, cousine !

— À peine, bougonne Jasper Woodrow. Vous n'imaginez pas les gages que Figgis escompte.

— Jasper ! s'exclame Mrs. Woodrow. Ne soyez pas vulgaire !

— En tout cas, elle les vaut jusqu'au moindre penny, affirme Siddons. Ah, voilà la première *bonne bouche**, si je ne m'abuse.

214

Le silence tombe tandis que Jacobs apporte une soupière en argent sur un plateau assorti, poli comme un miroir, qu'elle pose sur la desserte. Son arrivée provoque l'arrêt des conversations et, lorsqu'elle soulève le couvercle, l'arôme d'une soupe aux huîtres emplit la pièce.

— Exquis, chère madame, déclare Siddons pendant que Jacobs le sert. Il n'y a pas que de la crème et des huîtres, je parie ? À moins que mon sens olfactif ne me trahisse ?

— Champagne, champignons et coquilles Saint-Jacques.

— Délicieux, estime Siddons, bien qu'il n'ait pas encore goûté sa soupe. Tiens, qui vient nous voir ?

Le regard du croque-mort se porte, au-delà de son hôtesse, vers le seuil derrière elle. Mrs. Woodrow se retourne et découvre sa fille, en chemise de nuit.

— Lucinda, que fais-tu en bas ?

— Puis-je avoir de la soupe ? demande la fillette.

— Non, mon petit. Retourne tout de suite dans ta chambre.

— Je m'en occupe, madame, intervient Jacobs.

Elle remet la louche dans la soupière et se dirige vers la porte. Toutefois, la voix de son maître l'arrête.

— Certainement pas !

Il arrache sa serviette de ses genoux d'un geste si brutal que son couteau et sa fourchette tressautent.

— Lucinda, va au lit !

— Je ne veux pas aller au lit, proteste-t-elle.

— Tu feras ce que je te dis, réplique son père, à la suite de quoi il se lève, va jusqu'à sa fille et la saisit par le bras. Pardonnez-moi, messieurs, Miss Krout, je crains que ma fille ne s'échauffe trop facilement. J'en ai pour un instant.

— Faites, dit Siddons tandis que Woodrow conduit sa fille en direction de l'escalier à une allure un peu trop vive pour elle.

215

Mrs. Woodrow s'excuse du regard auprès de ses invités, un sourire nerveux sur les lèvres.

— Il faut pardonner à Lucinda, messieurs. Ce n'est pas sa faute, elle est simplement trop sensible. Woodrow prétend qu'elle manque de discipline, mais je crois que c'est juste dans sa nature.

— D'après mon expérience, chère madame, déclare Siddons entre deux cuillerées de soupe, la discipline n'a pas de prix. C'est le devoir de tout père en tant que chrétien. Si vous gâtez vos enfants, ils seront gâtés pour toujours.

— Mais ce n'est encore qu'une fillette, proteste Langley.

— On voit que vous êtes célibataire, Mr. Langley, rétorque le croque-mort qui n'en continue pas moins de manger sa soupe à grand bruit.

— Êtes-vous marié, monsieur ? demande Langley.

— Veuf, deux fois. C'étaient toutes deux d'excellentes femmes. Je les ai enterrées moi-même. Je n'ai pas regardé à la dépense.

— Désolé de l'apprendre. Toutes mes condoléances.

— Merci, dit Siddons avant de reprendre une cuillerée de soupe. Enfin, on dit jamais deux sans trois, n'est-ce pas ?

— Mr. Siddons ! se récrie Mrs. Woodrow. Vraiment, vous me choquez.

— Pardonnez-moi, chère madame, Miss Krout, dit le croque-mort avec une pointe de moquerie. Je voulais simplement dire que même un vieil homme comme moi espère le printemps éternel.

— Vous n'êtes pas vieux ! proteste Mrs. Woodrow.

Annabel ne prend pas part à la discussion, mais elle ne peut s'empêcher de penser que le croque-mort, lorsqu'il parlait de mariage, a posé sur elle un regard quelque peu insistant avant de lui faire un clin d'œil.

— Alors, Miss Krout, avez-vous vu tout ce qu'il y a à voir à Londres ?

La question de Langley meuble un nouveau silence tandis que Jasper Woodrow commence à découper la *pièce de résistance**, un cochon de lait. L'odeur du succulent rôti suffit à soulever l'admiration de tous. Après avoir séparé la tête du corps, divisé le dos en deux, Woodrow détache avec adresse de fines tranches sur les épaules et les cuisses.

— Non, pas encore, répond Annabel. Nous sommes allés à Regent Street, cependant. Et au *Criterion*.

— J'imagine que vous avez prévu d'autres excursions pour la semaine ?

Woodrow découpe les côtes pendant que Jacobs sert les panais et les quenelles.

— Euh, pas encore.

— J'avoue que nous avons négligé nos devoirs envers notre chère Annabel, explique Mrs. Woodrow. Je n'étais pas dans mon assiette samedi, et ma cousine est à peine sortie.

— Rien de sérieux, j'espère ? s'inquiète Siddons.

— Non, rassurez-vous. Toutefois, je regrette que nous n'ayons pas d'ami susceptible de nous accompagner. Je crains de ne pas être au meilleur de ma forme et de freiner Annabel.

— Pas du tout, cousine ! proteste cette dernière.

— Qu'en pensez-vous, Mr. Langley ? interroge le croque-mort. Quel dommage pour Miss Krout !

— Non, pas du tout, je vous assure, insiste Annabel.

Langley rougit.

— Sans vouloir m'imposer, et si Mr. Woodrow le permet, je me ferais une joie de vous accompagner toutes deux, un jour de la semaine, si vous avez besoin d'un chevalier servant.

— Oh, Mr. Langley, je ne voudrais pas vous infliger cette corvée ! s'exclame Mrs. Woodrow.

— Ce serait au contraire un plaisir. Monsieur ?

— Fort aimable à vous, Langley, répond Woodrow. Je suis toujours trop occupé, hélas.

— Eh bien, cela serait merveilleux, n'est-ce pas, Annabel ? suggère Mrs. Woodrow.

— Bien sûr, répond la jeune Américaine.

— Parfait. Content que cela soit réglé, déclare Woodrow en coupant la dernière tranche de rôti. Une côte ?

Il est dix heures passées lorsque le repas entre dans sa phase finale, après le dessert, meringues et pudding, et un excellent xérès, servi à profusion. Mrs. Woodrow et sa cousine se retirent au salon, laissant les trois hommes siroter leur cognac et fumer le cigare. Une fois que le valet les a servis, Jasper Woodrow le congédie afin de discuter plus librement.

Joshua Siddons trempe ses lèvres dans son verre, et une lueur malicieuse illumine son visage.

— Saviez-vous que Woodrow travaillait autrefois pour moi, Mr. Langley ? dit-il.

— Non, monsieur, je l'ignorais.

— Il a fait son chemin, comme on dit. C'était un de mes protégés.

— Oui, consent Woodrow en jetant un regard noir vers Joshua Siddons, il faut bien commencer quelque part.

— Et maintenant, comme vous investissez dans l'affaire, qui sait comment les choses vont tourner, n'est-ce pas ?

Langley affiche un sourire contraint.

— Qui sait, en effet ?

— Ne vous laissez pas miner par cette histoire du *Casino*, continue Siddons en baissant la voix. Cela n'entamera pas la réputation des Entrepôts, j'en suis certain. Les affaires marchent fort dans ce métier, je vous le garantis. Je suis dans la profession depuis quarante ans, j'en connais un rayon, je vous prie de le croire.

— Vous ne mâchez pas vos mots, monsieur, constate Langley.

Il boit une gorgée de cognac. Jasper Woodrow se mord la lèvre.

— Ne vous formalisez pas, cher ami, dit Siddons, ignorant le regard critique de Woodrow.

— Peut-être pourrions-nous parler de sujets plus plaisants, propose ce dernier.

— Volontiers, acquiesce Siddons. Parlez-nous de votre cousine américaine, Woodrow. Quelle jeune femme délicieuse !

— Il n'y a pas grand-chose à en dire. Sa mère est la tante de Melissa. Elle lui a écrit qu'elle voulait voir le... « Vieux Monde », comme disent les Américains. Melissa lui a promis que nous prendrions soin d'elle.

— J'imagine qu'elle se cherche un mari ? interroge Siddons. Une fille de son âge avec un coussin d'argent...

— Certainement, répond Woodrow. Qu'en pensez-vous, Langley ?

— J'ai peu d'expérience en la matière, dit Richard Langley, rougissant.

— Dans ce cas, plaisante Woodrow en se tournant vers Siddons, vous avez le champ libre.

— Ha ! s'exclame le croque-mort. Si j'avais vingt ans de moins, peut-être creuserais-je ce sillon. Tout de même, c'est une idée qui réveillerait un mort.

— Messieurs, je vous en prie ! s'offusque Langley.

— Vous avez raison, approuve Siddons avec un hochement de tête d'ivrogne. Je ne voulais pas offenser la jeune dame. Et je suppose qu'elle préférerait un homme de son âge.

Langley rougit davantage.

Une demi-heure plus tard, les cigares éteints, les trois hommes regagnent le salon des Woodrow. Là, Joshua Siddons est le premier à prendre congé de son hôtesse, après avoir fait le panégyrique de la cuisine de Mrs. Figgis et de la sagesse de son employeur. Richard Langley s'attarde encore un peu, le temps de prendre rendez-vous pour visiter la cathédrale Saint-Paul et l'abbaye de Westminster en compagnie de Mrs. Woodrow et de sa cousine. Néanmoins, il ne quitte pas la maison plus de cinq minutes après Siddons. Finalement, Annabel Krout s'excuse et monte dans sa chambre.

Jasper Woodrow se laisse choir dans un fauteuil. Son épouse attend qu'Annabel soit hors de portée d'oreille.

— A-t-il dit quelque chose ? demande-t-elle alors.

— Langley ? Il a dit qu'il a aimé le cochon de lait.

— Vous n'avez pas parlé affaires ?

— Siddons, si. L'imbécile était ivre ! J'ai quasiment dû le bâillonner pour qu'il se taise. Je n'aurais jamais dû lui avouer que Langley s'était retiré. Ma parole, il fait tout pour me provoquer ; on dirait que ça l'amuse.

— Ridicule ! proteste Mrs. Woodrow. Comment pouvez-vous dire une chose pareille ? C'est votre plus vieil ami. Quel serait son intérêt ?

— Aucun. Absolument aucun, assure Woodrow, qui évite néanmoins de regarder sa femme dans les yeux.

— Il essayait juste de vous aider, mon ami. Mais Mr. Langley… je l'ai trouvé enjoué, pas vous ?

— Affable, oui, sans doute. Du moins, après que j'ai cloué le bec à Siddons.

— Mr. Langley a de si bonnes manières. Il serait parfait pour Annabel, j'en suis sûre.

Woodrow grimace.

— Je me fiche pas mal de ses maudites manières !

— Peu importe, soupire Mrs. Woodrow. Nous penserons à quelque chose, je vous le promets.

CHAPITRE XXVII

L'horloge du couloir sonne onze heures lorsque Annabel ôte les épingles de son chignon et laisse ses cheveux flotter librement sur ses épaules, masquant le col en dentelle de sa chemise de nuit. Assise devant son secrétaire, elle entend des pas sur le palier ; Mrs. Woodrow et son époux se retirent dans leurs chambres respectives. Elle augmente le débit de sa lampe à huile de sorte que la flamme étende sa lueur orange sur la feuille de papier, elle prend sa plume, la trempe dans l'encrier et écrit « Un dîner anglais » en haut de la page. Elle réfléchit quelques instants à la première phrase, mais un vif coup frappé à la porte l'arrache à ses pensées.

— Entrez !

La femme de chambre ouvre la porte en grand et entre, haletante, dans la pièce en jetant des regards inquiets autour d'elle.

— Jacobs ? Que se passe-t-il ?

— Mon Dieu, miss, je croyais qu'elle était là.

Elle marque une pause, le visage écarlate, au bord des larmes, semble sur le point de parler mais se retient, comme si elle avait peur de prononcer les mots fatals.

— Oh, je vous en prie ! finit-elle par exploser. Aidez-nous !

— Si je peux, mais qu'y a-t-il ?

— Miss Lucy, je ne la trouve pas.

— Désolée, je ne comprends pas. A-t-elle disparu ?

— Oui, miss. Enfin, je ne sais pas. Je devais la surveiller. Je ne suis descendue qu'un instant, chercher de l'eau. Je croyais qu'elle dormait profondément.

— Et elle n'est plus dans sa chambre ?

La bonne secoue la tête.

— Non, miss. Et si elle a eu une nouvelle crise ? Je devais avoir l'œil sur elle.

— Elle est peut-être avec sa mère, suggère Annabel.

— Oh, non ! réfute Jacobs d'une voix tremblante. Je l'aurais entendue.

— Vous avez regardé en haut ?

— Dans toutes les pièces, miss.

— En bas ?

— Pas encore.

— Eh bien, dit Annabel en enfilant à la hâte sa robe de chambre qu'elle noue autour de sa taille et en s'emparant de la lampe sur son secrétaire, ne vous inquiétez pas, nous allons la trouver. Elle n'a pas pu aller bien loin. Elle vous joue un tour, c'est tout.

— Merci, miss. Vous êtes bonne.

— Je veux surtout éviter qu'elle ait de nouveau des ennuis avec son père, répond Annabel avec calme tout en descendant l'escalier. Vérifiez dans le bureau, Jacobs, je m'occupe du salon.

Jacobs obéit. Mais avant qu'Annabel n'atteigne la porte du salon, elle sent un fort courant d'air froid. Elle stoppe net, jette un coup d'œil vers le vestibule, en bas, et remarque que les lourds rideaux cachant la porte d'entrée sont tirés, et que la porte elle-même est entrouverte. Un frisson lui parcourt l'échine.

— Jacobs ! souffle-t-elle.

— Miss ?

— Regardez, dit Annabel en montrant la porte. Pourquoi est-elle ouverte ?

La femme de chambre fixe la porte bouche bée.

— Oh, miss, vous ne croyez pas… ? Non, ne dites rien. Le maître va m'étriper.

— Allez réveiller Mr. et Mrs. Woodrow, ordonne Annabel. Si elle est sortie, nous devons tous partir à sa recherche.

— Miss, je ne puis…

Mais avant que Jacobs n'ait le temps de terminer, Annabel Krout s'est précipitée dans l'escalier, la robe de chambre battant ses chevilles, et elle est déjà dans la rue.

Lorsqu'elle met le pied dehors, Annabel sent le désespoir la saisir. Car le brouillard des jours précédents, alors de simples filets de brume, s'est malicieusement épaissi. En outre, sa lampe, suffisante pour lire au lit, perce à peine la pénombre ; de même, ses chaussons paraissent soudain mal adaptés à la dureté des pavés, et elle manque trébucher.

— Lucy ! crie-t-elle.

Pas de réponse.

— Lucinda !

Toujours rien. Soudain, elle voit un mouvement, une chose blanche, semblable au petit fantôme qu'elle avait surpris dans sa chambre, filer devant le réverbère de l'autre côté des jardins, puis disparaître. Elle ne comprend pas tout de suite comment la silhouette a pu s'évaporer si vite ; puis elle se souvient : le portail qui ouvre sur le canal.

Sans hésiter une seconde, elle traverse Duncan Terrace en courant, fonce le long des jardins grillagés, le poids de sa lampe lui donnant une foulée gauche et heurtée. La boue éclabousse ses chaussons de velours, imprègne ses semelles. Elle perd l'équilibre, se cogne le bras contre la grille, mais se rattrape et continue à courir jusqu'à ce qu'elle atteigne le portail. Elle voit à peine la pente qui rejoint le chemin de halage car la seule lumière qui éclaire le canal est celle de sa propre lampe.

— Lucy !

Toujours pas de réponse. La pente est trempée et glissante, et, dans le noir, la surface de l'eau immobile semble étrangement solide et lisse, à l'image d'une tranchée dans la pénombre. Annabel ne peut s'empêcher d'imaginer qu'il serait tentant d'essayer de traverser à pied ; mais, pensant à Lucy, l'idée la glace. Elle tend le bras le plus loin possible, comme si le balancement de la lampe permettait d'illuminer une surface suffisante pour repérer la fillette. Mais elle ne parvient à rien, sauf à se sentir atrocement fatiguée et frigorifiée. Pis, le brouillard paraît s'épaissir de minute en minute.

Cependant, quelque chose la pousse à se retourner. Cela n'a rien à voir avec Lucy, c'est un lourd grognement qui semble sourdre de la terre elle-même. Un horrible bruit, puis un deuxième, de plus en plus sonore. Émergeant de nulle part, une boule de lumière jaune plane alors dans l'air ; le grondement grave d'un moteur, des éclaboussures. Annabel reste figée, fascinée, tandis que la lumière croît et s'empourpre, et perçoit le bruit du moteur qui s'amplifie ; puis un puissant sifflement retentit, des nuages de fumée s'élèvent du tunnel du canal et se mêlent au brouillard, tel le souffle de quelque dragon ancien. C'est une vision étrange, infernale, hallucinante. Et Annabel met du temps à discerner la véritable nature de la bête : un remorqueur à vapeur qui sort du tunnel, tirant à sa suite un chapelet de barges bruyantes, chacune se cognant aux parois. Le capitaine du bateau est le premier à réagir.

— Qui est là ? Sur le chemin ? Vous !

— Arrêtez-vous un instant ! crie Annabel.

— Stoppez tout ! ordonne l'homme.

Mais Annabel l'entend à peine. Car, dans la lueur de la lanterne qui brille à l'arrière du remorqueur, elle

224

aperçoit une petite silhouette sur le chemin de halage, à un mètre de l'entrée du tunnel. Annabel s'élance sur le chemin en trébuchant, poussée par l'excitation et la peur, et elle finit par reconnaître Lucinda Woodrow qui se tient debout, immobile.

— Lucy ! Tu m'entends ?

Lucy ne répond pas. Le capitaine, cependant, maintenant que son bateau s'est arrêté, éclaire le chemin de halage avec sa lampe, dont le faisceau frappe Annabel et la fillette. Annabel lève sa propre lampe et s'aperçoit que les yeux de Lucy sont aussi vides que lorsqu'elle était dans sa chambre, le regard perdu dans la rue.

— Que se passe-t-il ? hurle le capitaine d'une voix où se mêlent la colère et la curiosité. Qui est-ce ?

Annabel ne répond pas. Car elle s'aperçoit que sa petite cousine n'est pas seulement immobile, elle pointe du doigt un endroit précis du canal. Annabel se penche afin d'éclairer l'eau.

Bien que la lueur de la lampe soit faible, cela suffit à dévoiler le corps d'un homme qui flotte, la tête submergée par l'eau noire.

Troisième Partie

CHAPITRE XXVIII

Decimus Webb ferme le portail métallique derrière lui et descend d'un pas hésitant le sentier couvert de mousse qui mène au chemin de halage du Regent's Canal, quelques mètres derrière le sergent Bartleby, dont il est loin de posséder l'agilité. C'est une matinée glaciale, de fines nappes de brouillard flottent au-dessus de l'eau et le sol est assez boueux pour se dérober sous les pieds. Devant eux, sur la rive, les attend un policier dont l'uniforme porte les galons de sergent. Il lève la tête à leur arrivée et agite la main.

— Inspecteur Webb ?

Ce dernier opine de la tête, sans toutefois accélérer.

— J'espère que nous ne vous avons pas dérangé pour rien, reprend le sergent.

Il s'avance vers Webb et Bartleby, et leur serre la main d'une poigne vigoureuse.

— Je m'appelle Trent.

— Pour rien, sergent Trent ? questionne Webb. J'espère que non ! Où est votre inspecteur ?

— Il est retourné au poste. L'humidité est mauvaise pour ses rhumatismes. Il a dit que vous pouviez me parler comme si c'était lui, vu que j'étais le premier sur les lieux.

— Hum, transmettez-lui mes salutations, fait Webb en portant son regard le long du canal. Bon, où est votre petite découverte ?

— Ici, mais elle n'est pas si petite, répond le sergent en entraînant Webb et Bartleby un peu plus loin sur le chemin de halage.

Là, près du sentier par lequel ils sont descendus, gît un corps qu'une couverture sale se confondant avec la boue enveloppe à peine.

— Nous ne l'avons pas déplacé depuis que nous l'avons sorti de l'eau. C'est un grand gaillard, et nous n'étions pas trop de trois pour le hisser.

— Ça devrait aller, bougonne Webb. Bon sang, mon vieux, laissez-nous le voir !

— Excusez, dit le sergent Trent en s'effaçant tandis que Webb se penche pour soulever la couverture qui cache le visage du noyé. C'est lui, inspecteur ?

Webb examine les traits du cadavre. Même si ses joues sont quelque peu dépourvues de couleur, ses cheveux embroussaillés, ses yeux vitreux, c'est bien le visage de Vasilis Brown.

— Oui, déclare Webb. Vous avez bien fait de me prévenir, sergent.

— En toute honnêteté, c'est un de mes hommes, l'agent Hicks, qui a reconnu la description que vous avez fait circuler et qui m'a mis au courant au changement d'équipe. Nous avons aussi prévenu la police de la City. L'inspecteur Hanson, si je ne m'abuse ?

— L'inspecteur Hanson, en effet. Commençons quand même sans lui ; excusez-moi si vous devez vous répéter plus tard, Trent. Alors, quand avez-vous découvert le corps ?

— Euh, il était environ onze heures et demie lorsque je suis arrivé. Mais je ne peux pas vous dire depuis combien de temps le bonhomme était dans l'eau.

— Pas depuis longtemps, à mon avis, dit Webb, courbé en deux pour examiner la peau du visage et des mains.

— Non, vous avez raison. Les bateaux passent de manière assez régulière, toutes les deux heures pendant la nuit. Il aurait été plus abîmé s'il était resté long-temps. Il a bien une méchante blessure à la nuque, si vous le soulevez un peu. Une sale affaire, hein ?

Webb tourne la tête du cadavre, sépare doucement les épaisses boucles de cheveux noirs, dévoilant une peau meurtrie et, le sang ayant été lavé par l'eau crasseuse, la blancheur de l'os sur l'arrière du crâne.

— Sale affaire pour lui, rectifie Webb. Qu'en déduisez-vous, Bartleby ? Qu'est-ce qui a provoqué ça ?

— Peut-être un bateau, bien sûr, suggère le sergent. Mais vous pensez peut-être à un acte criminel ?

— Croyez-vous vraiment qu'il soit passé sous un bateau, sergent ?

— À mon avis, non. Il aurait été davantage amoché. La nuque, tout du moins.

— Parfait. Maintenant…

— Une seconde ! lance Bartleby en observant une tache sur le mur de brique derrière eux, près de l'entrée du tunnel. Regardez !

— Quoi ?

— On dirait du sang, répond le sergent en montrant la tache du doigt.

Webb se relève et va examiner de près le mur ; il est, en effet, maculé de rouge foncé, et des cheveux noirs rêches, semblables à ceux du cadavre, sont restés collés sur la brique rugueuse. Webb esquisse un sourire.

— Sachez, sergent Trent, que Bartleby est un de nos meilleurs détectives, raille Webb. Rien ne lui échappe. Bravo, sergent.

Le sergent Bartleby ne mord pas à l'hameçon. Il se contente d'opiner de la tête.

— Ainsi, messieurs, continue Webb en regardant vers le mort puis le mur, il y a eu une bagarre ici ; la tache est à hauteur d'homme, n'est-ce pas ? Vlan ! Le crâne du bonhomme heurte le mur, avec une certaine violence, attention, puis son corps est jeté à l'eau. Avez-vous trouvé d'autres indices, sergent ? Pas d'empreintes ? Rien sur le cadavre ?

— Des empreintes ? Ah, il devait y en avoir, mais il était impossible de déterminer à qui elles appartenaient, vu la foule qui allait et venait.

— La foule ? Pourquoi y avait-il foule ? Vous n'aviez pas posté un homme au portail ? demande Webb en dirigeant son regard vers le haut de la pente. S'est-il laissé soudoyer ?

— Je vous en prie ! proteste Trent.

Webb soupire.

— Pardonnez mon impertinence, sergent. Loin de moi l'idée de douter de votre intégrité, mais je ne vois pas comment une « foule » a pu se réunir ici.

— Vous avez dû mal comprendre, dit Trent. J'étais certes le premier officier sur les lieux, mais ce n'est pas moi qui l'ai découvert.

— Qui est-ce, alors ?

— Il semble que cela soit une fillette qui s'était éloignée d'une propriété voisine.

— Corrigez-moi si je me trompe, sergent, mais ces maisons, interroge Webb en désignant celles dont l'arrière donne sur le canal, appartiennent à des gens respectables, me semble-t-il ? Que faisait une fillette dehors à une heure pareille ?

— Il paraît qu'elle est somnambule.

— Vraiment ?

— C'est ce qu'on m'a dit, assure Trent en ouvrant son calepin. Son père et sa mère la cherchaient, ainsi qu'une cousine et une domestique…

— Cela suffira, sergent. Où sont-ils maintenant ?

— Nous leur avons demandé de rester à notre disposition ce matin. Je suis passé plus tôt leur dire que vous voudriez leur parler. Entre nous, cela n'a pas eu l'air de plaire au maître de maison. Il a dit qu'il n'avait pas de temps à perdre avec ce genre de choses ; « des affaires à régler », prétendait-il.

— Tiens donc ! fait Webb. Rappelez à votre homme de ne laisser entrer personne, du moins tant que l'inspecteur Hanson n'est pas arrivé.

— Entendu, monsieur.

— Bien, où puis-je trouver ce gentleman qui est trop occupé pour de telles peccadilles ?

— Je vous montre le chemin. C'est de l'autre côté, dans Duncan Terrace. Le bonhomme s'appelle Woodrow. Il est dans…

— Dans la vente d'articles de deuil ? avance Webb.

— Hein ? Vous le connaissez ?

— Il me semble, oui, dit l'inspecteur en lançant un regard interrogateur vers Bartleby.

Webb sonne chez les Woodrow. Presque aussitôt, le valet lui ouvre la porte et le laisse entrer avec le sergent Bartleby. Ainsi, au cas où les voisins guetteraient l'arrivée de la police de Sa Majesté, le spectacle ne serait-il que fugitif. Jervis conduit les deux policiers au salon du premier où Jasper Woodrow, qui attend devant la fenêtre, se retourne lorsqu'ils entrent.

— Bonjour, inspecteur Webb, sergent.

— Mr. Woodrow. On dirait que vous n'êtes pas surpris de nous voir.

— Je vous ai aperçus par la fenêtre, inspecteur. On m'a demandé d'attendre la police. Mais je vous avoue que je suis surpris de vous voir. Êtes-vous concerné par toutes les morts tragiques de Londres ?

— Certes non, monsieur. Juste les cas difficiles.

— Pas plus que vous n'y êtes impliqué, ajouterais-je, intervient Bartleby.

Webb lance à son sergent un coup d'œil menaçant.

— Je veux dire, poursuit ce dernier, c'est juste une étrange coïncidence, n'est-ce pas ?

— Je ne suis impliqué dans rien, inspecteur, rétorque Woodrow, indigné. Que sous-entend votre subordonné ?

— Oh, rien de spécial, rassurez-vous.

— Content de l'apprendre. C'est déjà assez gênant que ce malheureux se suicide à notre porte…

— Je vous demande pardon ? coupe Webb. Ce serait donc un suicide, à votre avis ?

— Bien sûr. Cela arrive souvent. Un misérable se jette dans le canal. On a repêché de l'écluse une jeune femme le mois dernier seulement.

Webb incline la tête d'un air évasif.

— Si vous ne me croyez pas, inspecteur, demandez à la police locale. On vous le confirmera, je vous le garantis.

Webb s'autorise un sourire.

— Eh bien, vous avez sans doute raison, monsieur. Il est trop tôt pour le dire. Parfait, nous aimerions interroger tous ceux qui étaient présents au moment où le corps a été repéré, ou juste après. C'est-à-dire presque tous les gens qui vivent sous votre toit. En particulier votre fille, puisque c'est elle qui l'a découvert.

Woodrow lève les yeux au ciel.

— Est-ce vraiment indispensable ? Je croyais que le sergent vous aurait mis au courant. Ma fille souffre de somnambulisme, inspecteur. Notre maudite bonne a laissé la porte ouverte et ma fille est sortie. Je ne sais pas ce que vous savez de cette affection, mais elle ne se souviendra de rien.

— Une affection pénible, j'en suis sûr, monsieur. Cependant, j'aimerais lui parler. Ainsi qu'au reste de la maison. J'ai cru comprendre que vous étiez tous là ?

— Nous pensions que Lucinda était perdue. Nous sommes partis à sa recherche, c'est normal.

— Et vous l'avez retrouvée. Un drame a été évité, c'est déjà cela. J'aimerais quand même lui parler, ainsi qu'aux autres ; séparément, si c'est possible.

— Grands dieux, inspecteur, sommes-nous soupçonnés ?

— Je souhaite seulement entendre chacun de vous à tour de rôle. C'est juste pour l'enquête, la chaîne des événements. Je suis sûr que vous comprenez, monsieur.

— Soit, je m'en occupe, inspecteur. C'est très fâcheux, je ne vous le cache pas. Et ma femme qui n'a quasiment pas fermé l'œil de la nuit !

— Je vous remercie. Dites-moi, quel âge a votre fille ?

— Six ans seulement, inspecteur.

— Ah, dans ce cas, je la verrai peut-être avec sa mère.

— C'est vraiment exagéré, inspecteur, peste Woodrow dont l'irritation se perçoit dans chaque syllabe.

— Nous ferons de notre mieux pour être brefs, monsieur. D'après ce que vous avez dit, j'en conclus que vous ne connaissez pas l'homme en question ?

— Comment le pourrais-je ?

— Vous ne l'avez jamais vu ?

Woodrow cille.

— Jamais. Savez-vous de qui il s'agit, inspecteur ?

— Oh, oui ! Mais je vous épargnerai ces détails déplaisants.

CHAPITRE XXIX

— Est-ce vraiment nécessaire ? souffle le sergent Bartleby à l'oreille de Decimus Webb tandis que Susan Jacobs, ayant terminé son récit de la nuit précédente, quitte le salon des Woodrow.

Il baisse les yeux sur son calepin, presque rempli des souvenirs des habitants de la maison à propos du drame sur le canal.

— Après tout, ce qu'ils ont vu ne nous apprend rien que nous ne sachions déjà, n'est-ce pas ?

— J'espérais que la fillette serait plus disposée à parler, explique Webb.

— Si elle ne se rappelle rien, elle ne va pas se mettre à inventer.

— Oui, mais pourquoi est-elle allée là-bas, précisément ? Croyez-vous que ce soit une simple coïncidence si elle a trouvé le corps de Brown ?

— Euh… il y a un lien, bien sûr…

— Chut, sergent. Encore l'Américaine et nous aurons presque terminé. Vos spéculations attendront.

Annabel Krout frappe à la porte, puis entre. Les deux policiers se lèvent ; elle les gratifie d'un sourire quelque peu nerveux.

— Prenez un siège, Miss Krout, je vous en prie, propose Webb en la guidant vers une chaise à la table du salon. Je suis l'inspecteur Webb, et voici le sergent Bartleby. Vous comprenez que nous sommes obligés de vous poser quelques questions ? Vous êtes la cousine de Mrs. Woodrow, de Boston ?

— En effet, acquiesce Annabel en s'asseyant.

— Bien. Je ne vous demanderai pas ce que vous pensez de Londres. La nuit dernière aurait été fort pénible pour n'importe quelle jeune femme.

— Je suis un peu fatiguée, c'est vrai. J'ai mal dormi.

— Navré de l'apprendre, miss. Je ne vous retiendrai pas très longtemps. Susan Jacobs nous a affirmé qu'elle vous avait prévenue la première de l'absence de Lucinda Woodrow. Pouvez-vous nous dire ce qui s'est passé ensuite ?

— Bien sûr. J'ai promis à Jacobs de l'aider à la rechercher. Mais la porte d'entrée était ouverte et j'ai vu que Lucy était sortie.

— Étiez-vous au courant de son affection ?

— Elle était entrée dans ma chambre deux nuits plus tôt, inspecteur. Alors, oui, je savais qu'elle avait ce genre de crises.

— Et qu'avez-vous fait en voyant que la porte était ouverte ?

— Je suis partie à sa recherche, naturellement. Et j'ai dit à Jacobs de réveiller les parents.

— Vous êtes sortie seule ? s'étonne Bartleby. C'était fort imprudent, miss, une jeune personne comme vous.

— Sans doute, consent Annabel. Mais je pensais qu'il n'y avait pas une minute à perdre.

— Et comment l'avez-vous retrouvée ?

— Je l'ai aperçue allant vers le canal.

— Que faisait-elle là-bas ?

Annabel Krout fronce les sourcils.

— Je l'ignore. Cependant, lorsque je l'ai trouvée, elle était debout et montrait du doigt le…

— Le corps, miss ?

— Oui. Mais elle était en transe, inspecteur. Je ne m'explique pas…

Webb sourit d'un air compréhensif.

237

— C'est inutile, miss. Excusez-nous d'en parler, mais avez-vous vu l'homme lorsqu'on l'a sorti de l'eau ?

— Oui, inspecteur. J'ai insisté pour rester, je dois l'admettre. J'aurais dû rentrer, mais je voulais être sûre.

— Être sûre ?

Annabel Krout semble perplexe.

— Ma cousine ne vous a rien dit ?

— Non, miss. Je vous avoue que je suis un peu perdu. Que voulez-vous dire ?

— J'avais déjà vu cet homme, inspecteur. Deux fois. Et… euh… même dans ces circonstances, je l'ai reconnu.

— Deux fois ?

— Une fois devant la maison, et une autre lorsqu'il m'a adressé la parole, dans un café de Regent Street.

Webb est intrigué.

— Le même homme, vous êtes sûre ?

— Je l'aurais reconnu n'importe où.

Jasper Woodrow arpente le petit salon. Sa femme est assise près de la fenêtre qui donne sur le jardin, à l'arrière de Duncan Terrace.

— Qu'est-ce qui le retient encore ? C'est comme si nous étions prisonniers. Quelle impertinence !

— Woodrow, je vous en prie. Je suis sûre que tout cela est très normal. Il a besoin de mener son enquête, n'est-ce pas ?

— Je ne vois pas ce qu'il espère découvrir, peste Woodrow.

— Annabel affirme qu'elle le connaissait. C'est l'homme qui l'a accostée dans Regent Street. Elle croit aussi l'avoir vu rôder devant la maison la semaine dernière.

— On ne peut tout de même pas nous blâmer si elle attire des hommes pareils.

— Woodrow !

— Tudieu, Melissa, est-ce ma faute ?

Mrs. Woodrow se mord la lèvre et tourne son regard vers le jardin et vers le vieil orme à l'extrémité de la propriété familiale.

— Woodrow... dites-moi la vérité. Cet homme n'est pas un de nos créanciers ? Était-ce lui qui envoyait ces horribles lettres ?

Woodrow se retourne d'un coup, va jusqu'à sa femme et s'assied à côté d'elle.

— Seigneur ! Vous ne leur avez pas parlé de nos affaires ?

— Bien sûr que non ! Mais était-ce lui ?

— Non, je vous assure. Vous n'imaginez pas que je puisse...

Mrs. Woodrow esquisse un faible sourire et prend la main de son mari dans les siennes.

— Non, bien sûr que non.

Cinq minutes plus tard, Decimus Webb entre dans le petit salon des Woodrow, accompagné de son sergent et d'Annabel Krout.

— Eh bien, monsieur, je crois que nous en avons terminé pour l'instant. Miss Krout, j'espère que nous n'avons pas abusé de votre patience ?

— Du tout, inspecteur. J'ai été contente de vous aider.

— J'imagine que nous n'entendrons plus parler de cette horrible histoire, inspecteur, dit Woodrow. Ma famille a été assez tourmentée comme ça.

— Oui, euh... c'est que, voyez-vous, monsieur, dit Webb en choisissant ses mots avec soin, il semble que le défunt s'intéressait à votre famille. Il avait apparemment parlé à Miss Krout, ici présente, il y a quelques jours seulement. Nous aimerions savoir ce qui suscitait cet intérêt, cela aiderait notre enquête.

— Je me contrefiche de votre enquête, inspecteur. Je ne veux pas être harcelé dans ma propre maison.

— Woodrow ! le réprimande son épouse, une note d'avertissement dans la voix.

— Enfin, Melissa, c'est un peu trop !

— Désolé de vous avoir causé du dérangement, monsieur. Mais un meurtre est un meurtre. Il exige toute notre attention.

— Un meurtre ? C'est ridicule ! Le bonhomme s'est noyé. Il y a gros à parier qu'il était ivre.

— Non, monsieur. Je dois vous parler franchement, puisque vous soulevez la question. Il a été assassiné ; par quelqu'un qui lui a fracassé la tête contre le mur... de manière délibérée.

Mrs. Woodrow pâlit.

— Des voleurs ?

— Non, madame. C'était, j'en ai peur, quelqu'un qui connaissait la victime. Qui l'a emmené au canal, pour je ne sais quelle raison. Sans doute parce que c'est un endroit tranquille.

— En voilà assez ! grogne Woodrow.

— Ce sera tout, monsieur, en effet, dit Webb. Mille excuses. Nous trouverons notre chemin, pas la peine de nous faire raccompagner. Ah, si, autre chose. J'ai cru comprendre que vous donniez un dîner, hier ?

— Oh, c'était peu de chose, inspecteur, dit Mrs. Woodrow. Juste deux invités.

— Peut-être pourriez-vous malgré tout nous donner leurs noms et adresses, madame. J'aimerais leur toucher deux mots.

— À quoi bon ? demande Woodrow.

— Il se peut qu'ils aient vu le bonhomme devant chez vous ; on ne sait jamais.

— Comme vous voudrez, consent Woodrow. Il s'agit de Mr. Joshua Siddons, Salisbury Square, dans Fleet Street, et de Mr. Richard Langley, 4 Alpha Road, à St John's Wood.

— Tiens ?

— Comme je vous le dis, inspecteur. Un problème ?

— Non. Encore une étrange coïncidence, c'est tout. Il se trouve que nous avons eu récemment affaire à Mr. Siddons. Bartleby, avez-vous noté l'autre nom ?

— Oui.

— Très bien, nous en avons donc terminé. Merci encore de nous avoir accordé un peu de votre temps. Bonne journée.

— Bonne journée, inspecteur, grommelle Woodrow.

Tandis que Webb et Bartleby quittent Duncan Terrace, leur attention est attirée par un cri.

— Inspecteur !

— Ah, Hanson ! fait Webb en rejoignant le policier de la City d'un pas vif. Il semble que nous ayons retrouvé votre Mr. Brown. En bien mauvais état, toutefois.

— J'ai vu. Vous venez sans doute d'interroger les personnes qui ont découvert son corps ? Étrange affaire.

— Vous ne croyez pas si bien dire, Hanson, acquiesce Webb en tirant l'inspecteur par le bras. Faites quelques pas avec nous.

— Que se passe-t-il ?

— Je préfère que certaines personnes ne vous voient pas, inspecteur. Des personnes que nous aurons sans doute besoin de tenir à l'œil.

— J'espérais parler à la famille, inspecteur, dit Hanson, déçu.

Webb secoue la tête.

— Nous en avons déjà tiré le maximum. Bon, je suppose que vous êtes meilleur pour filer un homme que l'agent qui devait surveiller Brown ?

— J'espère bien !

— Dans ce cas, pendant que nous poursuivons l'enquête, j'ai une suggestion à faire.

CHAPITRE XXX

— Pensez-vous qu'Hanson et ses gars sont à la hauteur, inspecteur ? demande le sergent Bartleby tandis que leur berline cahote dans Euston Road en direction de Regent's Park. Si je ne vous connaissais pas mieux, je croirais que vous cherchiez juste à l'occuper.

— Allons, sergent ! C'est normal que l'affaire l'intéresse ; à vrai dire, c'est d'ailleurs la sienne – si tant est que nous poursuivions le même homme, bien sûr.

— Il y a gros à parier. Les filles et Brown : à mon avis, c'est le même assassin. S'il avait quelque chose contre elles, pas étonnant qu'il l'ait tué lui aussi.

— Peut-être cherchait-il juste à faire taire le seul témoin. Quand même, je ne suis pas convaincu par son prétendu fanatisme religieux, sergent, loin de là. La clé, c'est notre Mr. Woodrow ; ça, j'en suis sûr.

— Vous croyez qu'il connaissait Brown ? Il était drôlement nerveux quand vous l'avez interrogé.

Webb se perd dans la contemplation de la gare de Baker Street, devant laquelle passe la berline, avant de répondre.

— C'est aussi mon avis. Il sait quelque chose, mais quoi ? Il faut que vous fouilliez dans son passé, sergent.

— Je m'y attaque dès que j'ai un instant, promet Bartleby.

Webb le fixe d'un œil pénétrant.

— Aujourd'hui, monsieur.

Webb garde le silence. Toutefois, Bartleby ne résiste pas à l'envie d'insister.

— Ne croyez-vous pas que Woodrow est coupable ? Ne pensez-vous pas qu'il a réagi de manière un peu trop hautaine, l'air outragé, comme s'il avait quelque chose à cacher ?

— Beaucoup de gens ont quelque chose à cacher, Bartleby. Mr. Woodrow cache en effet quelque chose, un imbécile s'en rendrait compte. Le tout est de savoir si ce quelque chose est précisément ce que nous avons besoin de découvrir.

— Je ne vous suis pas.

— Par exemple, il connaît peut-être simplement Brown parce qu'il s'est rendu au *Knight* dans le passé. Il y a peu de chance qu'il l'admette en présence de son épouse. Cela ne fait pas de lui un meurtrier ; pas encore.

— J'espère malgré tout qu'Hanson le tiendra à l'œil.

— Moi aussi, sergent, moi aussi. Ah, nous y voilà !

La demeure de Richard Langley, dans St John's Wood, moins imposante qu'un manoir, l'est tout de même plus que celle des Woodrow dans Duncan Terrace. Car, bien qu'au milieu de maisons mitoyennes, elle est située dans un angle, ceinte de murs blanchis à la chaux et nichée parmi des massifs d'arbustes bien taillés. La maison elle-même, temple carré de stuc blanc, de style grec, est d'une grande simplicité si l'on ne tient pas compte de son porche dorique. Les deux policiers descendent de la berline et se dirigent vers la porte d'entrée où Bartleby sonne. Les présentations accomplies, les deux hommes sont conduits par une femme de chambre dont le visage trahit la vive inquiétude que lui procure l'arrivée des hommes de Scotland Yard. Elle les mène néanmoins promptement à la bibliothèque de son maître, où Richard Langley est assis à un bureau parsemé de grandes feuilles couvertes de dessins et de notes hâtivement griffonnées.

— Ah, dit-il en se levant pour accueillir les visiteurs. Inspecteur…

— Webb. Et voici mon sergent, du nom de Bartleby. Désolé de vous déranger, monsieur, mais nous enquêtons sur un drame qui a eu lieu la nuit dernière ; euh, un meurtre, pour être précis.

— Un meurtre ? Seigneur ! Je vous avoue ne pas comprendre.

— Un homme a été retrouvé mort, monsieur. Non loin de la demeure d'une de vos connaissances, Mr. Jasper Woodrow… je crois savoir que vous avez dîné chez lui hier soir ?

— Ô grands dieux ! Comme c'est fâcheux ! Oui, c'est exact, j'ai dîné chez lui. Mais en quoi cela regarde-t-il votre enquête ?

— Vous étiez à Duncan Terrace, monsieur. Avez-vous vu quelque chose de suspect ?

— Je n'ai rien vu, inspecteur. J'ai pris un fiacre à l'aller, et j'en ai trouvé un sur City Road au retour.

— Pas d'étranger aux abords de la maison ? suggère Bartleby.

— Pas dans mon souvenir, sergent. L'homme était-il un étranger ?

— Le mort était grec, monsieur, précise Webb. Un grand costaud, basané.

— Je ne me souviens de personne répondant à cette description.

— Bon, si cela vous revient, contactez Scotland Yard, s'il vous plaît. Puis-je vous demander si vous connaissez bien les Woodrow ?

— Il s'agit surtout d'une relation d'affaires, je vous l'avoue, même si Mrs. Woodrow a eu l'amabilité de m'inviter à dîner.

Langley désigne d'un geste large les croquis étalés sur son bureau.

— J'ai dessiné le nouveau magasin de Mr. Woodrow. J'avais même l'intention d'investir dans son affaire, avant... euh, le récent drame. La malheureuse qui... euh, vous en avez entendu parler, n'est-ce pas ?

— Ah, fait Webb, je vois que vous êtes au courant du drame qui a eu lieu au *Casino* samedi. Encore une de mes enquêtes, hélas. J'ai toutes les chances.

— Cela sera mauvais pour le magasin, inspecteur. J'ai été obligé de me retirer. Cela a affecté mes relations avec Mr. Woodrow. Enfin, j'ai terminé ses plans, c'est déjà ça.

— Si vous me permettez, monsieur, depuis combien de temps connaissez-vous Mr. Woodrow ? demande Webb.

— Quelques mois. Pourquoi ?

— Oh, simple curiosité.

— Pardonnez-moi... ces deux drames, la malheureuse et maintenant ce pauvre homme, y a-t-il un lien entre eux ?

— Pourquoi cette question ?

— C'est une étrange coïncidence, pour le moins, ne trouvez-vous pas ?

— Croyez bien que nous partageons cette opinion.

— C'est atroce. Je n'aimerais pas penser que Mrs. Woodrow ou sa cousine sont en danger.

Webb sourit.

— Ah, je vois. Votre sollicitude à l'égard de Mrs. Woodrow est fort louable, monsieur. Mais soyez tranquille, nous les gardons à l'œil.

— Content de l'apprendre, inspecteur.

— Eh bien, je vous souhaite une bonne journée, Mr. Langley. N'oubliez pas, si quelque chose vous revient au sujet de la soirée d'hier, le moindre fait un tant soit peu inhabituel, faites-le-nous savoir.

— Franchement, je ne vois rien, inspecteur.

— On ne sait jamais.

Dans le petit salon de Duncan Terrace, Annabel Krout est assise devant la cheminée, le regard errant sur la page de *La Fiancée de Lammermoor,* incapable de lire la moindre ligne. Jasper Woodrow paraît sur le seuil, vêtu pour aller au bureau, son manteau sur le bras. Le visage pourpre, il semble exaspéré.

— Un mot, Miss Krout, je vous prie.

— Oui ? fait Annabel en levant la tête.

— J'aimerais que vous soyez plus circonspecte à l'avenir.

— Excusez-moi, je ne comprends pas.

— Vos remarques à propos du noyé, suggérant qu'il avait un rapport avec la famille… je n'en veux pas, Miss Krout. Le tort est fait, certes, mais je vous saurais gré de ne plus rien dire sur le sujet, surtout à Lucinda. Elle est assez perturbée comme ça.

— Je n'ai fait que dire la vérité, monsieur, proteste Annabel.

— Miss Krout, gronde Woodrow, élevant la voix, vous vous imaginez peut-être que des hommes vous poursuivent dans tout Londres, mais je ne veux pas que cet inspecteur prenne de telles chimères pour la réalité. Il a autre chose à faire de son temps, j'en suis sûr, que de pourchasser les fantômes de votre imagination.

— L'homme est mort, monsieur. Je ne l'ai pas imaginé.

— Peu importe, dit Woodrow, d'une voix plus hystérique qu'autoritaire, j'ai dit ce que j'avais à dire.

— Monsieur, je suis en total désaccord…

— Je vous en prie, Miss Krout. Ne me défiez pas, vous y perdriez.

— Pardon ?

— Vous m'avez compris, Miss Krout.

— Ah, sergent, dit Joshua Siddons en faisant entrer les deux policiers dans ses appartements. Je vous en prie, prenez un siège. Et votre collègue est… ?

— Webb. Inspecteur Webb.

— Très honoré, inspecteur. Mais asseyez-vous donc.

Les deux policiers s'exécutent.

— Encore à propos de cette histoire Munday, inspecteur ? Je n'ai hélas pas retrouvé notre registre. Vous allez penser que nous sommes mal organisés, mais je crois qu'il a été perdu en 1854, dans un incendie. La compagnie a été presque ruinée. Nous avons aussi perdu pas mal de stock. Quoi qu'il en soit, je n'ai pas grand-chose à vous dire.

— Non, il s'agit d'une autre affaire, monsieur, rectifie Webb. Il paraît que vous avez dîné avec Mr. Jasper Woodrow, hier soir ?

— Woodrow ? En effet. Mrs. Woodrow m'avait invité. Une femme merveilleuse. Et leur cuisinière, les mots me manquent pour décrire ses talents, inspecteur. Dieu du ciel, j'espère qu'il n'est rien arrivé !

— Pas à la famille. Mais un homme a été retrouvé mort la nuit dernière dans le Regent's Canal, Mr. Siddons, assassiné. On nous a dit qu'il harcelait la cousine de Mr. Woodrow. Nous nous demandions si vous aviez vu quelqu'un agissant de manière suspecte.

— Miss Krout ? La pauvre ! Une jeune femme charmante. J'ai pris un fiacre en sortant, inspecteur. Je ne me souviens pas avoir vu qui que ce soit. C'est une horrible nouvelle, inspecteur.

— C'était un Grec, précise Bartleby. Un grand gaillard, brun.

— Un Grec ? Seigneur ! Non, sergent, je n'ai vu personne. Il faut me pardonner, à mon âge, la vue n'est plus ce qu'elle était, vous savez.

— Êtes-vous un ami de la famille depuis longtemps ? demande Webb.

— Des années. Je connaissais le paternel de Mrs. Woodrow ; un type épatant. Et, bien sûr, Mr. Woodrow a travaillé pour moi ; le saviez-vous ? Il dirigeait notre branche de Manchester avant de se marier.

— Il y a travaillé longtemps ?

— À Manchester ? Quel curieux vous faites, inspecteur ! Pendant une bonne vingtaine d'années. Il a grimpé l'échelle peu à peu ; il a toujours été très déterminé, voyez-vous.

— Diriez-vous qu'il est fiable ?

— C'est pour cela que je l'avais fait venir à Londres. Chef du personnel, avant de se marier et de reprendre l'affaire familiale. Comme je dis toujours, quand l'argent change de main, on a besoin d'un homme de confiance.

— Nous n'avons guère avancé, ose Bartleby lorsque les deux hommes quittent Salisbury Square.

— Oh, je ne dirais pas ça, sergent. Nous en savons au moins un peu plus sur Mr. Woodrow.

Un voile de scepticisme assombrit le visage de Bartleby.

— Vous feriez mieux de vous rendre à Abney Park cet après-midi, sergent, continue Webb. Je veux que le cimetière soit fouillé de fond en comble. Nous avons déjà trop tardé.

— Mais avec tout le reste… proteste Bartleby.

— Hanson surveille Woodrow, coupe Webb, et il n'y a pas grand-chose d'autre à faire aujourd'hui. D'ailleurs, c'est peut-être aussi important, sergent. Cela ne me plaît pas que les mêmes noms reviennent sans cesse. Il y a peut-être un lien entre Abney Park et le reste de l'affaire.

— Lequel, par exemple ?

— Si je le savais, dit Webb, exaspéré, vous n'auriez pas besoin de fouiller le cimetière.

— Je retournerai chaque pierre, monsieur, dit le sergent, impassible.

— Vous vous croyez toujours au théâtre, c'est votre problème, sergent.

CHAPITRE XXXI

L'horloge sonne six heures. Annabel Krout est assise en face de sa cousine dans le petit salon. Pour sa part, Mrs. Woodrow, penchée sur un tambour en bois posé sur ses genoux, s'occupe à la tâche délicate de broder des initiales sur un mouchoir de son mari. Cependant, il lui manque la concentration requise, et malgré le « J.W. » dessiné sur le calque, l'aiguille de Mrs. Woodrow ne semble pas épouser les fioritures du tracé. Pendant ce temps, Annabel, ayant abandonné Walter Scott, dont le livre reste ouvert sur la table basse voisine, s'empare du *Ladies Home Journal* et parcourt d'un œil distrait le courrier des lectrices, consacré surtout à débattre de la meilleure façon de s'occuper d'un aquarium. Cela ne retient toutefois pas son attention bien longtemps, elle se renfonce dans le fauteuil en cuir lie-de-vin et laisse errer son regard à travers la pièce, du lustre à la cheminée. Cependant, les statuettes en porcelaine alignées sur le manteau de celle-ci paraissent lui reprocher le peu d'intérêt qu'elle manifeste pour la sagesse du *Ladies Home Journal*, et elle se replonge donc dans ses pages. Mais elle ne parvient pas à lire longtemps et bientôt elle jette un coup d'œil vers Mrs. Woodrow. Sa cousine semble murée dans un étrange silence, même lorsqu'elle se pique le doigt et grimace de douleur.

— Croyez-vous que Mr. Langley viendra demain ? demande finalement Annabel. Avons-nous encore le loisir de sortir sans nous attirer des critiques ?

Mrs. Woodrow lève la tête de son ouvrage, l'air triste et abandonné.

— Oh, très chère, je l'espère ! Vous avez le droit de vous amuser. Cette regrettable affaire avec la police... que devez-vous penser de nous ?

— Ce n'est pas votre faute, cousine.

— Mais ma chère, dit Mrs. Woodrow, sur le point de protester.

Elle éclate soudain en pleurs, sort un mouchoir de sa manche et s'en tamponne les yeux.

— Melissa, je vous en prie, pas à cause de moi.

— Vous ne savez pas le pire, dit Mrs. Woodrow en étouffant un sanglot. Jervis m'a donné son congé ce matin.

— Oh !

— Je ne le blâme pas. Il a dit qu'il « espérait avoir donné satisfaction, mais qu'il préférait une place plus tranquille ». C'est incroyable, n'est-ce pas ? Je suis sûre que toute la rue ne parle que de nous. Et combien de temps avant que nous ne perdions Mrs. Figgis et Jacobs ?

— Melissa...

Annabel est interrompue par l'apparition de Jacobs sur le seuil, accourue comme pour répondre à l'appel de son nom.

— Je demande pardon à Madame...

Mrs. Woodrow se redresse sur son siège.

— Qu'y a-t-il ?

— C'est Miss Lucy. Elle refuse de manger. Je n'aurais pas dérangé Madame, mais elle n'a rien avalé de la journée.

Mrs. Woodrow soupire.

— Cette enfant me tuera ! gémit-elle.

— C'est sans doute à cause de l'excitation de la matinée, suggère Annabel.

— Nul doute. Mais que vais-je faire d'elle ? Elle est d'une constitution si délicate ! Et j'avoue ne pas être au mieux moi-même.

— Voulez-vous que j'aille lui parler ? propose Annabel.

— Êtes-vous sûre, cousine ? Vous êtes un ange.

— Ce n'est rien, affirme Annabel.

Elle se lève, fait signe à la bonne et la suit hors du petit salon.

— Merci, miss, dit Jacobs dès qu'elle est assurée que sa maîtresse ne peut l'entendre. Pourtant, j'ai fait de mon mieux, Dieu m'en est témoin.

— Je n'en doute pas un instant, répond Annabel. Est-elle malade, croyez-vous ? Ou simplement secouée par ce qui s'est passé ce matin ?

— Têtue comme une mule, oui, si vous voulez bien m'excuser !

Dans la nursery, Annabel trouve Lucinda devant son secrétaire, comme la première fois, plongée dans son alphabet. Son assiette est intacte, sur la petite table basse, à l'autre bout de la pièce, une chaise vide à côté.

— Lucy ? Ça va, mon petit ?

La fillette met un temps fou à répondre.

— Oui, finit-elle par dire sans lever les yeux.

— Tu n'as pas touché à ton dîner.

— Je n'en veux pas.

— Il doit être froid maintenant. Dois-je demander à Jacobs de te le réchauffer ?

— Je n'en veux pas ! s'entête Lucinda.

Annabel se penche au-dessus de la fillette.

— Qu'est-ce qui ne va pas, mon chou ? Tu peux me le dire. C'est à propos de la nuit dernière ?

Lucy secoue la tête, mais ses yeux restent rivés au sol comme pour fuir le regard d'Annabel.

— C'est ça, n'est-ce pas ? insiste l'Américaine en touchant le bras de Lucy d'un geste tendre.

Lucy fait la moue pour manifester son désaccord.

— Qu'est-ce donc, ma chérie ?

— J'ai menti au policier, bredouille Lucy, hésitante.

— Je t'écoute.

— Je l'ai vu.

— Qui ?

— Le grand monsieur. Je l'ai vu des tas de fois.

— Tu veux dire que tu as vu... euh, tu l'as vu dehors ?

— Des tas de fois.

— Pourquoi ne pas l'avoir dit ? s'étonne Annabel.

— Parce qu'il se battait avec...

Lucy hoche la tête et pose un doigt sur ses lèvres. Car, au même instant, des pas retentissent dans l'escalier. Lorsque Annabel se retourne, elle voit Jasper Woodrow entrer dans la pièce. Bien qu'il soit encore à quelques pas, elle sent son haleine chargée d'alcool.

— J'aimerais parler à ma fille, Miss Krout, si cela ne vous dérange pas, dit Woodrow.

On devine de la colère dans sa voix.

— Je vous en prie, concède Annabel, mais elle était justement en train de me dire...

Avant qu'elle ne puisse continuer, elle sent Lucy lui tirailler la jupe, manifestement pour l'en empêcher. La terreur se lit sur le visage de la fillette.

— Je me moque de ce qu'elle allait vous dire, Miss Krout, écartez-vous. Lucinda... lève-toi et viens ici.

Docile, Lucinda obéit.

— Je rentre à peine et ta mère m'apprend que tu n'as pas touché à ton dîner.

La fillette regarde son assiette et acquiesce.

— Pourquoi t'acharnes-tu à nous désobéir ? Tu ne crois pas que ta mère a assez de soucis comme ça ?

L'enfant ne répond pas, mais ses yeux s'emplissent de larmes.

— Monsieur, intervient Annabel, il est injuste de la blâmer. Elle a elle-même traversé une terrible épreuve.

— Miss Krout, je vous en prie, dit Woodrow d'un ton fort peu conciliant. Vous n'avez pas à excuser ma fille. Elle doit apprendre à assumer les conséquences de ses actes. On l'a prévenue maintes et maintes fois. Lucinda, montre ta main.

Sans attendre qu'on le lui répète, Lucinda tend machinalement la main, paume en l'air. Woodrow arrache sa ceinture d'un geste rageur, la double et se penche vers sa fille.

— Je suis navré de te punir, Lucinda. Je suis ton père, ça ne me procure aucun plaisir, je t'assure. Mais tu ne me laisses pas le choix. Tu dois apprendre à obéir à ton père et à ta mère. C'est un devoir.

Sur ce, il abat violemment la ceinture sur la paume de l'enfant. Lucinda grimace de douleur.

— Lucinda, réfléchis bien avant de répondre. Vas-tu terminer ton dîner ? demande Woodrow en désignant l'assiette de bœuf et de pommes de terre.

Grimaçant toujours, Lucy, écarlate, secoue la tête avec colère, les joues baignées de larmes.

— Très bien, gronde Woodrow.

Il cingle de nouveau la petite main d'un violent coup de ceinture. L'enfant hurle.

— Et maintenant, insiste-t-il, tu vas te décider à manger ?

Lucy garde le silence. Annabel s'interpose entre le père et la fille.

— Monsieur ! s'exclame-t-elle, indignée. Pour l'amour de Dieu, ce n'est qu'une enfant !

— Miss Krout, vous n'avez rien à faire ici.

— Je ne supporte pas ce… cette barbarie, monsieur. Il n'y a pas d'autres mots.

— Par tous les diables, Miss Krout, lâche Woodrow en brandissant la ceinture, aussi écarlate que sa fille, si vous ne vous écartez pas, je vous fouette toutes les deux.

Annabel ne bronche pas, du moins en apparence. Mais elle ne peut s'empêcher de fermer les yeux lorsque Woodrow, voyant qu'elle ne bouge pas, abat son bras. Ce n'est qu'au dernier moment, la ceinture sifflant à quelques centimètres du visage de l'Américaine, qu'il se détourne et frappe la table, envoyant valser l'assiette par terre avec un bruit tonitruant.

Woodrow recule d'un pas et contemple les dégâts.

— Très bien, Lucinda, dit-il enfin, tu ne mangeras pas tant que tu ne te seras pas excusée auprès de ta mère.

La fillette se tait. Jasper Woodrow respire à fond et, jetant un regard mauvais vers la cousine de sa femme, sort de la pièce.

Annabel se détend visiblement dès qu'il est parti. Elle saisit doucement la main de Lucy, qui reste stoïquement silencieuse.

— Je vais mettre quelque chose là-dessus pour t'apaiser, déclare Annabel.

Lucy opine de la tête, les joues encore ruisselantes de larmes.

— Je suis désolée que ton papa ait fait ça, assure Annabel.

Silence.

— Mais avant, tu me parlais de l'homme, dehors. Tu disais que tu l'avais vu se battre. Il ne faut pas avoir peur. Il est parti, maintenant. Peux-tu me dire avec qui il se battait ?

Lucy Woodrow secoue la tête avec énergie.

— Fais-moi juste signe si c'est vrai : était-ce avec ton père ? Se battaient-ils tous les deux ?

Lucy Woodrow garde les yeux rivés au sol, la mine sombre. Toutefois, Annabel s'aperçoit avec stupeur qu'elle ne manifeste aucun désaccord.

Et, soudain, elle se met à son tour à avoir peur.

CHAPITRE XXXII

Annabel Krout passe plusieurs minutes à réconforter sa jeune cousine, et, à vrai dire, à recouvrer son calme avant de quitter la nursery. Elle trouve Jacobs dans la cage d'escalier, feignant sans conviction d'épousseter la rampe.

— Pouvez-vous apporter de la glace à Miss Lucy, Jacobs ? prie-t-elle en se demandant si elle doit justifier une telle démarche. C'est pour sa main.

— Certainement, miss.

— Où est votre maître, le savez-vous ?

— Je crois qu'il est dans le bureau, miss.

— Et Mrs. Woodrow est toujours en bas ?

— Oui, miss.

— Parfait. Je vous remercie.

Annabel descend prestement l'escalier, et ne s'arrête pas avant d'avoir atteint le rez-de-chaussée. De fait, elle est essoufflée lorsqu'elle entre dans le petit salon où sa cousine tente toujours en vain de se concentrer sur sa broderie.

— Que se passe-t-il, Annabel ? Ça ne va pas ?

— Si, très bien, Melissa. Puis-je vous parler un instant ?

— Je vous en prie. Croyez-vous que Lucy va enfin manger ? Ah, Woodrow est rentré – l'avez-vous vu ? Il a dit qu'il montait.

— Oui, je l'ai vu, répond Annabel.

256

Elle ferme la porte et vient s'asseoir en face de Melissa.

— Cousine, je…

— Quoi donc, ma chère ? Vous semblez soudain toute pâle.

— Pardonnez-moi, je ne sais comment vous dire cela… Melissa, je crois que je ne peux rester chez vous plus longtemps. Je… euh, je ne me sens plus en sécurité.

— Plus en sécurité ? Oh, Annabel, d'abord Jervis, et maintenant vous ! La matinée a été atroce, je sais, mais c'est terminé. D'ailleurs, où iriez-vous ?

— Cela n'a rien à voir avec ce qui s'est passé ce matin, dit Annabel. Pas tout à fait.

— Que voulez-vous dire, ma chère ?

— Votre mari… euh, je suis navrée, Melissa, mais il a failli me frapper.

— Woodrow ? Impossible !

— Il punissait Lucy parce qu'elle refusait de manger, explique Annabel avec un débit précipité. Il n'a pas voulu m'écouter, il a commencé à lui donner des coups de ceinture. Elle était dans un état affreux, cousine, et je me suis interposée…

— Oh, Annabel, ma chère enfant, coupe Melissa Woodrow avec une pointe de condescendance. Je sais que vous avez bon cœur, mais vous n'auriez pas dû intervenir. J'ignore comment cela se passe à Boston, mais Woodrow doit punir Lucinda s'il le faut : c'est son devoir, avant toute chose. Vous savez qu'il a son caractère. Je n'y peux rien. D'ailleurs, il ne vous a pas vraiment frappée, n'est-ce pas ?

— Non. Mais ce n'est pas tout… je discutais avec Lucy et, euh, elle ne l'a pas dit aussi formellement, mais je suis sûre qu'elle les a vus se battre.

— Qui ?

— Son père et… ce Mr. Brown. Elle est toutefois trop effrayée pour l'avouer. Cependant, elle a dit qu'elle avait menti à la police.

— Se battre ? Qu'insinuez-vous, Annabel ? D'ailleurs, j'étais avec Lucinda toute la matinée ; si elle avait menti, je m'en serais aperçue. Je suis sa mère.

— Je dois aussi vous montrer ça, continue Annabel en prenant son livre, toujours aussi nerveuse.

Elle feuillette les pages jusqu'à ce qu'elle trouve le billet d'entrée du *Holborn Casino*. Mrs. Woodrow lui prend le billet des mains et l'examine d'un air perplexe.

— Je l'ai trouvé samedi dans le bureau, explique Annabel. Je ne savais pas si je devais en parler, mais maintenant, il le faut.

— Prétendez-vous que ceci appartient à Jasper ?

— Je l'ai trouvé, Melissa, je le jure. Il a dû le laisser tomber. Ne comprenez-vous pas ? Il était là-bas lorsque la malheureuse a été assassinée.

— Vous ne suggérez pas qu'il est impliqué dans cette affaire ?

Annabel évite le regard de sa cousine et fixe les yeux au sol.

— Je ne sais pas.

— Oh, vous avez de l'imagination, aucun doute, ma chère, mais c'est aller un peu loin. Vous ai-je bien comprise ? Vous pensez que Jasper est… a quelque chose à voir dans, euh, ce qui s'est passé au *Casino* et avec ce misérable retrouvé dans le canal ?

— Je crois qu'il sait quelque chose, pour le moins. Sinon, pourquoi cet homme nous aurait-il suivies dans Regent Street ?

— Nous en avons déjà discuté, ma chère. C'est une affreuse coïncidence. À moins qu'il n'ait eu un béguin pour vous. Vous devez apprendre à juguler votre imagination.

Annabel secoue la tête.

— Désolée d'avoir à vous le dire, Melissa, mais je ne me sens plus en sécurité chez vous.

— Vous vous oubliez, ma chère. L'homme dont vous parlez est mon mari. Je crois mieux le connaître que vous. Renoncez à ces bêtises – une autre que moi croirait que cette déplorable affaire vous a déréglé l'esprit.

Annabel détourne les yeux.

— Je dois répéter à la police ce que Lucy m'a dit.

— Ne soyez pas ridicule. Laissez-moi aller chercher Woodrow, nous en discuterons tous les trois. Je suis sûre qu'il fournira des explications qui vous feront changer d'avis.

— Non, je suis navrée, cousine. Je préfère aller à l'hôtel. Comment s'appelle celui qui se trouve sur la grande rue, près de la gare ? Vous disiez qu'il était très respectable.

— Oui, le *Midland Grand*. Il est en effet très respectable, mais restez au moins ici cette nuit. Seigneur, votre maman disait que vous étiez têtue, mais je n'aurais jamais cru cela de vous, Annabel. Vous êtes toute retournée. Calmez-vous, réfléchissez, et vous verrez que tout cela est ridicule. Vous n'imaginez quand même pas que Jasper vous ferait du mal ?

— J'espère que non.

— Comment en est-on arrivés là ? C'est incroyable, soupire Mrs. Woodrow dont les traits trahissent un mécontentement croissant. Après tout ce que nous avons fait pour que vous vous sentiez à l'aise.

— Je suis désolée, Melissa. Il vaut mieux que j'aille faire mes valises.

Pour la première fois, Mrs. Woodrow regarde sa jeune cousine d'un œil dur.

— Oui, acquiesce-t-elle, cela vaut peut-être mieux. Les choses sont assez pénibles comme ça. Lorsque vous serez calmée, peut-être comprendrez-vous à quel point vous avez été stupide. Je ferais bien d'avertir Woodrow moi-même – que va-t-il penser ?

— Je suis certaine qu'il sera soulagé d'être débarrassé de moi, rétorque Annabel.

259

Peu après, un fiacre se range devant la maison où Annabel Krout attend avec ses affaires. Sa cousine s'assure que le cocher s'occupe bien de chaque bagage, mais peu de mots sont échangés entre Mrs. Woodrow et sa protégée américaine. Finalement, les valises sont chargées, une demi-douzaine empilée sur le toit, et Annabel Krout monte dans le véhicule qui démarre en direction de Pentonville.

Tandis qu'il vire dans City Road, un homme note le numéro du fiacre sur un calepin, puis fait signe à une autre voiture garée non loin de là, qui suit aussitôt le véhicule de Miss Krout.

L'inspecteur Hanson range son calepin dans la poche de sa veste et reporte son attention sur Duncan Terrace.

Mrs. Woodrow regagne le petit salon où son mari se réchauffe les mains devant le feu.

— Elle est partie ? demande-t-il.

— Oui.

— Je suis navré, Melissa, mais il y a des limites à ce qu'un homme peut supporter dans sa propre maison. Si c'est un échantillon de l'Américaine moyenne, remercions Dieu pour la variété anglaise.

— Woodrow ! le réprimande son épouse.

— J'espère que vous ne pensez pas que j'aurais dû lui demander de rester ? Elle est déterminée à me faire arrêter, nom d'un chien ! Et quelle est cette salade à propos de Lucinda ?

Mrs. Woodrow semble réticente à répondre.

— J'ai besoin d'un cognac bien tassé, déclare Woodrow.

Sa femme opine de la tête tandis qu'il quitte la pièce. Mrs. Woodrow défroisse le bout de papier qu'elle cachait dans sa main et relit les conseils que le *Holborn Casino* formule à l'intention de ses clients ; puis elle froisse de nouveau le billet et le jette dans le feu.

INTERLUDE

Mr. Brown ? Oui, je l'ai vu rôder devant la maison. C'était d'ailleurs assez comique, un grand gaillard comme lui se tapir derrière un buisson. C'est miracle que personne ne l'ait remarqué. Enfin, vous l'avez vu – il faut plus d'une ou deux brindilles pour dissimuler un homme de sa taille, non ? Il m'a reconnu, bien sûr – mais je ne crois pas qu'il savait quel parti en tirer.

Avais-je l'intention de le tuer ?

Évidemment, Miss Krout ! Qui laisserait ces choses-là au hasard ?

Ce ne fut pas si difficile. Je devinais ce qui s'était passé. C'est Mr. Brown qui avait fouillé les chambres pour cacher les indices ; certes, j'étais un peu naïf d'imaginer qu'un proxénète ferait preuve d'intégrité dans de telles circonstances. Je m'estime heureux qu'il n'ait pas fait disparaître les filles. J'aurais été obligé de recommencer à zéro.

Je suis désolé, Miss Krout. Après tout, c'est vous qui m'avez posé ces questions. Si vous ne voulez pas…

Non ? Fort bien. Je soupçonnais où il voulait en venir. C'était une simple question d'argent. De toute façon, je lui dis ce qu'il voulait entendre : j'agissais, mentis-je, pour le compte d'une certaine personne. Je prétendis que je rentrais chez moi par le canal, que nous pourrions parler en chemin. Il hésitait, mais je crois qu'il était curieux d'en savoir plus, où j'habitais, par exemple. Nul doute qu'il me considérait comme une de ses prochaines proies ; cet homme n'était qu'un insupportable coquin. Nous empruntâmes le sentier ; je m'écartai et fis mine de repérer quelque chose dans l'eau. Il n'était pas aussi costaud qu'il en avait l'air. D'ailleurs, mon expérience limitée en la matière indique que la surprise compense largement les muscles. En outre, il ne me croyait pas réellement dangereux, j'en suis sûr. Il ne s'attendait en tout cas pas que je lui fracasse le crâne contre le mur. Si je me souviens bien, il parut réellement surpris. Mais qui ne l'aurait pas été ?

Des remords ? Je ne crois pas. Ce type était un parasite, une sangsue. Comment appeler un homme qui vit de cette manière, sur le dos des débauchés ? Et qui, sans se contenter de ses crimes, y ajoute le chantage ! Le jugement de Dieu attend les fornicateurs et les adultères, Miss Krout, retenez bien cela. C'est une chose terrible de salir le lit conjugal, voyez-vous.

Certainement. Je vous prie de nouveau de m'excuser. Je ne voulais pas faire de sermon ; il est trop tard pour cela. Oui, je m'assurai qu'il était bien mort, puis je le basculai dans le canal ; j'avais l'intention de le cacher, du moins en attendant de préparer ma fuite. Je croyais qu'il coulerait, mais il était trop plein de vent. Et je fus stupide de longer le canal, bien sûr. L'éclusier aurait pu me voir. J'aurais dû remonter aussitôt.

De toute façon, cela ne changeait rien. J'avais atteint mon but.

CHAPITRE XXXIII

Son petit déjeuner terminé, Annabel Krout erre dans sa suite du *Midland Grand Hotel*, une chambre et un salon au deuxième étage de l'immeuble. Les deux pièces sont luxueusement décorées, lambris en chêne, chacune équipée d'une cheminée en marbre bleu-vert. Le salon se reflète dans le grand miroir au cadre doré accroché sur le manteau. Au-dessus des boiseries ornées de fleurons, le papier peint au pochoir aux couleurs extraordinaires, motifs floraux lumineux dans les rouges et les verts profonds, est d'une beauté à couper le souffle. Cependant, une fois seule dans le salon, Annabel ne prête guère attention à la décoration. De fait, rien dans son expression n'indique le moindre ravissement. Par les hautes fenêtres, elle se perd au contraire dans la contemplation des toits enfumés de Bloomsbury et des clochers qui percent la brume au loin, puis abaisse son regard vers la circulation sur Euston Road en contrebas.

Cependant, un léger coup frappé à la porte la tire de sa rêverie.

— Entrez !

Une femme de chambre, en uniforme de l'hôtel, paraît.

— Oui ?

— Un monsieur a envoyé une carte, miss.

— Un monsieur ? Faites voir.

263

La femme de chambre tend à Annabel une carte de visite qui porte le nom de Richard Langley et un petit mot manuscrit la priant de lui accorder le plaisir de sa compagnie.

— Où est-il ? En bas ?

— Au salon, miss.

— Le salon ?

— En bas du grand escalier, ensuite à droite, et c'est de l'autre côté du hall. Vous êtes passée devant en arrivant. Puis-je dire à ce monsieur de vous attendre, miss ?

Annabel réfléchit.

— Oui, dit-elle enfin. Vous pouvez.

Annabel descend le grand escalier qui déroule ses deux élégantes spirales du haut en bas de l'immeuble. Les parties communes de l'hôtel ne sont pas moins somptueuses que les suites et ont, comme la façade, l'aspect d'une cathédrale médiévale, bien que destinées au confort et au bien-être des visiteurs plutôt qu'à la dévotion des fidèles. Une tapisserie d'Axminster se déploie à l'image d'un interminable tapis rouge royal ; les murs de la cage d'escalier sont revêtus de papier rouge profond orné de fleurs de lis ; en outre, chaque fenêtre, couloir et porte est encadré d'une arche gothique, soutenue par des colonnes de marbre vert foncé surmontées de chapiteaux en pierre sculptée, qui, après examen, s'avèrent être des dragons miniatures surveillant d'un œil prudent les invités qui entrent et sortent. Toutefois, ce qui frappe le plus Annabel, ce sont les bruits étouffés de la gare St Pancras, le sifflement des machines à vapeur, les cris des porteurs, le cliquetis des chariots chargés de bagages. Car le *Midland Grand Hotel* se dresse juste en face de la gare, qu'il domine de toute sa hauteur, masquant les arrivées et les départs des trains de la compagnie des chemins de fer des Midlands. Pour certains clients, ce n'est qu'un inconvénient mineur ; pour Annabel, cela lui rappelle son voyage de Liverpool et l'incite à quitter Londres le plus vite possible et à rentrer en Amérique.

Elle trouve le salon sans difficulté, guidée par les cliquetis de la vaisselle et de l'argenterie de l'hôtel qui résonnent dans le couloir du rez-de-chaussée. En réalité, le salon dément son appellation car il est plus vaste que n'importe quelle salle à manger qu'Annabel ait jamais vue, et donc impossible à manquer. De forme incurvée pour épouser la courbe distinctive de l'immeuble, il s'étend sur une trentaine de mètres, et ce n'est qu'avec l'aide du maître d'hôtel qu'elle repère Richard Langley, assis à une table pour deux, près d'une des colonnes de calcaire vert qui ornent le mur intérieur. Tandis qu'elle approche, accompagnée par un serveur, il se lève pour l'accueillir.

— Miss Krout, comme c'est aimable à vous d'accepter de me voir.

Annabel Krout s'assied en face de lui.

— Je vous en prie.

— Désirez-vous quelque chose, miss ? propose le serveur.

— Pas pour l'instant, merci.

Le garçon s'incline et repart, laissant Annabel seule avec le visiteur.

— Je crains que nous ne soyons pas de bons clients, dit Langley en montrant la table vide. Êtes-vous sûre de ne pas vouloir de thé ?

— Non, merci, pas pour moi.

— Non ? fait Langley, nerveux. Eh bien, Miss Krout, comme vous le savez peut-être, j'ai rendu visite à Mrs. Woodrow ce matin. Il semble que vous ayez rompu notre accord.

— Je vous demande pardon ?

— Je pensais que nous devions visiter les cathédrales, dit Langley d'un ton faussement dépité. Puis-je insister ?

— Non, pas aujourd'hui.

— Pardonnez-moi, Miss Krout, dit Langley, rougissant, ma désinvolture n'est pas de mise.

Annabel secoue la tête.

— Ne vous excusez pas. Que vous a dit ma cousine, Mr. Langley ?

— Oh, que vous vous étiez brouillée avec Mr. Woodrow. Et que cette histoire du canal vous avait bouleversée.

— Vous en avez entendu parler ?

— Les policiers sont venus m'interroger. Ils croyaient que j'avais peut-être vu quelque chose, mais, bien sûr, je n'avais rien à leur dire.

— Je n'étais pas si bouleversée que cela, bien que ce fût déplaisant. Je… pardonnez-moi, je ne sais pas si je peux me confier à vous.

— Miss Krout, commence Langley d'une voix hésitante comme s'il rassemblait son courage, je vous avoue que je ne suis pas venu dans le but de vous offrir mes services de guide touristique. Je suis sans doute mal placé, nous nous connaissons si peu, mais je m'inquiétais pour votre bien-être. Vous pouvez avoir confiance, vous avez ma parole.

— Même si cela a un rapport avec Mr. Woodrow ?

— Mr. Woodrow n'est que… une simple relation, rien de plus. Ce n'est en aucun cas un ami. Vous m'honorerez en vous confiant à moi.

— Sincèrement ?

— Vous avez ma parole de gentleman, assure Langley.

— Fort bien, dit-elle. Je crois qu'il a quelque chose à voir avec la mort de cet homme. J'ai même des raisons de penser qu'il était au *Holborn Casino* le soir où la pauvre fille a été assassinée.

Richard Langley hausse les sourcils.

— Vous êtes sûre ?

— Non, monsieur, répond Annabel avec une moue. Je ne suis pas détective. Mais Lucinda l'a vu se bagarrer avec l'homme qu'on a retrouvé dans le canal. Elle l'a presque admis devant moi. Elle n'a rien dit à la police ; je ne sais pourquoi – peur ou fidélité. Son père est un véritable tyran.

— Il a un sale caractère, c'est vrai, acquiesce Langley.

— Je crains que ce ne soit pire. Que dois-je faire ? Alerter la police ?

Langley réfléchit un instant.

— Oui, c'est peut-être ce que vous devriez faire, finit-il par répondre.

Annabel soupire.

— Je ne sais même pas par où commencer. Toute cette histoire est horrible. Et si je me trompais ?

— Permettez-moi, Miss Krout, cela vous aiderait-il si vous m'exposiez les faits ?

— Peut-être.

— Eh bien, commencez par le commencement. Ensuite, s'il le faut, nous irons ensemble à la police.

Annabel réussit à sourire.

— Merci infiniment, monsieur. Vous êtes très aimable.

— Je ferai tout pour vous aider, Miss Krout, je vous assure.

CHAPITRE XXXIV

Il est dix heures passées lorsque deux hommes approchent du pavillon de gardien et des grilles du cimetière de la City de Londres, à Little Ilford. Le cimetière lui-même, géré sans but lucratif par les autorités de la City, est un peu plus vaste qu'Abney Park et bien plus éloigné du centre de la capitale. Néanmoins, à travers les grilles, il ressemble lui aussi à un arboretum bien entretenu, avec ses allées de gravier délimitées par des arbres soigneusement plantés, des rhododendrons et des azalées.

— Nous sommes en retard, s'inquiète le sergent Bartleby en scrutant l'avenue centrale. Nous aurions dû prendre le train d'avant.

— Mon cher sergent, je vous en prie, répond Webb. Je soupçonne fort la compagnie des chemins de fer des Eastern Counties d'être largement plus rapide que n'importe quel véhicule. Patience.

Le sergent ne dit tout d'abord rien, puis déclare :

— Traitez-moi de païen si vous voulez, mais je commence à me lasser des cimetières.

— Ce n'est pas ma faute si vous n'avez rien trouvé à Abney Park, hier, réplique Webb en jetant un regard de reproche à son subordonné.

— Il n'y avait rien à trouver, si je peux me permettre. Sauf peut-être que les fossoyeurs ont un penchant prononcé pour l'alcool.

— Cela ne m'étonne pas. Néanmoins, cette petite excursion est le moins que nous puissions faire, vu le mal qu'Hanson se donne pour nous.

— Vous croyez que ça va nous aider ?

— Hanson a eu une bonne idée, sergent. D'après mon expérience, les funérailles attirent un tas de gens. Voyons qui va assister à celles de Miss Carter et de Miss Finch. Ah, silence, les voilà, si je ne m'abuse.

Webb désigne de la tête la route qui vient de la City. Trois véhicules paraissent au tournant. Le premier est un corbillard en bois et en fer. Toutefois, c'est une voiture de pauvre apparence, la gravure sur les vitres ne ressemble pas à celles qu'on voit ailleurs ; son toit est couronné d'une vilaine tiare en fer forgé, où manquent de nombreuses fleurs. Deux omnibus suivent, mi-corbillard, mi-véhicule funéraire, pour les proches, chacun transportant cinq à six personnes qu'on distingue par les vitres, assises sur d'étroites banquettes inconfortables.

— Je n'ai jamais rien vu de plus misérable, constate Bartleby.

— C'est la paroisse qui paie, sergent, il ne fallait pas s'attendre à mieux. On va sans doute les enterrer dans une fosse commune.

De fait, tandis que les véhicules passent devant les deux policiers, qui ôtent prestement leur chapeau, on s'aperçoit qu'ils transportent sept ou huit cercueils recouverts de draps noirs ; sept ou huit défunts et seulement une douzaine de parents pour pleurer leur départ.

— Ils s'arrêteront à la chapelle, déclare le sergent.

Webb acquiesce, et les deux hommes suivent les trois véhicules vers la chapelle du cimetière. Mais seuls les proches descendent, prestement conduits dans l'église par le pasteur qui les attendait ; les morts restent dans le corbillard. Il est difficile de dire si cette hâte reflète une certaine gêne à la perspective de célébrer des funérailles aussi misérables. Il serait de même injuste d'insinuer que cela coïncide avec le manque de bénéfice engendré par les enterrements collectifs. Cependant, quelle qu'en soit la raison, les vivants sont aussitôt pris en charge tandis que les défunts sont abandonnés à leur sort.

Les portes de la chapelle refermées, quatre hommes en habit de travail, pantalons et vestes maculés d'argile grisâtre, sortent de derrière le bâtiment au moment où les véhicules repartent, chacun sautant sur le marchepied arrière des voitures à l'exemple des receveurs d'omnibus.

— Nous entrons écouter le service ? questionne Bartleby.

— Non, suivons les fossoyeurs. Je parlerai au cocher lorsqu'il s'arrêtera.

Bartleby s'incline et les deux hommes marchent derrière les véhicules pendant cinq bonnes minutes avant d'arriver au fin fond du cimetière, délimité par une rangée de jeunes ifs. Un trou bée, large de deux mètres et long de près de quatre mètres. Là, les fossoyeurs déchargent les cercueils, de tailles et de formes variables, en bois d'orme qui ne semble pas avoir vu le tranchant d'un rabot, et les alignent sur le sol. Leur tâche terminée, un cinquième homme paraît, costume immaculé, allure compassée, un calepin à la main. Les cinq hommes se lancent dans une discussion qui débouche sur le saut du plus grand des employés dans la fosse. Ce dernier lance alors deux épaisses cordes que ses collègues tendent au-dessus du trou, enroulant les bouts autour des chevilles plantées dans la terre afin de confectionner une sorte de hamac avec lequel ils descendront les cercueils.

— Il reste toujours de la place, constate Webb en se dirigeant vers le personnage officiel.

En effet, lorsqu'il jette un coup d'œil dans la fosse, Webb dénombre une demi-douzaine de cercueils, déposés lors d'un enterrement collectif précédent. Il ne peut s'empêcher de se demander depuis combien de jours les cercueils restent ainsi à l'air libre.

— Puis-je vous aider, messieurs ? demande l'homme.

— Scotland Yard, annonce Webb d'un ton aimable.

L'homme manifeste une surprise appropriée.

— Tudieu ! J'espère qu'il n'y a rien qui cloche ?

— Aucunement. Dites-moi, fait Webb en désignant les cercueils du menton, avez-vous la liste des noms ?

— Oui, bien sûr, répond l'homme en montrant son calepin.

— Finch et Carter ?

— Ah ! Oui. Un vrai drame.

— Eh bien, continuez, dit Webb. Ne vous occupez pas de nous.

L'homme acquiesce, puis se dirige d'un pas inquiet vers les cercueils.

— La première boîte, Arthur, crie la voix depuis la fosse.

L'homme opine de la tête et les fossoyeurs glissent le premier cercueil sur les cordes.

— Fidyck, William, dit l'un d'eux en lisant la plaque sur le couvercle.

L'homme vérifie sa liste et dit « envoyez », un peu comme quelqu'un qui met un navire à la mer.

Les cochers des omnibus sont tous deux taciturnes et il faut tout le pouvoir de persuasion de Webb pour leur soutirer de simples faits. Néanmoins, il devient évident, d'après des conversations surprises et la propre liste des cochers, que le départ de Betsy Carter a, au moins, attiré une proche – une femme âgée du nom de Brookes. Par conséquent, les deux policiers décident d'attendre avec les cochers le retour des familles. Ils en profitent pour observer la lente descente de chaque cercueil, écouter les cris divers, « juste la place pour un petit, ici », ou « un peu plus à gauche », « un peu plus à droite », en provenance de la fosse.

Les familles arrivent assez vite de la chapelle. Mais la hâte du pasteur à les conduire vers la fosse produit l'effet inverse de celui escompté, car ils sont obligés d'assister à la descente des deux dernières « boîtes », ce qui semble inspirer une telle anxiété aux fossoyeurs que leur besogne est, sinon bâclée, du moins défaillante, avec des chocs de bois contre bois et des jurons de l'homme resté dans la fosse. Ainsi, ce n'est qu'après la descente de l'ultime cercueil, et le départ des fossoyeurs, que le pasteur prononce ses quelques mots sur le thème de la mortalité. Cependant, tandis qu'il observe la scène, Webb ne peut s'empêcher de trouver que le prêtre, avec son grand manteau, son col remonté sur la nuque, emmitouflé dans sa chaude écharpe, est bien moins calé en la matière que les proches déguenillés, dont l'un au moins semble prêt à rouler dans la fosse.

— Laquelle est Mrs. Brookes ? souffle Webb à l'oreille du cocher le plus proche.

— Celle-là, répond l'homme en désignant une femme d'une soixantaine d'années, solidement charpentée, le teint rougeaud, la tête et les épaules recouvertes d'un châle écossais.

— Où allez-vous ensuite ? Directement à la City ?

— Ouais, p't-être ben.

— Vous ne vous arrêtez pas au pub en cours de route ?

— Si, p't-être ben.

— Et où se trouve le pub le plus proche ?

— C'est le *Bull and Gate*[1], à environ cinq cents mètres d'ici, répond le cocher d'un air méfiant.

Webb sourit, sort un demi-souverain de sa poche et le glisse dans la main de l'homme.

1. *Le Taureau et la porte*. (*N.d.T.*)

— Eh bien, arrêtez-vous au *Bull*, et offrez un verre en l'honneur des défunts. Mais ne vous pressez surtout pas. Vous pourrez garder la monnaie.

L'homme ne semble pas croire en sa chance. De son côté, Webb fait signe à Bartleby de partir.

— Où allons-nous ?

— Au *Bull and Gate*. Apparemment, c'est une charmante petite hôtellerie. Ce n'est pas très loin, mais pressons.

Le *Bull and Gate* s'avère être un honnête pub du style taverne qui occupe une place de choix sur Romford Road. Plus vieux et plus spacieux que les débits de gin qu'on trouve dans le centre de la capitale, il possède de multiples coins et recoins, souvenirs de l'époque où c'était la demeure d'un particulier, quand le propriétaire tenait sa cour dans son propre salon, et quand un simple serveur montait les boissons de la cave, sans qu'on ait besoin d'un comptoir ou d'un bar.

Mais cette époque est révolue depuis longtemps, et le patron actuel a l'habitude de faire des affaires avec le cimetière de la City. Par conséquent, l'arrivée de Webb et de Bartleby, suivie bientôt par celle des familles, ne lui cause pas de consternation visible, pas plus qu'elle ne dérange sa clientèle régulière. S'il est surpris par la générosité singulière d'un certain Jack Bludgen, un cocher qu'il connaît depuis de longues années, il a la délicatesse de ne pas le montrer. Et s'il s'aperçoit que les deux hommes se détachent vivement du groupe afin d'entamer une conversation avec une femme précise, cela ne lui fait ni chaud ni froid.

— Qui vous avez dit que vous êtes ? demande Eliza Brookes, en attaquant son deuxième verre de bière brune, offert par ses nouveaux compagnons.

— Des voyageurs de commerce, s'empresse de répondre Webb. On vient juste d'enterrer un copain. Terrible.

— On en est tous là, renchérit la femme d'un air lugubre. Je suis moi-même veuve.

— C'était un proche aujourd'hui, madame ? s'enquiert Bartleby.

La vieille secoue la tête.

— Je connaissais sa mère. Elle méritait que quelqu'un de respectable la voie partir, la pauvrette.

Bartleby dresse un sourcil en entendant le mot « respectable ».

— Une longue maladie, je parie ? avance Webb.

La vieille jette des regards autour d'elle, puis déclare dans un souffle :

— Assassinée de sang-froid.

Webb réussit à paraître choqué.

— Grands dieux !

— N'est-ce pas ? fait la vieille avec un enthousiasme grandissant. Une horrible chose, mon bon monsieur, c'est rien de le dire. Je lui lavais son linge, figurez-vous.

— Vraiment ?

— Bien sûr, je veux pas dire du mal d'une morte. Mais entre nous, elle avait mal tourné. On a beau les prévenir, y a des jeunes filles qu'écoutent rien. C'est pas pour ça qu'elle a mérité ce qu'elle a eu, la pauvrette.

— J'imagine que la police est intervenue. Un meurtre, pensez !

— Oh, si je peux, j'évite les cognes, monsieur. Ça m'a jamais rien rapporté de bon.

Webb sourit.

— Elle n'avait donc pas de famille ? Triste affaire.

— Non, confirme la vieille en éclusant son verre. Sont tous morts depuis longtemps.

— Tenez, intervient Bartleby en s'emparant du verre vide, laissez-moi vous en chercher un autre.

— Bien aimable à vous, dit la vieille.

— Pas de petit ami non plus ? insiste Webb.

— Vous écoutez pas ? Elle avait mal tourné, que je vous ai dit.

— Naturellement.

— Ah, y avait bien un type sur lequel elle avait des vues... mais c'est foutu, maintenant, de toute façon.

— Vous pouvez me le dire, madame, assure Webb en se tapotant le nez, c'est à un homme d'expérience que vous causez.

— Ben, il avait promis de quitter sa femme. Je lui ai dit : « Betsy, c'est des sornettes. Y disent tous ça. » Mais elle voulait rien savoir.

— C'est criminel, madame, déclare Webb tandis que Bartleby revient avec une chope de brune. Connaissez-vous le nom de cet homme ?

— Elle gardait ça pour elle. Je l'ai vu une ou deux fois. Dites donc, vous êtes un drôle de voyageur de commerce. Moi qui croyais que vous essaieriez de me fourguer je ne sais quoi !

— Ah, vous m'avez deviné, madame. Je m'incline.

— Vous êtes quoi, alors ? demande la vieille, suspicieuse.

— Un cogne, comme vous dites, madame. Mais oublions ça, dit Webb en sirotant sa bière. Nous avons besoin de votre aide. Veuillez nous décrire l'homme qui tenait compagnie à Miss Carter.

Environ une demi-heure plus tard, les deux policiers se retrouvent devant le *Bull and Gate*, à la recherche d'un fiacre.

— Cette femme boit comme un trou, décrète Bartleby en jetant un coup d'œil vers le pub où Mrs. Brookes est toujours confortablement attablée.

— C'est une lavandière, sergent ; ces femmes ont l'habitude de boire ; il lui faut sans doute deux bonnes pintes pour démarrer le matin. Mais elle a encore toute sa tête, que demander de plus ? Attention, il faut prendre soin d'elle ; c'est notre seul témoin.

— Témoin de quoi ? Je veux dire, quelle différence si la jeune Carter avait un soupirant ? Ça ne prouve rien.

— Et si c'était notre Mr. Woodrow, sergent ? La description correspond assez bien. Imaginez que ce soit lui ? L'affaire se présenterait sous un tout autre aspect.

— Alors, quel est votre plan ?

— D'abord, trouver un fiacre et confier Mrs. Brookes à Hanson. Il saura mieux que nous quel parti tirer de son histoire. Et n'oubliez pas que c'est encore son enquête. Je ne veux pas qu'on marche sur ses plates-bandes. Toutefois, je lui conseillerai de la laisser jeter un bon coup d'œil sur notre homme, en douce, et le plus tôt possible.

— Et si elle l'identifie ?

— Dans ce cas, il nous faudra avoir une petite discussion avec Mr. Jasper Woodrow.

CHAPITRE XXXV

Il faut quelque temps à Webb et à Bartleby pour regagner le centre de la capitale, traînant avec eux Mrs. Eliza Brookes, et midi est passé lorsqu'ils atteignent la City. Il leur faut davantage de temps encore pour trouver l'inspecteur Hanson. Toutefois, ils finissent par le localiser, en compagnie de deux détectives de la police de la City, en planque dans High Holborn, surveillant les Entrepôts Woodrow et attendant la sortie de leur propriétaire. Après discussion, ils louent un fiacre pour la journée ; avec Mrs. Brookes à son bord, le véhicule se gare en face des Entrepôts dans l'intention de suivre Jasper Woodrow lorsqu'il quittera les lieux. Si l'aveu de Mrs. Brookes à propos de sa « vue qui n'est plus ce qu'elle était » n'incite pas à se fier à ses facultés d'identification, ses facultés de consommation sont intactes et il lui faut plusieurs bouteilles de bière brune pour tenir tout l'après-midi.

Mrs. Brookes une fois confortablement installée, il n'y a rien à faire avant que Woodrow ne quitte son commerce. Par ailleurs, Webb n'apprend rien d'intéressant de l'inspecteur Hanson s'agissant des allées et venues de Woodrow. Il est informé du soudain départ d'Annabel Krout. Finalement, l'échange d'informations terminé, Webb hèle un deuxième fiacre et gagne Scotland Yard en compagnie du sergent Bartleby. L'inspecteur profite de l'occasion pour fumer sa pipe ; Bartleby,

277

sans doute échaudé lors de trajets précédents, parle peu. Mais lorsque le fiacre s'engage sous la voûte qui mène à Scotland Yard, il ne peut s'empêcher de déclarer :

— Je crois que nous avons un visiteur. Que peut-il vouloir ?

Webb regarde par la vitre et aperçoit Richard Langley qui attend en triturant ses gants près de la porte qui mène au bureau de l'inspecteur.

— Mr. Langley, dit Webb en mettant pied à terre. Quelle bonne surprise ! Un souvenir de la soirée de lundi vous est-il revenu ?

Langley grimace.

— Pas tout à fait, inspecteur. Puis-je vous parler en privé ?

— Naturellement. Venez dans mon bureau, répond Webb en lui montrant le chemin. Vous pardonnerez le désordre.

— Bien entendu. J'espère que je n'ai pas choisi une heure indue.

— Du tout, assure Webb.

Il le conduit dans son bureau, dégage une pile de papiers d'une chaise.

— Asseyez-vous.

Langley s'assied, mais tourne un visage inquiet vers le sergent.

— Tout ce que vous direz peut l'être en présence de Bartleby, Mr. Langley, certifie Webb.

— Fort bien, dit Langley qui respire à fond avant de se lancer. Je viens de la part de Miss Annabel Krout, que, j'ai cru comprendre, vous avez rencontrée hier. Elle m'a demandé de vous faire part de ses inquiétudes concernant une certaine…

— Oui, oui, s'empresse Webb, une note d'impatience dans la voix, parlez librement, monsieur. Je sais qu'elle a quitté la maison des Woodrow et s'est installée dans un hôtel.

278

— Comment diable l'avez-vous appris ? s'étonne Langley.

— Peu importe. Nous avons nos sources. Continuez, je vous prie.

— Eh bien, inspecteur, pour parler franchement, Miss Krout a des raisons de croire que Mr. Woodrow s'est disputé avec l'homme que vous avez retrouvé dans le canal.

— Disputé ?

— Elle croit que sa fille, Lucinda, les a vus se battre, mais elle avait trop peur pour vous l'avouer.

— La gamine ? Elle n'a rien dit du tout, Mr. Langley. Pas un mot. Et cependant elle s'est confiée à Miss Krout ? C'est bien cela ?

— En effet. Miss Krout… euh, a aussi des raisons de croire que Mr. Woodrow était au *Holborn Casino* le soir où sa malheureuse vendeuse a été assassinée.

— Tiens donc ? Et elle vous a chargé de nous le dire de sa part… pourquoi, exactement ? J'aimerais beaucoup lui parler personnellement. Elle doit s'en douter, j'imagine ?

Langley baisse les yeux sur ses gants, maintenant complètement froissés entre ses doigts crispés.

— Elle est bouleversée, inspecteur. Mais, à vrai dire, je l'ai persuadée de me laisser faire l'intermédiaire.

— Poursuivez.

— Je ne sais rien de l'homme du canal, mais je peux témoigner que Mr. Woodrow était au *Casino* le fameux soir. Pour être franc, inspecteur, j'étais moi-même avec lui, du moins au début.

— Vraiment, Mr. Langley ? s'étonne Webb. Mr. Woodrow n'en a rien dit.

Langley glisse un regard nerveux vers l'inspecteur.

— Il faut que je vous l'avoue, Mr. Woodrow m'a parlé le lendemain ; c'était, je crois, après que vous étiez allé dans son magasin. Il m'a demandé de ne rien dire, si on me questionnait, et de ne pas admettre que nous étions au *Casino* ; de penser à sa réputation, à la mienne. Cependant, après ce que j'ai appris de Miss Krout, euh, j'ai eu le sentiment qu'il était de mon devoir de vous prévenir. Je vous saurais gré, toutefois, de ne pas lui répéter ce que je vous ai dit.

— Cela dépend. Que faisiez-vous au *Casino* ?

— C'était une idée de Mr. Woodrow, inspecteur. Il voulait fêter notre future association. Ce n'était pas mon choix, mais je l'ai suivi. C'est une lâcheté de ma part. Je n'apprécie pas ces endroits, je l'avoue. Comme tout homme de principe, d'ailleurs. En réalité, je me suis senti mal après notre arrivée – sans doute le champagne bon marché qu'on sert dans cet établissement – et je suis aussitôt rentré en fiacre.

— Et Mr. Woodrow est resté ?

— Je ne peux l'affirmer avec certitude, mais je crois, oui.

Webb jette un coup d'œil sur les papiers étalés sur son bureau.

— Voyons si j'ai bien compris, Mr. Langley. Je vais aller droit au but, j'espère que vous ne vous formaliserez pas. Miss Krout croit-elle que Jasper Woodrow est un assassin ? Qu'il a, pour une raison ou une autre, tué ces deux personnes ?

— J'en ai peur, inspecteur.

— Et vous, Mr. Langley ? Vous connaissez Woodrow ; qu'en pensez-vous ? Partagez-vous les soupçons de Miss Krout ?

— Je ne suis pas juge, inspecteur. Mais Miss Krout ne délire pas, c'est tout ce que je peux dire. Elle a ses raisons.

— Tout de même, c'est une grave accusation.

Langley plisse le front.

— Je sais seulement que Mr. Woodrow s'emporte souvent. Mais pour le reste, je n'ai pas d'avis. Je n'aurais peut-être pas dû vous dire tout cela ? Croyez-vous qu'il s'agisse de pures spéculations ?

— Oh, certainement pas, monsieur, assure Webb. Vos informations sont précieuses. Vous avez bien fait de venir.

— Dans ce cas, qu'allez-vous faire, inspecteur ? L'arrêter ?

Webb étire ses lèvres en un mince sourire.

— Vu les circonstances, Mr. Langley, c'est fort probable. Mais j'aimerais entendre d'abord Miss Krout. Elle est descendue au *Midland*, je crois ?

— Oui. Je peux vous y conduire – je l'ai prévenue que vous aimeriez peut-être lui parler. J'espère que vous ne m'en voulez pas de me mêler de cette affaire. J'ai cru préférable de vous voir en privé auparavant – pour le *Casino*, voyez-vous. Vous comprenez ?

— Bien sûr, acquiesce Webb.

Cinq heures viennent de sonner lorsque Jasper Woodrow quitte son bureau. Il traverse comme d'habitude le magasin, longe les présentoirs vitrés où sont exposés des rouleaux de basin et de crêpe, et où les jeunes femmes en noir s'inclinent gracieusement sur son passage. Il ne s'attarde pas dans la cage d'escalier, au contraire, ignore le salut du portier et débouche dans la rue éclairée par les becs de gaz. Il coiffe son chapeau, se dirige d'un pas décidé vers le nord et traverse prestement la rue en direction du British Museum. Il marche un peu trop rapidement, dénotant ainsi une nervosité maladive ; quelles que soient ses raisons, il ne ralentit pas l'allure.

Il ne remarque pas le fiacre qui roule derrière lui à une bonne centaine de mètres.

— Inspecteur, dit Annabel Krout en proposant un siège aux policiers d'une main tremblante.

— J'ai cru préférable de vous interroger dans votre chambre, miss, dit Webb. C'est une affaire très délicate.

— C'est naturel, répond Annabel. Mr. Langley vous a mis au courant ? Vous savez pourquoi j'ai déménagé ?

— En effet. Une dispute avec Mr. Woodrow, si je ne m'abuse ?

— Pas seulement, inspecteur. Il m'a menacée physiquement.

— Quand était-ce, miss ? demande Bartleby.

— Hier. C'était à cause de Lucinda... figurez-vous qu'elle l'a vu se battre avec l'homme en question... je suis prête à le jurer.

— Avec Brown ?

— Oui... Excusez-moi, inspecteur, je ne m'exprime pas clairement. Je suis encore bouleversée.

— Peut-être vaudrait-il mieux tout nous raconter depuis le début, miss ?

Annabel respire à fond.

— Oui, vous avez raison. Je... euh, si je ne me trompe pas, inspecteur, que se passera-t-il ?

— Chaque chose en son temps, miss, répond Webb.

Jasper Woodrow suit sa route habituelle à travers les rangées de maisons stuquées de Bloomsbury, puis s'engage dans Myddleton Square et City Road. Mais il bifurque dans Gray's Inn Road, vers King's Cross et Pentonville. C'est néanmoins une diversion insuffisante pour éveiller les soupçons de l'inspecteur Hanson, qui attend le bon moment pour que le fiacre s'arrête assez discrètement afin de ne pas affoler sa proie, et assez près pour qu'Eliza Brookes puisse l'identifier. Mais tandis que Woodrow échange quelques mots avec un vendeur de journaux en bas de Pentonville Hill, il jette un coup d'œil vers le fiacre et s'évanouit soudain, au moment où une foule de voyageurs se déverse sur le trottoir, vomie par la station du métropolitain. Sa disparition est si inattendue qu'Hanson ne réalise pas tout de suite ce qui se passe. Sa proie vient de s'engouffrer dans l'escalier en pierre qui mène au quai souterrain.

En outre, alors que l'inspecteur ordonne au fiacre de s'arrêter, se démène pour descendre au plus vite et s'engager dans la rue grouillante de monde, il est retenu par une poigne ferme.

— C'était lui, déclare Eliza Brookes. J'en donnerais ma tête à couper.

CHAPITRE XXXVI

— Perdu ? Comment avez-vous fait votre compte ?

À l'angle de City Road et de Duncan Terrace, debout dans la pénombre, le sergent Bartleby ne décolère pas. Decimus Webb se tient à côté de lui, et l'inspecteur Hanson, objet de son incrédulité, lui fait face.

— Excusez mon sergent, Hanson. Il est connu pour ce genre d'éclats. Admettez toutefois que cela nous place dans une position inconfortable. Êtes-vous sûr qu'il vous a vus ?

Hanson pousse un soupir défait.

— Hélas, oui. C'est la faute de la vieille, inspecteur, ou du moins de sa mauvaise vue. Ç'a été toute une histoire pour s'approcher afin qu'elle tente de l'identifier. Nous aurions dû attendre demain matin. Ou le lui faire rencontrer.

— Peut-être, concède Webb. J'espérais davantage de prudence. Elle a au moins affirmé l'avoir reconnu. Quand l'avez-vous perdu, exactement ?

— Il y a environ trois quarts d'heure. J'ai laissé Mrs. Brookes au poste de police du coin ; puis je suis venu ici, comme nous l'avions prévu.

— Je vois. Au moment où nous terminions notre entretien avec Miss Krout. La question est de savoir s'il s'est enfui pour de bon. En métro, il n'ira pas loin, après tout.

— J'ai prévenu les stations principales, bien sûr, déclare Hanson.

— C'est déjà quelque chose, dit Bartleby d'un ton amer.

Webb jette un coup d'œil réprobateur à son sergent.

— Vous l'avez sans doute effrayé. Il rentrera peut-être chez lui lorsqu'il se sera calmé.

— Ou nous ne le reverrons jamais, ose Bartleby.

Webb ignore l'insinuation.

— Si nous le retrouvons, nous devrons l'arrêter immédiatement. Qu'en pensez-vous, Hanson ?

— Tout à fait d'accord. Les charges sont toutefois bien minces.

— J'en suis conscient, inspecteur, rétorque Webb. Bartleby, prévenez toutes les divisions – je crois que la Compagnie du district de Londres a un bureau de télégraphe à l'*Angel*. Et pas question de payer ! Hanson, puis-je vous suggérer que nous rendions visite à Mrs. Woodrow ? Il doit y avoir quelqu'un à la maison.

— Entendu, acquiesce Hanson. Après vous.

Webb et Hanson trouvent Mrs. Woodrow chez elle, dans le salon du premier étage. Webb s'offusque de la façon dont le domestique annonce « La police, madame », mais il s'aperçoit que la relation entre Jervis et sa maîtresse est quelque peu tendue. Ainsi, il ignore le léger rictus du valet et dirige toute son attention sur Mrs. Woodrow.

— Pardonnez cette intrusion, madame. Je crois que vous ne connaissez pas mon collègue, l'inspecteur Hanson ?

— Non, je n'ai pas eu ce plaisir, inspecteur. M'apportez-vous des nouvelles ?

— En quelque sorte. À quelle heure votre mari rentre-t-il ?

— Il ne va pas tarder, je suppose.

— Désolé, mais nous avons de fortes raisons de penser qu'il s'est enfui. Sans doute même cherche-t-il à quitter Londres ; je ne peux être affirmatif. Naturellement, il peut aussi rentrer chez lui, mais c'est difficile à croire.

— Vous me surprenez, inspecteur, je l'avoue. Enfui ?

— Je pense qu'il sait que nous voulons l'interroger, madame. Pour parler franchement, nous soupçonnons Mr. Woodrow d'en savoir davantage sur cette affaire du canal – ainsi que sur d'autres – qu'il n'a bien voulu l'admettre. Et nous le soupçonnons de refuser de nous en parler. La dernière fois qu'il a été vu, il prenait le train souterrain à King's Cross, et semblait plutôt pressé.

Mrs. Woodrow s'esclaffe.

— Enfin, inspecteur, c'est forcément une erreur. Juste parce que mon mari décide de prendre un train, vous en déduisez qu'il est un criminel.

— Ce n'est pas tout. Je ne veux pas vous accabler.

— Vous avez pourtant réussi.

— Pardonnez-moi, madame. Ce n'était pas mon intention, je vous assure. Puis-je m'asseoir ?

— Je vous en prie.

— Commençons par régler quelques points, dit Webb en se laissant choir sur la chaise la plus proche. Nous permettez-vous de visiter la maison ?

— Grands dieux, vous allez perquisitionner ?

— J'imagine que vous n'avez rien à cacher, madame ?

— Naturellement, mais…

— Alors l'inspecteur Hanson pourrait avoir une petite conversation avec votre personnel ? Certes, nous avons déjà interrogé vos gens, mais cela aiderait notre enquête.

— Fort bien, si c'est tout. Je sonne Jacobs.

— Inutile, s'empresse Hanson, je trouverai mon chemin.

Et, avant que Mrs. Woodrow ait le temps d'objecter, il quitte la pièce.

— Que se passe-t-il, inspecteur ? implore Mrs. Woodrow. Sommes-nous devenus des suspects ? Ma parole, votre intérêt soudain pour mon mari semble… les mots me manquent… pour le moins malveillant.

— Miss Krout, à qui j'ai parlé il n'y a pas une demi-heure, nous a fait certaines déclarations. Elles jettent sur votre époux une lumière peu flatteuse.

— Annabel ? Inspecteur, ce n'est qu'une jeune fille ! Sa mère m'avait bien dit qu'elle était fantasque. Elle écrit des articles pour des journaux féminins, le saviez-vous ? Il s'agit sans doute d'un malentendu ; ou elle a mal interprété certains propos de Jasper.

— Cependant, vous ne niez pas qu'elle ait quitté votre maison ?

— Elle a eu une prise de bec avec Woodrow hier soir, à propos d'une punition de Lucy. J'ai cru préférable de lui laisser le temps de se calmer.

— Une manœuvre bien onéreuse. N'était-ce pas plutôt votre époux qui avait besoin de se calmer ? On m'a dit qu'il était soupe au lait.

— Qu'insinuez-vous ?

— Rien, madame.

Mrs. Woodrow soupire.

— Je ne pense pas qu'Annabel soit d'une nature malveillante, inspecteur, mais je ne peux que constater que cette dispute a aggravé l'impression qu'elle s'est formée au sujet de mon mari.

— Ce n'est pas tant son impression que celle de votre fille, madame, rectifie Webb.

— Lucinda ? Qu'a-t-elle à voir là-dedans ?

— D'après Miss Krout, votre fille a surpris Mr. Woodrow en train de se quereller avec Mr. Brown.

— Ridicule ! Elle l'aurait dit hier. Vous l'avez interrogée, si vous vous souvenez.

— J'aimerais tout de même lui reparler.

— Elle doit dormir.

— Ah ! Vraiment ? Dites-moi, j'ai cru comprendre que votre mari souffrait de la même condition que votre fille ?

— Qui vous l'a dit ?

— Miss Krout.

— Elle n'avait aucun droit de le faire. Mon mari se maîtrise parfaitement, si c'est ce que vous voulez dire. Il prend un sirop pour dormir, c'est tout.

— Ah, je vois.

Mrs. Woodrow ouvre la bouche, mais avant qu'elle n'ait le temps de parler, la femme de chambre surgit.

— Je vous demande pardon, madame ! s'exclame Jacobs en jetant un coup d'œil par-dessus son épaule, mais cela devient vraiment insupportable.

— Que diable se passe-t-il, Jacobs ? s'enquiert sa maîtresse.

— Le policier, madame. Il fouille dans nos affaires, en bas, il ouvre tous les placards ; maintenant, voilà qu'il est dans l'arrière-cuisine. Mrs. Figgis est à bout, madame. Elle va le frapper, j'en suis sûre.

Mrs. Woodrow se lève et marche jusqu'à la porte, suivie de Webb.

— Que signifie ceci, inspecteur ? Il fouille ma maison... vous m'aviez promis.

— Je ne sais pas ce qui lui a pris, assure Webb.

Il voit Hanson se diriger vers l'escalier.

— Hanson, appelle-t-il, avec un clin d'œil qui échappe à Mrs. Woodrow et à Jacobs, que diable faites-vous ?

— Pardonnez-moi, dit Hanson en s'adressant à la maîtresse de maison, mais est-ce que ceci appartient à votre mari ? Je les ai trouvées dans l'arrière-cuisine.

— Il était dans la buanderie, madame, s'indigne Jacobs.

— Inspecteur, c'est une indiscrétion grossière... se récrie Mrs. Woodrow.

Cependant, son attention se reporte sur ce qu'Hanson lui tend : une paire de manchettes, autrefois d'un blanc immaculé, mais à présent couvertes de taches brunâtres.

— Je suis désolée, je ne comprends pas, dit Mrs. Woodrow, hésitante. Qu'est-ce ?

— Du sang, madame, précise Webb en retournant une des manchettes entre ses mains. Mr. Woodrow ne s'est pas coupé – gravement – au cours de ces deux derniers jours, n'est-ce pas ?

Mrs. Woodrow secoue la tête.

— Sortez tous les deux de chez moi ! s'emporte-t-elle, tremblante de rage.

— L'un de nous doit hélas attendre, madame, dit Webb. Au cas où Mr. Woodrow rentrerait.

Mrs. Woodrow se tourne vers Webb et le regarde droit dans les yeux.

— Il rentrera, inspecteur. Alors, nous irons parler à ma cousine, et nous réglerons ce lamentable malentendu une bonne fois pour toutes.

— Ce n'est pas la faute de Miss Krout, souligne Webb en baissant les yeux sur la manchette qu'il tient toujours à la main.

— Woodrow disait qu'elle était décidée à causer sa perte. Je ne le croyais pas, inspecteur. Jusqu'à ce soir. Comment peut-elle débiter ces mensonges ? Est-elle inconsciente ?

Decimus Webb est sur le point de répondre lorsque son visage s'allonge. Il jette la manchette et se précipite vers la sortie.

— Qu'y a-t-il ? crie Hanson en se lançant à sa poursuite.

— Miss Krout !

Webb ouvre la porte d'entrée à la volée et s'élance dans la rue.

289

Annabel Krout se trouve dans sa chambre du *Midland Grand* ; elle est toujours habillée, bien qu'une chemise de nuit soit étalée devant elle sur le lit. *La Fiancée de Lammermoor*, qu'elle a négligemment emportée, est ouverte sur sa coiffeuse.

On frappe à la porte.

— Entrez ! Qu'est-ce ? Je n'ai pas envoyé chercher...

— Non, vous ne m'avez pas envoyé chercher, Miss Krout, répond Jasper Woodrow en entrant. Et je regrette que nous vous ayons invitée.

CHAPITRE XXXVII

Annabel Krout se lève et fait face à Jasper Woodrow.

— Qu'entendez-vous par là, monsieur ? s'exclame-t-elle.

Woodrow s'avance d'un pas ; il flotte de nouveau autour de lui l'odeur familière du cognac. Annabel recule à son tour d'un pas, se heurtant la cheville contre le pied de la coiffeuse. Woodrow jette son chapeau et ses gants sur le lit.

— Excusez-moi si je n'observe pas les politesses d'usage, dit-il. C'est que, voyez-vous, Miss Krout, le temps me manque.

— Je ne comprends pas et n'en ai d'ailleurs aucune envie. Sortez tout de suite ou je sonne, et je vous fais jeter dehors.

Woodrow regarde par-dessus son épaule le cordon, près de la porte.

— Vous ne le ferez pas, dit-il. Et je ne vois pas pourquoi je ménagerais vos sentiments, Miss Krout. Vous n'avez certainement pas accordé grand prix aux miens ni à ceux de ma famille.

Annabel observe Jasper Woodrow. Ses propos précipités, son teint rougeaud, ses traits figés, tout cela donne l'impression d'une rage mal réprimée.

— Vous êtes ivre !

— Vous confondez l'indignation avec l'intoxication, réfute Woodrow.

Annabel ne répond pas. Woodrow pousse un soupir agacé.

— Allons, inutile de faire une scène. Je suis juste venu vous demander de cesser votre campagne malveillante contre ma famille.

— Vous êtes ivre, répète Annabel.

— Pas étonnant qu'un homme puisse un peu de courage dans la bouteille avant d'affronter… euh, je préfère ne pas dire le mot. Mais, je l'avoue, je ne sais comment qualifier ce que vous avez fait.

— Que suis-je donc censée avoir fait ?

— Vous avez raconté une histoire tordue à la police. Vous avez même peut-être dressé ma propre fille contre moi. N'est-ce pas suffisant pour un seul homme ?

— S'agissant de votre fille, monsieur, vous n'avez pas eu besoin de moi pour la braquer contre vous. Quant au reste, j'ai parlé à la police, c'est exact, mais seulement pour confirmer ce que je savais être la vérité.

— Mensonges ! Suis-je donc venu ici pour me faire encore insulter ? On me poursuit dans la rue, Miss Krout! s'emporte Woodrow d'une voix mal maîtrisée.

Il saisit soudain le bras d'Annabel.

— On me traite comme un vulgaire criminel !

Annabel se tortille sous la poigne d'acier de Woodrow.

— Vous me faites mal ! Je vous en prie, lâchez-moi. Je le dirai à la police, vous pouvez en être sûr.

Woodrow empoigne Annabel par les épaules et la maintient à bout de bras devant lui.

— La police vous a déjà trop entendue, dit-il. Il faudra vous rétracter. Avouer que c'étaient des inventions.

— C'est faux ! proteste Annabel, les larmes aux yeux. Je ne me rétracterai jamais.

— Que je sois pendu, si vous étiez un homme, je vous frapperais, je le jure, vous recevriez la raclée de votre vie.

— Je n'en doute pas une seconde, dit une voix masculine depuis le seuil.

Woodrow tourne la tête. C'est Decimus Webb.

— Mais, vu les circonstances, monsieur, je vous conseille de lâcher tout de suite Miss Krout.

Woodrow regarde le policier, hébété, puis pousse méchamment Annabel sur le lit.

— Vous croyez aux accusations de cette fille ? demande-t-il à Webb d'une voix tremblante d'émotion.

— J'aimerais juste que nous discutions plus à fond. Inutile de rendre les choses plus désagréables qu'elles ne sont.

Woodrow soutient le regard de Webb, puis acquiesce. Mais son assentiment est quelque peu artificiel. Car, tandis qu'il s'approche de la porte, suivant l'invite de l'inspecteur, il dépasse Webb et fonce dans le salon. Decimus Webb, malgré ses mérites, n'a ni la force ni la rapidité d'empêcher Jasper Woodrow de le pousser et de se ruer vers le couloir ; Webb s'effondre contre un fauteuil.

— Ça va, inspecteur ? balbutie Annabel Krout.

— Ne vous inquiétez pas, dit Webb en se relevant. Il vous a fait mal ?

— Non, répond Annabel qui se masse machinalement les bras.

— Tant mieux. Eh bien, restez ici et enfermez-vous jusqu'à mon retour.

Annabel Krout opine de la tête ; Webb s'élance dans le couloir. Il est loin d'avoir un physique d'athlète, et, à vrai dire, il a peu d'espoir de rattraper le fuyard. Néanmoins, il fait de son mieux, et suit le sillage de Woodrow, guidé par les plaintes de clients du *Midland Grand* que l'homme écarte sans ménagement. En arrivant en haut de l'escalier, qui semble descendre en un arc de cercle interminable, Webb entend de grands bruits en bas. Et lorsqu'il atteint enfin le rez-de-chaussée et s'engage dans le couloir qui mène au hall d'entrée, il trouve plusieurs clients rassemblés autour de l'origine du vacarme. Il se fraye un passage et découvre le sergent Bartleby et un agent plaquant Jasper Woodrow au sol. Les protestations de ce dernier retentissent dans le hall, il se débat, tandis que Bartleby le menotte dans le dos.

— C'est lui que vous cherchiez, inspecteur ? demande le sergent. Je me suis dit que vous auriez peut-être besoin d'aide.

Webb acquiesce, sort un mouchoir de la poche de son manteau et s'essuie le front.

— Bien joué, sergent.

— Vous commettez une affreuse erreur, inspecteur, grogne Woodrow, qui s'efforce en vain de se libérer des menottes. Ce n'est qu'une vile conspiration !

— Emmenez-le, sergent, ordonne Webb.

— Inspecteur ! proteste Woodrow.

— Vous aurez le temps de dire ce que vous avez à dire, monsieur, je vous le promets.

CHAPITRE XXXVIII

Decimus Webb est assis à son bureau sur lequel s'étalent divers papiers. Il se penche afin de régler le gaz, mais la lumière ne modifie pas l'aspect lugubre de la pièce. Au même moment, on frappe à la porte et l'inspecteur Hanson entre.

— Ah, Hanson !

— J'ai appris que vous aviez arrêté notre homme au *Midland Grand*, déclare Hanson d'un ton jovial.

— Cet honneur revient à Bartleby, mais, en effet, nous l'avons eu.

— Lui avez-vous parlé ?

— Non, j'ai préféré vous attendre, inspecteur, et le laisser évaluer sa situation. Il a agressé Miss Krout, la jeune Américaine, pour commencer.

— Oui, votre sergent me l'a dit. J'ai d'autres bonnes nouvelles. Nous avons retrouvé le logement de Brown ; un agent de la Division G l'a reconnu lorsque nous avons emporté le cadavre – il l'avait vu quelques jours plus tôt dans une pension de Shoreditch.

— Poursuivez, fait Webb.

— Nous avons trouvé ceci, rangé dans son bagage, répond Hanson en montrant un petit carnet de cuir noir qu'il tend à Webb.

Après examen, le carnet s'avère renfermer une longue liste de noms et d'adresses, avec des sommes

295

d'argent devant chaque nom, plus diverses croix et annotations.

— On dirait un livre de comptes, remarque Webb, pensif, mais à mon avis, les sommes sont trop importantes pour les affaires que traitait Brown ; à moins que je ne sois plus dans le coup.

— Certes, et si vous regardez le nom de Woodrow à la fin, vous verrez la plus grosse somme de toutes.

— Cinq cents livres. Grands dieux !

— Ce doit être du chantage, suggère Hanson. Je soupçonne ces personnes d'avoir été des clients du *Knight*. Les dates et les sommes : des relevés mensuels, c'est évident. Quel meilleur endroit pour se livrer au chantage ?

— Et vous croyez que Woodrow n'a pas supporté ?

— Son nom n'est pas coché. Peut-être a-t-il commencé par les deux filles, et s'est ensuite attaqué à Brown.

— Possible, convient Webb. Toutefois, je peux imaginer une autre hypothèse, si Brown est aussi vénal que ceci le suggère. Et s'il avait simplement fait chanter Woodrow pour les meurtres de Miss Carter et de Miss Finch ?

— Vous pensez que Brown savait, depuis le début, que Woodrow les avait tuées – pour on ne sait quelle raison – et qu'il a tenté d'en tirer parti ?

Webb se lève.

— C'est tout à fait possible. Couvrir le meurtrier de deux femmes, est-ce que ça ne mérite pas cinq cents livres ? De toute façon, Woodrow a assez mijoté. Allons dire un mot à ce misérable.

Hanson acquiesce et les deux inspecteurs descendent l'escalier, puis traversent la cour aux pavés boueux pour gagner le poste de police de Whitehall qui se dresse dans cette partie de Scotland Yard. Le bâtiment lui-même ne paie pas de mine, on ne le remarque que parce qu'il est éclairé par un bec de gaz protégé par un globe de verre bleu, typique de la police métropolitaine. Webb ouvre le chemin, entre et enfile un étroit couloir. Il fait signe à Hanson de le suivre et ouvre la dernière porte.

C'est une petite pièce meublée de quatre chaises et d'un bureau, et gardée par un agent. Sur l'une des chaises est assis Jasper Woodrow.

— Inspecteur ! s'écrie-t-il en reconnaissant Webb. Enfin ! C'est une erreur ridicule.

— Voici l'inspecteur Hanson de la police de la City, dit Webb. Asseyez-vous, je vous prie. L'inspecteur Hanson a consenti à prendre des notes de votre interrogatoire. J'espère que vous n'y voyez pas d'objections ?

Woodrow hésite, mais finit par s'asseoir en face des deux policiers.

— Un interrogatoire ? Écoutez, inspecteur, ce qu'on vous a dit est faux. Miss Krout est déterminée à ruiner ma réputation. Je ne sais absolument pas pourquoi, remarquez. En fait, j'ignore ce qui se passe dans son crâne de Yankee, je vous jure.

— Ce n'est pas aussi simple, dit Webb. De fait, je ne sais par où commencer. Je vais vous expliquer le plus clairement possible. Mardi dernier, deux jeunes femmes ont été assassinées au *Knight's Hotel*, dans le quartier Saint-Paul. Vous en connaissiez au moins une, Betsy Carter.

Woodrow s'apprête à nier, mais Webb l'arrête d'une main.

— Laissez-moi terminer, monsieur. Ensuite, une de vos jeunes vendeuses a été tuée au *Holborn Casino*. Ce n'est pas tout, un certain Vasilis Brown, propriétaire du *Knight*, a été assassiné sur le pas de votre porte. Oserez-vous me dire qu'il s'agit de coïncidences ?

— Bien sûr !

— Miss Krout prétend qu'on vous a vu vous disputer avec Brown.

— C'est ridicule. Elle n'a pas pu voir ça.

— Votre fille l'a vu. Elle l'a dit à Miss Krout.

— Mensonges ! grommelle Woodrow en hochant la tête.

— Nous avons un témoin qui affirmera sous serment que vous étiez ami avec Betsy Carter.

Woodrow évite le regard de l'inspecteur.

— Vraiment ? Et après ?

— Vous ne niez donc pas que vous la connaissiez ?

Woodrow semble réfléchir.

— Non, je la connaissais. Est-ce un crime ?

— Cela dépend. Et cela veut aussi dire que vous connaissiez Vasilis Brown.

— Tout dépend de ce que vous entendez par « connaître », répond Woodrow.

— Vous ne m'avez pas parlé de lui, monsieur. Vous avez nié savoir qui il était.

— Croyez-vous que je me vanterais de fréquenter un tel individu ?

Webb hausse les épaules. Hanson lève son nez de ses notes.

— Où étiez-vous lorsque Betsy Carter a été assassinée ?

— Quand était-ce ?

— Mardi dernier, à quatre heures.

— Mardi dernier ? Il me semble que j'étais sorti me promener. C'est souvent ce que je fais pour m'éclaircir les idées.

— Quelqu'un peut en témoigner ?

— Non, sauf pour dire que j'ai quitté le magasin. Marcher dans les rues me détend.

— Cela me fait l'effet inverse, le plus souvent, déclare Webb, du moins à Londres. En fait, il me semble me souvenir qu'il y avait du brouillard ce jour-là. Quelqu'un vous a-t-il vu vous « promener » ?

— Je ne saurais le dire.

— Êtes-vous allé au *Knight* ce mardi ?

Woodrow ne répond pas tout de suite.

— Non, dit-il enfin.

— Et au *Casino* vendredi soir, lorsque Miss Price y était ?

— Non.

— Richard Langley prétend le contraire.

— Langley ? Ah, c'est pourtant pour le protéger que je taisais notre soirée… oui, nous y sommes tous deux allés.

Webb soupire et porte la main à son front.

— Plus vous changez vos versions, monsieur, plus vous vous enfoncez. Est-ce que vous vous en rendez compte ?

Woodrow ne répond pas.

Hanson sort un foulard en soie de sa poche, le déplie sur la table, dévoilant deux manchettes tachées de sang.

— Vous les reconnaissez ? demande-t-il.

— Jamais vues, assure Woodrow.

— On les a trouvées dans votre buanderie.

— C'est absurde !

— Vous niez qu'elles vous appartiennent ? questionne Hanson.

— Bien sûr que je le nie.

Woodrow marque une pause et une lueur de compréhension éclaire ses yeux.

— Par Dieu, je commence à comprendre. Vous en faites partie !

— Partie de quoi, monsieur ?

— Pas vous aussi, inspecteur ? s'alarme Woodrow en regardant Webb qui se contente de hausser les sourcils.

— C'est une misérable conspiration, vous vous liguez pour me faire passer pour un forcené meurtrier. Je n'ai rien fait de mal, je le jure. Webb, vous me semblez être un homme bien, vous devez me croire.

— Cela m'est fort difficile en ce moment, monsieur.

— Pourquoi avez-vous tué Betsy Carter ? interroge Hanson, ignorant les dénégations de Woodrow.

— Je n'ai tué personne.

— Et Annie Finch ?

— Je ne l'ai même jamais vue. Tout cela est dément.

— Cependant, vous avez vu Betsy Carter ? insiste Hanson avec un regard entendu en direction de Webb. Vous l'avez vue, n'est-ce pas ?

— Vous déformez mes propos.

— Je ne crois pas, dit Hanson. Dites-moi, pourquoi avez-vous drogué son verre ? Pensiez-vous que le laudanum l'empêcherait de se débattre ? Ou n'aviez-vous pas le courage de la tuer pendant qu'elle vous regardait dans les yeux ?

Woodrow réagit à l'insulte en se levant de sa chaise, prêt à empoigner Hanson, mais l'agent l'oblige à se rasseoir en lui posant une main sur l'épaule. Woodrow dévisage le policier avec la même fureur, mais se rassied à contrecœur et repousse la main de l'agent. Toutefois, un pli barre son front.

— Du laudanum ?

— Ne jouez pas les innocents, dit Hanson. Vous savez très bien.

— Dans le cognac, précise Webb en surveillant l'expression de Woodrow.

Il est surpris de voir Jasper éclater de rire, étrange manifestation de soulagement qui illumine un instant son visage.

— Que signifie ? demande Webb.

— C'est une conspiration, répète Woodrow d'une voix presque joyeuse. Pour être franc, inspecteur, j'ai presque douté de moi-même, j'ai cru avoir perdu la raison, mais maintenant tout est clair. Vous dites que le cognac était drogué ?

Webb opine de la tête.

— Alors, je suis innocent. Seigneur, ce n'est qu'un monstrueux complot.

Le visage de Webb se ferme.

— Vous feriez bien de vous expliquer, dit-il.

— J'étais là, inspecteur, je l'avoue, lorsque la malheureuse a été tuée. Tout cela est grotesque, je ne peux l'expliquer. Mais je vous assure que je suis innocent.

— Comment est-ce possible ? s'enquiert Hanson.

— J'ai moi-même bu du cognac, figurez-vous. Je devais dormir pendant l'assassinat.

— Vous plaisantez ? s'exclame Hanson, exaspéré.

Toutefois, Webb le fait taire d'un geste.

— Racontez-nous exactement ce qui s'est passé, dit-il. La vérité, si vous le pouvez.

Woodrow soupire.

— Très bien. Il vaut mieux que ça sorte, après tout. Je suis allé retrouver Betsy ce jour-là, inspecteur. Nous nous voyions régulièrement. C'était une gentille femme.

— Je n'en doute pas, dit Webb.

— Ce fut comme d'habitude – je payai Brown, montai dans sa chambre et… euh, vous imaginez la suite.

— Vous l'avez connue charnellement ? demande Hanson.

— Euh, oui, en effet, admet Webb qui s'autorise un léger sourire sardonique. Quand on paie, ce n'est pas pour rien. Mais ce fut tout, voyez-vous… le cognac. Nous buvons toujours un verre de cognac avant et après notre… euh, flirt. Ensuite…

— Ensuite quoi ? intervient Webb.

— Je me suis réveillé, inspecteur. Elle gisait à côté de moi, le corps encore tiède. Je vis la blessure, bien sûr ; elle était écorchée comme un vulgaire morceau de viande, et le sang… il y en avait partout sur ma chemise. Vous ne pouvez imaginer.

— Je l'ai vue, rétorque Webb.

— Non, non, vous ne comprenez pas. J'ai cru un instant que c'était moi.

— Vraiment ? fait Hanson.

— Je vous en prie. Je souffre de somnambulisme, inspecteur. Je regrette d'avoir transmis cette affection à

301

ma fille. Je marche en dormant… je marchais, du moins, avant que je ne surmonte cette infortune. Je ne marchais pas seulement, d'ailleurs, je m'habillais, je tisonnais le feu, toutes sortes de choses, sans savoir ce que je faisais.

— Ah, je vois où vous voulez en venir, constate Webb.

— Pas moi, grommelle Hanson, amer. Si vous pouviez développer ?

— Vous ne comprenez donc pas ? J'avais peur de l'avoir tuée pendant que je dormais. Il y a des maris qui étranglent leurs femmes dans leur sommeil, ça arrive, n'est-ce pas ? Mais au fond de moi, je savais que je ne l'avais pas tuée. Pour commencer, je n'ai pas de couteau.

— Vous confirmez néanmoins que, craignant le pire, vous vous êtes enfui ? intervient Hanson, sceptique.

— Je ne suis pas un imbécile, inspecteur. Oui, j'ai paniqué, je l'avoue, j'étais terrifié. Mais je n'ignorais pas ce qui se passerait si quelqu'un appelait la police. J'avais son sang sur ma chemise. J'étais dans un bordel. N'importe qui aurait réagi comme moi.

— En sautant par la fenêtre ? demande Webb.

— En s'accrochant au rebord, le saut était facile.

— Qu'avez-vous fait ensuite ?

— J'ai marché… je ne sais pas où. Je me suis perdu dans le brouillard. Vous devez comprendre, inspecteur, je n'étais pas dans mon assiette. J'ai mis deux bonnes heures avant de me résoudre à rentrer chez moi.

— Ah ! Et pourquoi avez-vous échangé les bouteilles de cognac ? interroge Webb.

— Échangé ? Je ne comprends pas. Il n'y en avait qu'une.

Hanson sort un portefeuille de sa poche et en tire un papier plié en quatre qu'il étale sur la table.

— J'imagine que vous n'avez jamais vu ça non plus ? dit-il.

Woodrow ramasse le papier et le lit à haute voix.

— « Il dévoile l'abîme des ténèbres ; il amène à la lumière l'ombre de la mort. »

— Le livre de Job, précise Webb.

— Ah ? Jamais vu, inspecteur.

— Nous l'avons retrouvé près des cadavres.

— Vraiment ? Ne comprenez-vous pas qu'on cherche à faire de moi le bouc émissaire ? Je ne sais quel aliéné a une dent contre moi !

Hanson secoue la tête.

— Ces manchettes sont-elles à vous ? demande Webb en les désignant du menton.

— Impossible, inspecteur. Voyez-vous, j'ai brûlé ma chemise en rentrant.

— Et vous voulez nous faire croire que ce sont là les réactions d'un innocent ? demande Hanson, incrédule.

— Mon collègue a raison, constate Webb, vous ne vous rendez pas service. Si je puis me permettre, comment avez-vous surmonté votre somnambulisme ?

— Par la volonté.

— Rien d'autre ?

— Euh, je prends aussi un médicament efficace.

— Contient-il du laudanum ? s'enquiert Webb.

— Cela se peut. Écoutez, inspecteur, cela n'a aucun rapport.

— Cependant, vous connaissez les propriétés de cette drogue ?

— Bon Dieu ! s'exclame Woodrow en abattant soudain son poing sur la table. Vous ne voyez donc pas ? Pendant que vous me faites mijoter dans cette maudite pièce, un détraqué est en train de se moquer de vous.

Hanson consulte ses notes d'un air las.

— Parlons d'autre chose, propose-t-il. Quand avez-vous vu Mr. Brown pour la dernière fois ?

— Brown ? Attendez, ah oui, c'est lui qui a écrit les lettres à ma femme, il doit faire partie du complot.

— Quelles lettres ? interroge Hanson.

— Pour me faire chanter, inspecteur. Il a envoyé des lettres de menaces à ma femme.

— C'est pour cela que vous l'avez tué ?

— Je vous répète que je n'ai tué personne.

Hanson et Webb ne quittent les lieux que deux heures plus tard, laissant Jasper Woodrow toujours aussi agité. Les deux hommes regagnent le bureau de Webb.

— Je n'ai jamais entendu de tels mensonges, déclare Hanson en sortant.

— Vous ne croyez pas à son histoire ?

— Grands dieux ! Il en a changé une demi-douzaine de fois !

— Il s'accroche à sa dernière version, remarque Webb. L'ennui, Hanson, c'est que même s'il a tué les deux femmes, trop de détails restent inexpliqués. Le cognac, le billet – et pourquoi se serait-il attaqué à Catherine Price, pour commencer ?

— Pour ce qui est du billet, c'est sans doute une plaisanterie perverse. Quant à Catherine Price, elle en savait peut-être trop sur ses habitudes.

— Deux maîtres-chanteurs ? Un peu tiré par les cheveux, non ?

— Il ne s'agit pas forcément de chantage : elle l'a peut-être surpris dans une situation compromettante. Après tout, comment aurait-il imaginé qu'une de ses vendeuses se trouve au *Casino* ? Il en avait déjà tué deux, et avec quelle facilité, une de plus, une de moins… Qui sait ? Peut-être menaçait-elle de le dire à sa femme ? Ou peut-être y avait-il pris goût.

Webb ne semble pas convaincu.

— Mais pourquoi tuer Finch et Carter ?

— Le chantage. Il devine ce que Brown mijote, ça le met en rage, et il se venge sur elles. Brown a cru qu'il pouvait insister, menacer de prévenir la police.

— Quel invraisemblable salmigondis, inspecteur !

Hanson dévisage Webb d'un air incrédule.

304

— Vous ne croyez tout de même pas qu'il est innocent ? Ni qu'il les a tuées pendant son sommeil ?

— Non, j'en doute fort. Mais je trouve cette affaire affreusement compliquée. Trop peu de témoins, trop d'hypothèses. Quelque chose nous échappe.

— Je considère toujours qu'il faut l'inculper, inspecteur. Il le faut. Vous n'êtes pas d'accord ? Je ne veux pas engager des poursuites sans le soutien de Scotland Yard.

— Oui, vous avez raison, consent Webb, songeur.

— Bien sûr, il risque de plaider la démence.

— Je ne crois pas qu'il soit fou. Mais je ne suis pas sûr de…

— De quoi ?

— Oui, inculpez-le. Vous avez raison. L'affaire doit aller au tribunal.

— De toute façon, déclare Hanson, s'il y a un cerveau derrière cette histoire, comme il le prétend, ça se manifestera pendant le procès.

— Espérons-le.

— Mr. Siddons ! s'exclame Melissa Woodrow. Oh, Dieu merci ! Je ne savais vers qui me tourner.

— Que se passe-t-il, ma chère Mrs. Woodrow ? demande Siddons en ôtant son manteau. Je suis venu dès que j'ai pu, bien sûr, mais il est tard, vous savez.

— Woodrow… il a été arrêté. Je crains que la police ne l'inculpe du meurtre de l'homme du canal. Et ce n'est pas tout… non, c'est impossible. Franchement, je suffoque.

— Oh, ma chère amie, c'est affreux ! Calmez-vous. Buvez un peu de cognac.

— Mais…

— Allons, du calme. Dites-moi d'abord tout. N'omettez aucun détail.

— Mr. Siddons, je ne sais quoi faire. Si… si cela doit aller au tribunal… il aura besoin d'un avocat…

— Je m'en occuperai.

Quatrième Partie

CHAPITRE XXXIX

— Vous n'êtes pas de nouveau sur l'affaire Woodrow, monsieur ? demande le sergent Bartleby en pointant sa tête dans le bureau de Decimus Webb. Je croyais que vous l'aviez laissée à Hanson.

L'inspecteur lève la tête vers le sergent et repose les papiers qu'il lisait.

— Ça me contrarie, sergent.

— N'étiez-vous pas au tribunal, hier ?

— J'y ai passé une heure, pendant la récapitulation. Mr. Woodrow semblait laminé.

— Oui, c'est souvent le cas après un petit séjour au trou. Que pensez-vous de ses chances ?

Webb grimace.

— S'il avait plaidé la démence, peut-être aurait-il trouvé une place dans un asile du comté ; sa manie du complot suffisait à le faire passer pour fou.

— Ah, oui, et il n'en démord pas. Dommage pour le reste. Il n'aurait jamais dû admettre s'être battu avec Brown – et au beau milieu du procès, en plus. Je me demande ce que son avocat en a pensé.

— C'était pour épargner à sa fille de venir à la barre, Bartleby, dit Webb en consultant les papiers sur son bureau. Je m'attendais que quelque chose sorte au cours du procès, Bartleby. Quoi, je l'ignore. Mais les choses étant ce qu'elles sont, l'issue est inévitable, si tant est que cela soit possible avec un jury anglais.

309

— Coupable, c'est cela ?

Webb acquiesce.

— J'en toucherai un mot aux huissiers, cet après-midi, ils savent souvent de quel côté le vent souffle.

— Très bien, dit Bartleby, prêt à se retirer.

— Un instant. J'ai autre chose pour vous, dit Webb en prenant une feuille de papier. Une plainte.

— Une plainte ?

— De Mr. Pellegrin, à Abney Park. Il est fort mécontent que nous n'ayons pas retrouvé son cadavre.

— C'est pas ma faute.

— Il a dressé une liste de reproches, notamment que vous et vos hommes avez « piétiné les lieux comme une horde d'éléphants ». Pour faire bonne mesure, il écrira au préfet de police.

— Je n'ai fait qu'obéir à vos ordres, inspecteur.

— Ah, si vous aviez pu trouver quelque chose pour le calmer !

— Il n'y avait rien à trouver. Je vous l'ai déjà dit.

— Non, vous avez sans doute raison.

— À quelle heure disiez-vous que vous alliez au tribunal ? demande Bartleby, changeant de sujet.

Webb sort sa montre de gousset.

— Je devrais y aller maintenant. On ne sait jamais.

Le sergent pousse un soupir de soulagement.

Pour Decimus Webb, le trajet vers Ludgate Hill et le tribunal est d'une grande banalité. Toutefois, la brève conversation qu'il entame avec l'huissier l'avertit que le verdict de l'affaire Woodrow est imminent, vers quatre heures au plus tard. Dans la salle haute de plafond déjà bondée, la tribune réservée au public noire de monde, Webb a la chance de trouver un siège dans le box des journalistes.

Il est en effet environ quatre heures lorsque la machine judiciaire se met en branle. Le silence tombe sur les bancs en bois lorsque les jurés regagnent leur box après avoir délibéré. Entrent ensuite les magistrats, puis le juge, sa robe d'une splendeur majestueuse. Ce dernier est le centre du tribunal, assis sous un invraisemblable dais de bois surmonté des armoiries royales, un lion arrogant couronné et une licorne. Derrière lui, le glaive de la justice est fixé au mur. C'est, bien sûr, une arme purement décorative, sans doute plus esthétique que le véritable instrument de la justice, la corde du bourreau. Jasper Woodrow est le dernier à faire son apparition, conduit au banc des accusés par deux geôliers de la prison de Newgate. Il a les traits tirés, les épaules tombantes, les yeux baissés, une attitude nouvelle façonnée par quelques semaines d'internement.

Le juge, qui répond au nom d'Earnshaw, promène son regard dans la salle ; il y fait chaud et lourd, même en hiver. Cela est dû en partie aux becs de gaz, en partie à la foule qui s'entasse sur les bancs étroits de la tribune et dont l'excitation et l'impatience accroissent la chaleur humaine. Le juge porte les yeux vers le banc des jurés et pose la question rituelle.

— Messieurs les jurés, êtes-vous parvenus à un verdict ?

— Oui, Votre Honneur, répond le président du jury en se levant.

— L'accusé est-il coupable ou non coupable du meurtre d'Elizabeth Carter ?

— Coupable.

— Et de celui d'Annie Finch ?

— Coupable.

— Et de celui de Catherine Margaret Price ?

— Coupable.

(« J'aurais jamais cru qu'ils l'épingleraient pour celui-là », souffle le journaliste assis à côté de Webb.)

— Et de celui de Vasilis Patroclus Ionnidou ?

— Coupable.

Webb examine le visage de Woodrow tandis que le président du jury livre le verdict. Il semble inchangé, immobile, dépourvu de tout ce qui ressemblerait à de l'espoir.

— Fort bien, dit le juge pour faire taire les murmures dans la tribune. Jasper Woodrow, avez-vous quelque chose à ajouter pour votre défense ?

Woodrow lève les yeux, mais le juge n'attend pas de réponse ; car toute réponse, en réalité, serait dérisoire. C'est pourquoi le juge déplie un morceau de tissu noir et le pose sur sa perruque poudrée.

— Jasper Woodrow, vos pairs, un jury aussi sage qu'attentif, vous ont jugé coupable de meurtre, l'un des plus terribles crimes que la nature humaine puisse perpétrer. Non pas une fois, mais quatre, avez-vous privé de vie vos semblables, parmi lesquels trois innocentes femmes qui, bien que de mœurs légères, méritaient au moins notre pitié et notre compassion. Elles ont cependant été victimes de votre nature brutale et perverse. J'ajoute que votre absence totale de remords et votre goût pour le mensonge témoignent d'une profonde dépravation morale. Lorsque vous regagnerez votre cellule, je vous conseille vivement de réfléchir, non seulement au jugement de ce tribunal, mais aussi à celui à venir, et, si vous le pouvez, de vous réconcilier avec Dieu tout-puissant.

« Il faut maintenant que la sentence soit exécutée. Vous serez conduit en prison, et de là, lundi prochain, dans un lieu d'exécution où vous serez pendu par le cou jusqu'à ce que mort s'ensuive. Dieu ait pitié de votre âme.

Des acclamations retentissent dans la tribune. Jasper Woodrow s'effondre sur le banc des accusés, se retient à la barre mais n'oppose aucune résistance lorsque les deux geôliers l'empoignent et l'entraînent hors de la salle.

— Je savais que ça se terminerait comme ça, déclare le voisin de Webb.

Dans le hall de l'Old Bailey[1] où se bousculent les journalistes qui courent écrire leurs articles, divers magistrats et la foule qui redescend de la tribune, en grande discussion sur l'affaire Woodrow, Decimus Webb repère la silhouette tout de noir vêtue de Joshua Siddons aidant Annabel Krout à se faufiler dans la cohue. Le hall est si peuplé qu'il ne parvient à attirer leur attention que lorsqu'ils sont déjà dans la rue.

— Miss Krout !

— Ah, inspecteur, dit-elle en l'apercevant.

— Comment allez-vous, miss ?

— Assez bien, merci. Je devrais être contente que justice soit faite, mais vu les circonstances… euh, je dois penser à ma pauvre cousine.

— Elle n'a pas assisté au procès ?

— Elle ne l'aurait pas supporté, inspecteur. Au moins, grâce à Mr. Siddons ici présent, sommes-nous enfin réconciliées !

— Je n'ai aucun mérite, proteste l'entrepreneur de pompes funèbres, c'est surtout parce que Woodrow a admis s'être disputé avec le Grec. Mon rôle s'est borné à être l'intermédiaire de Mrs. Woodrow. Une bien pénible affaire, je vous le concède. Mais comme je dis toujours, le sang est plus épais que l'eau, n'est-ce pas ?

— De toute façon, dit Annabel, gratifiant Siddons d'un sourire, je suis retournée à Duncan Terrace.

— Oui, j'imagine que Mrs. Woodrow a besoin de sa famille. Comment va la fillette ?

— Je crois qu'elle est trop jeune pour se rendre compte, inspecteur. Heureusement, d'ailleurs. Je ne comprends pas comment on peut infliger de telles épreuves à sa femme et à sa fille. Est-il fou, inspecteur ? Sa version est tellement invraisemblable !

— Il a été reconnu coupable, miss, c'est tout ce qui compte. Il aura de la chance si son appel est retenu.

1. Cour d'assises de Londres. (*N.d.T.*)

313

— Vous pensez donc qu'il sera pendu ? demande Siddons.

Annabel Krout ne peut s'empêcher de grimacer.

— J'en ai l'impression, oui.

Annabel regarde Joshua Siddons d'un air inquiet.

— Comment vais-je l'apprendre à Melissa ?

Le croque-mort prend sa main gantée et l'étreint.

— J'ai confiance en vous, Miss Krout.

Cette dernière est sur le point de répondre lorsqu'elle est troublée par l'arrivée de Richard Langley, qui sort du tribunal d'un pas vif et se dirige vers eux.

— Miss Krout, dit-il, messieurs. Pardonnez-moi, je vous ai aperçue dans la tribune mais je n'étais pas sûr... Comment va Mrs. Woodrow ?

— Pas très bien, monsieur.

— Et vous-même ?

— Euh, Mr. Siddons s'est montré très bon, il a veillé sur nous.

— C'est mon devoir, répond le croque-mort, et mon privilège. J'en suis heureux. Soyez sûre, Miss Krout, que votre cousine et vous-même pouvez compter sur Joshua Siddons ; vous ne manquerez de rien durant cette pénible épreuve.

— Merci, monsieur.

— Inutile de me remercier, très chère. Bien, je dois retourner à Salisbury Court, mais dites à Mrs. Woodrow que tout s'arrangera, j'en suis sûr. Qu'elle attende que la vérité éclate et qu'elle ait confiance.

Langley le dévisage d'un air surpris.

— Vous le croyez toujours innocent ?

— Pas vous ? rétorque le croque-mort.

Langley jette un regard nerveux vers Annabel Krout.

— Non, pas moi.

— Mr. Woodrow ne mérite pas d'avoir un ami tel que vous, dit Annabel à Siddons. Mais je ferais bien de partir, le cocher va m'attendre.

— J'ai une soirée très remplie, dit Siddons. Deux jeunes gens. Des cercueils américains : chêne verni et plaques en argent. Je n'irai pas moi-même à la cérémonie, toutefois. Bien le bonjour. Puis-je vous conduire à votre véhicule, Miss Krout ?

— Je vous remercie, répond Annabel tandis que Siddons lui offre le bras.

Decimus Webb les regarde partir et reste seul avec Richard Langley. Ce dernier hoche la tête.

— Qu'est-ce qui ne va pas ? demande l'inspecteur.

— Désolé, je n'ai pas une haute opinion de Mr. Siddons. Lorsque nous avons dîné chez les Woodrow, euh, disons qu'en l'absence des dames il tenait des propos douteux. Très vulgaires, en réalité. Je ne peux m'empêcher de penser…

— Quoi ?

— Que son intérêt pour Miss Krout est tout sauf honorable.

CHAPITRE XL

De retour à Scotland Yard, Decimus Webb passe le reste de la journée à rédiger un rapport sur l'affaire Woodrow pour le bénéfice du préfet de police. Il écrit toutefois par à-coups, témoin les nombreux pâtés qu'il répand sur la page, et, après avoir terminé son pensum, le relit avec une profonde insatisfaction. Finalement, il le range dans un tiroir, hors de vue, éteint sa lampe et descend au rez-de-chaussée dans la pénombre, percée seulement par la lumière du bec de gaz de la cour qui se déverse par la fenêtre de la cage d'escalier. En chemin, il croise le sergent Bartleby qui bavarde avec deux collègues.

— Vous rentrez chez vous, inspecteur ?

— En effet, sergent.

— Désolé, j'ai oublié de vous en parler plus tôt : il y a un message de l'inspecteur Hanson. Il est navré de vous avoir raté au tribunal, mais il vous appellera demain matin pour comparer vos notes, si cela vous convient.

Webb le remercie d'un air distrait, puis traverse la voûte d'entrée, passe devant le *Clarence* et s'engage dans Whitehall. Comme toujours, il décide de rentrer à pied. Il est dix heures passées et il emprunte son trajet habituel, par la gare de Charing Cross et le Strand, mais son visage reflète une expression songeuse.

C'est une heure calme, les pubs n'ont pas encore dégorgé leur joyeuse clientèle, les amateurs de tragé-

316

dies ou de comédies sont toujours dans les théâtres et les music-halls. Par ailleurs, les travailleurs ont depuis belle lurette regagné leurs foyers. Par conséquent, Webb marche sans rencontrer âme qui vive, hormis un marchand de pommes de terre au four qui s'échauffe la voix pour attirer le chaland. Ce n'est toutefois qu'en atteignant Fetter Lane que ses réflexions le poussent à dévier de son parcours normal pour se diriger vers Fleet Street et enfiler la rue qui mène à Salisbury Square.

À vrai dire, il n'attend pas grand-chose de son expédition ; et s'il avait l'intention de sonner chez Joshua Siddons pour le tirer de son sommeil, il hésite en voyant que toutes les lumières sont éteintes. Cependant, à mesure qu'il approche, toujours incertain, il remarque que la porte est légèrement entrouverte. Et il entend dans la maison le bruit de quelqu'un qui trébuche dans le noir et aperçoit par instants des éclairs de lumière.

Il pousse la porte d'une main prudente, coule un œil à l'intérieur, et reçoit soudain le faisceau d'une lame en pleine figure. Il distingue malgré tout l'uniforme de l'inconnu.

— Qui va là ? demande une voix sévère.

— Baissez cette fichue lampe, mon brave, ordonne Webb avec gravité.

— Mon Dieu ! Désolé, monsieur, s'exclame l'agent. Inspecteur Webb, n'est-ce pas ?

— Comme c'est agréable d'être reconnu, mais vous avez failli m'aveugler. Division E, à ce que je vois.

— Oui, répond l'agent en triturant le *E* de son col d'une main nerveuse, c'est mon secteur. Mais je n'ai pas prévenu Scotland Yard, en tout cas pas encore.

— Peu importe, s'impatiente Webb. Qu'est-ce qui vous amène ici ?

— Euh, j'ai coutume de saluer le vieux monsieur qui vit ici, juste pour veiller sur lui. Le magasin est à lui ; il habite au-dessus.

— Et… ?

— J'ai trouvé la porte ouverte. J'ai cru à un cambriolage, mais à première vue rien n'a été volé.

— Et Mr. Siddons ?

— Vous le connaissez ?

Webb pousse un soupir.

— Que ferais-je ici, sinon ?

— Eh bien, je ne sais pas où il est. Ça ne lui ressemble pas. Je connais Mr. Siddons depuis des années, il a ses habitudes. Il n'abandonne jamais son magasin et laisse encore moins la porte ouverte comme ça.

— Allez donc allumer, que nous puissions fouiller sans risquer de nous briser la nuque.

L'agent E59 obéit et, lorsque la lumière se fait, Webb entre dans le magasin. Toutefois, l'inspection de l'appartement ne lui apprend rien. De même, les deux salles du rez-de-chaussée sont désertes, bien qu'elles contiennent les articles typiques de la profession : draps mortuaires et linceuls, surtout en blanc, noir ou violet, délicatement étalés ; batiste ou soie ; poignées, plaques, décorations, croix, en cuivre, en argent ou en bronze. Tout cela est exposé dans des présentoirs au couvercle en verre. La deuxième salle renferme aussi une rangée d'étagères sur lesquelles sont posés une douzaine de cercueils de formes et de tailles diverses. La pièce imite à dessein un caveau d'église, avec des arches en brique au-dessus des étagères pour souligner ce point.

— Il n'est pas là, constate l'agent.

— Un instant, dit Webb en examinant les étagères. Dites-moi, êtes-vous déjà venu ici ?

— Ça m'est arrivé. Le vieux monsieur m'a fait visiter, pour ainsi dire. Il était fier de son commerce.

— Vous souvenez-vous s'il expose ses cercueils comme ça ? demande l'inspecteur en désignant l'étagère inférieure où deux cercueils en chêne sont posés l'un sur l'autre.

— Difficile à dire… Peut-être manque-t-il de place.

318

— C'est une salle d'exposition, pas de stockage. D'ailleurs, il y a de la place. Tenez, dit Webb en se courbant, aidez-moi à soulever celui-là.

L'agent dévisage Webb d'un air perplexe, mais s'exécute, et les deux hommes hissent le cercueil et le déposent par terre.

— Il pèse une tonne ! s'exclame Webb, haletant.

— Les meilleurs sont garnis de plomb, à ce qu'il m'a dit. Excusez, mais que voyez-vous d'anormal ?

Webb fait signe au policier de se taire, s'accroupit devant l'étagère et soulève le couvercle du cercueil restant afin de jeter un coup d'œil à l'intérieur.

L'agent hoquette de surprise. Car, dans le cercueil, recroquevillé parmi les ruchés en batiste, se trouve le cadavre de Joshua Siddons.

CHAPITRE XLI

— Je croyais que vous étiez rentré chez vous, monsieur, dit le sergent Bartleby en pénétrant dans le magasin des pompes funèbres. Vous ne dormez donc jamais ?

— Je suis content que l'agent vous ait trouvé, sergent. J'aurais dû retourner à Scotland Yard, mais je voulais rester un peu pour réfléchir.

— Je jouais au whist avec le veilleur de nuit.

— Au whist ?

— Un jeu d'adresse plus que de hasard, monsieur.

— Combien avez-vous perdu ?

— Je vous ai apporté les notes que vous réclamiez, dit Bartleby, ignorant la question et remettant plusieurs feuilles de papier à Webb.

Ce dernier les parcourt aussitôt.

— Je le savais ! s'exclame-t-il.

— Vous saviez quoi ?

— Venez, sergent, répond Webb en indiquant l'arrière du magasin. Jetez un coup d'œil là-dessus, dit-il en montrant le cercueil ouvert.

— Siddons !

— Bravo, je m'en étais rendu compte, sergent ! Quoi d'autre ?

Bartleby se penche au-dessus du cadavre ; il est recroquevillé sur le flanc dans une position singulière, les yeux ouverts, la bouche grimaçante.

— On ne peut pas dire qu'il soit serein, remarque-t-il.

— Non. Mais regardez bien ses mains.

Le sergent prend à contrecœur les mains du mort et les examine à la lumière. Les ongles sont cassés et certains presque arrachés ; en outre, deux doigts pendent de travers, apparemment brisés. Il repose aussitôt les mains.

— On l'a enfermé vivant, n'est-ce pas ? dit Bartleby.

— Bien vu, sergent. Il a essayé de se libérer, a échoué et est mort asphyxié. Les cercueils sont tapissés de plomb et hermétiques. Que voyez-vous d'autre ?

Bartleby observe le cercueil.

— Il y a un truc bizarre. Un penny, juste à côté de la main, là.

— Bien. Maintenant, venez, dit Webb en menant Bartleby près du couvercle.

— Voyez le tissu ?

— Il l'a déchiqueté.

— Oui, mais quand il s'est aperçu qu'il ne pourrait soulever le couvercle, il a fait autre chose, dit Webb en retroussant le tissu déchiré. Regardez. Il a atteint le plomb. Il savait qu'il y arriverait.

Bartleby s'accroupit près du couvercle. Sous le tissu, de minuscules rayures entament le métal. Mais elles sont loin d'avoir été gravées au hasard, elles forment une série de chiffres.

~~11201~~

— Gravé en hâte, avec une pièce, explique Webb. Je savais que ça me rappelait quelque chose, ajoute-t-il en brandissant les feuilles de papier.

— Oui ?

— La concession de Jeremy Munday à Abney Park : 11201 B12. « B12 » est la référence de l'allée, mais c'est le numéro. Alors dites-moi, sergent, pourquoi ce type a-t-il passé les dernières minutes de sa vie, à peine conscient, à graver ce chiffre sur sa propre... euh, disons son lieu de repos éternel ?

— Il voulait nous laisser un message. Mais on dirait aussi qu'il l'a barré. A-t-il changé d'avis ?

— Ne soyez pas stupide, sergent. Pourquoi barre-t-on quelque chose ? Pour l'annuler. Qu'est-ce qui annule un enterrement ? C'est vous qui m'avez donné la clé, je l'avoue. Vous disiez qu'on ne pouvait rien trouver à Abney Park. Vous aviez raison. Jeremy Munday n'y a jamais été enterré.

— Où, alors ? demande Bartleby, incertain, essayant de suivre le raisonnement de Webb.

— Relisez les journaux, sergent. Munday était en faillite ; il savait qu'on le jugerait pour escroquerie et Dieu sait quoi d'autre. Lorsque nous nous sommes demandé où était passé son cadavre, c'est une hypothèse que nous avons ignorée. Supposons qu'il avait découvert un moyen radical de résoudre le problème. Supposons qu'il a convaincu la société qu'il s'était suicidé.

— Quoi ?

— Un faux enterrement, avec la complicité de Siddons. Il ne fallait pas grand-chose, un certificat de décès était facile à obtenir à cette époque – d'ailleurs ça l'est toujours. Le coroner se contente d'écouter le témoignage du médecin, soudoyé pour l'occasion, et de la famille. Je me demande si sa femme était dans le coup ou s'il l'a bernée elle aussi. Une sorte de résurrection. Cela expliquerait beaucoup de choses.

— Un peu tiré par les cheveux. Et vous n'avez aucune preuve. Vous croyez donc que Munday est encore en vie ? C'est lui l'assassin ?

— Non, pas lui. Mais, Siddons mort, il n'y a qu'un seul homme à connaître la vérité. Et il n'y a qu'un moyen de s'en assurer. Venez, sergent.

— Où ?

— Oh, sergent ! Où voulez-vous ? À Newgate, bien sûr !

— Newgate ? Je ne sais pas si on sera content de nous recevoir, à cette heure. Et sur un coup de tête.

— Ce n'est pas un coup de tête, sergent. Et je me fiche qu'on tire le geôlier du lit. Je vous expliquerai en route.

La prison de Newgate est encore plus sinistre la nuit. Les murs de granit sans fenêtre lui donnent l'apparence d'un vaste monolithe païen, assez noir pour absorber la lumière d'un millier de becs de gaz, sans parler de la douzaine qui l'entoure. Le pavillon du gardien, où les visiteurs doivent frapper pour être admis, est tout aussi lugubre, semblable à une prison miniature médiévale coincée entre les hauts murs, percée d'une petite porte de moins d'un mètre quarante, surmontée de barreaux aux pointes aiguisées. Bartleby ne s'était pas trompé sur la qualité de l'accueil, car il faut une bonne demi-heure et l'ouverture de plusieurs verrous et serrures avant que les deux policiers soient admis, avec moult grognements et protestations. On finit cependant par les conduire à travers plusieurs petites pièces jusqu'au bloc principal. Des deux côtés, des coursives aux rambardes de fer longent les cellules sur plusieurs étages : c'est le cœur de la prison des hommes. Plus de deux cents détenus, dont la plupart attendent leur jugement, y sont enfermés, mais c'est au bout du bloc, au premier étage, que sont situées les deux cellules des condamnés à mort.

Webb ignore les commentaires de leur guide sur les « heures bizarres de Scotland Yard » et le suit en observant un silence buté. La lanterne du gardien finit par éclairer la cellule de Jasper Woodrow.

— Une visite, annonce le gardien, non à Woodrow, mais à un homme qui monte la garde sur un tabouret en bois.

Ce dernier désigne les barreaux d'un geste magnanime.

— Mr. Woodrow, j'aimerais avoir une petite conversation avec vous, commence Webb.

Le prisonnier, allongé sur le bat-flanc en bois, remue mais ne lève pas les yeux.

— Il ne dort pas, inspecteur, je vous assure, dit le geôlier. Il se tourne et se retourne sans arrêt.

— Vous, dit Webb au gardien, donnez-moi cette lampe et laissez-moi entrer.

— Et comment que je vais retrouver mon chemin ? proteste l'autre.

— Attendez-moi ou tentez votre chance. D'ailleurs, vous connaissez la prison. Ou dois-je vous inculper pour entrave à la justice ?

Le gardien remet sa lampe de mauvaise grâce et ouvre la porte de la cellule. Bartleby et Webb entrés, il la claque derrière eux d'un geste éloquent. Le bruit métallique résonne dans tout le bâtiment, accueilli par les plaintes lointaines des prisonniers dérangés dans leur sommeil.

— Woodrow, levez-vous, ordonne Webb. Il faut que je vous parle.

Le prisonnier en uniforme gris tourne à peine la tête.

— Il faut que vous m'écoutiez, insiste Webb. Votre ami Siddons est mort. Assassiné. Je crois que vous connaissez le coupable.

À ces mots, Woodrow s'assied et se tourne vers ses visiteurs. Il a les traits tirés, les yeux injectés de sang, et son visage semble amaigri.

— Mort ? Et vous croyez que je l'ai tué, bien sûr ?

Webb ignore le sarcasme.

— Non, certainement pas. Mais vous savez qui l'a fait. C'est le même homme qui a ouvert votre tombe, j'imagine.

— Ma tombe ?

— Ne faites pas l'innocent. Même si je suppose que vous l'êtes, d'une certaine manière. Avouez, vous vous appelez Jeremy Sayers Munday, n'est-ce pas ?

CHAPITRE XLII

— Qui ?

— Trop tard pour ce petit jeu, dit Webb en agitant son doigt devant le visage de Woodrow. Bien trop tard. J'ai mes sources. Je suis sûr de trouver quelqu'un pour vous identifier, même aujourd'hui. Les candidats vont se bousculer à ma porte. Vous ne pouvez avoir changé à ce point. C'est un miracle qu'on ne vous ait pas reconnu au tribunal.

— Mon Dieu ! soupire Woodrow d'une voix tremblante. Tout ça pour rien !

— Vous n'avez rien dit à votre procès, était-ce pour épargner votre épouse ? Vous espériez peut-être être innocenté, malgré les faits ? Vous saviez forcément que vous étiez au centre de toute l'affaire. Si quelqu'un s'acharnait contre vous, s'il était prêt à tout pour vous détruire, c'était à Jeremy Munday qu'il en voulait.

— Je n'en étais pas sûr, admet Woodrow, accablé. À un moment, j'ai cru que c'était Siddons qui jouait avec moi, même si je ne comprenais pas pourquoi. J'ai failli devenir fou, je vous jure. Vous me croyez, inspecteur, vous me croyez, n'est-ce pas ? Je ne les ai pas tués, je n'ai tué personne.

Bartleby lance un regard éloquent à Webb mais ce dernier l'ignore.

— Dites-moi toute la vérité ! C'est la seule chose qui peut encore vous sauver. Ne souhaitez-vous donc pas revoir votre femme et votre fille ?

— Je suis perdu, de toute façon.

— Une escroquerie vieille de vingt-cinq ans ne conduit pas à la potence, Mr. Woodrow. Ou devrais-je vous appeler Mr. Munday ?

— Je m'appelle Woodrow. C'est le nom de jeune fille de ma mère. Munday est mort.

— Mort ? D'une certaine manière, oui. Mais vous ne pouvez souhaiter mourir vraiment, étranglé, entendre votre nuque se briser, pour des crimes que vous n'avez pas commis !

Woodrow lève les yeux et secoue la tête.

— Alors, dites-moi tout, depuis le début, insiste Webb.

— C'est de l'histoire ancienne. C'était dans une autre vie.

— Non, c'est la même. Allez, parlez !

Woodrow soupire.

— C'était mon idée, inspecteur, je l'avoue. J'avais décidé de mettre en scène ma mort après la faillite. L'église avait été victime de son propre succès. Vous connaissez l'histoire, je présume.

— Assez bien, oui. Vous vous débarrassiez des corps un peu trop vite ?

— Mon Dieu, pas moi ! J'avais des hommes qui travaillaient pour mon compte. Et des tas d'autres l'avaient fait avant moi.

— Mais pas sur une si grande échelle ?

— Non. On a retrouvé les cadavres dans le marais d'Hackney. Ce fut très désagréable pour tout le monde.

— Surtout pour les défunts et leurs parents, intervient Bartleby.

— Ne faites pas attention à mon sergent, poursuivez.

— Je savais qu'un procès allait s'ouvrir ; je serais inculpé, responsable. Je ne pouvais l'affronter. Je ne pouvais aller en prison – quelle ironie, alors que j'y suis maintenant, n'est-ce pas ? Siddons n'a pas été difficile à persuader – j'ai réuni tout l'argent que j'ai pu et je l'ai soudoyé. Il a tout arrangé.

— Et votre épouse ?

— Liza ? Oui, j'ai encore des remords à cause d'elle.

— Elle connaissait votre plan, n'est-ce pas ?

— Non. Siddons a trouvé une excuse ; il lui a dit que ça la bouleverserait trop de voir le cadavre, ou quelque chose dans ce genre. C'était une brave femme. Mon seul regret est que…

— Que quoi ?

— Je m'étais juré de revenir auprès d'elle.

— Ah ! Et vous ne l'avez pas fait ?

— Non, avoue Woodrow, tête basse.

— Vous avez abandonné votre propre épouse ? s'exclame Bartleby.

— Je voulais attendre d'avoir recouvré mon honneur, relancé mes affaires, mais le moment opportun ne s'est jamais présenté. Les mois ont défilé si vite… les années.

— Cessez de vous apitoyer sur vous-même, Mr. Woodrow, dit Webb.

— Siddons m'a donné un poste à Manchester. Assez loin pour que personne ne me reconnaisse. J'ai bien travaillé pour lui. J'ai monté son entreprise là-bas.

— Avant de revenir à Londres.

— Vingt ans avaient passé, inspecteur. Comme je l'ai dit, c'était une autre vie. Cela semblait sûr, les principaux investisseurs dans la chapelle étaient morts depuis longtemps. Et je venais de rencontrer Melissa.

— Vous êtes donc revenu à Londres par amour, susurre Bartleby avec un profond cynisme.

— Exactement, sergent, confirme Woodrow avec le plus grand sérieux.

— Et vous avez bien réussi, dit Webb. Là encore, nouvelle affaire, nouveau départ.

— Le père de Melissa est mort. Il y avait un arrangement. Ce n'était pas entièrement de mon fait.

— Que voulez-vous dire ?

Woodrow soupire.

— Nous savions qu'il était en mauvaise santé. Siddons a négocié ; il l'a persuadé que j'étais un bon parti pour sa fille. Que je pourrais reprendre son affaire après sa mort.

— Dans quel but ? interroge Webb. Qu'est-ce que Mr. Siddons avait à y gagner ?

— Je lui cédais une part des profits.

— Charmant !

— Ce n'était que de l'argent. Mais j'ai toujours aimé Melissa, vous devez me croire.

— Et Betsy Carter ?

— Les appétits de la chair, c'est différent. Vous connaissez la vie, inspecteur, j'en suis sûr. Vous devez voir ça tous les jours dans votre métier.

— Les prostituées et leurs clients ? Naturellement. Mais ce sont celles qui meurent qui m'intéressent, dit Webb d'un ton maussade.

— Je ne l'ai pas tuée, jure Woodrow.

— Jusqu'à quel point avez-vous dit la vérité au tribunal ?

— Tout ce que j'ai dit était vrai, inspecteur. Tout, jusqu'au moindre détail.

— Vous vous êtes battu avec Brown ?

Woodrow hésite.

— Non.

— Il recommence ! s'écrie Bartleby. Vous n'allez pas l'écouter, j'espère ?

— Taisez-vous, sergent... Vous prétendez que non, cependant votre fille vous a vu.

— Miss Krout l'en a persuadée. Peut-être a-t-elle vu quelqu'un... mais ce n'était pas moi.

— Et vous avez menti...

328

— … pour la protéger. Je ne voulais pas qu'elle témoigne au tribunal. Je ne voulais pas qu'elle garde de moi le souvenir d'un père sur le banc des accusés.

— Comme c'est noble, persifle Bartleby.

— Sergent, vous ne nous aidez pas, gronde Webb. Supposons que vous ayez raison, Mr. Woodrow. Disons qu'il s'agit d'un complot contre vous. Qu'un individu malfaisant est derrière tout cela – le même qui a ouvert votre tombe, qui a tué Miss Carter et Miss Finch, Miss Price également, puis Mr. Brown – uniquement dans le but de vous compromettre… une machination calculée pour vous faire pendre. Il aurait pu vous dénoncer… mais non, il fallait que vous souffriez. Et, bien sûr, reste Mr. Siddons pour faire bonne mesure. Qui cela pourrait-il être ?

Woodrow serre le bord du bat-flanc.

— Ça me travaille depuis des semaines, vous pouvez me croire.

— Si vous voulez mon avis, inspecteur, murmure Bartleby, il vous mène en bateau.

Webb fronce les sourcils.

— Un instant, Mr. Woodrow. Vous dites que vous n'avez pas revu votre épouse. Cependant, vous l'avez retrouvée à la fin, n'est-ce pas ? Juste avant sa mort, vous lui avez rendu visite à l'hospice ?

Woodrow secoue la tête.

— L'hospice ? Grands dieux ! Je ne pensais pas qu'elle aurait autant souffert. Quand est-elle morte ?

— Comment cela ? Vous prétendez ne pas le savoir ? Elle est morte l'année dernière à l'infirmerie de St Luke.

— Seigneur ! Non, je n'ai jamais… pu me résoudre à la rechercher. À quoi bon ?

Webb paraît surpris.

— Un homme se faisant passer pour le notaire de la famille lui a rendu visite juste avant sa mort.

— Ce n'était pas moi, affirme Woodrow, surprenant la mine incrédule de Bartleby. Pourquoi diable mentirais-je maintenant ?

— Avait-elle de la famille ?

— Bien sûr. Deux oncles, et un cousin... ils ne l'auraient jamais abandonnée. Je croyais qu'ils l'aideraient – c'est du moins ce que je me disais pour me rassurer. Ils ne l'auraient pas laissée aller dans un hospice, à moins...

— ... qu'ils l'aient reniée ? suggère Bartleby.

— Elle n'avait pas de frère, de sœur ? Et vous n'aviez pas d'enfants ?

— Aucun, inspecteur.

— Alors, qui s'intéressait à ce point à elle pour prendre la peine de la rechercher, Woodrow ? Ou vous rechercher vous ? Pourquoi se présenter sous un faux nom ? Pourquoi cet intérêt soudain pour Jeremy Munday ? Pourquoi maintenant ?

Woodrow dévisage Webb d'un air hagard.

— Cela fait vingt-cinq ans, inspecteur. Je n'en ai aucune idée.

— Faites-nous sortir, ordonne soudain Webb au geôlier.

— Pressé, monsieur ? demande l'homme en se levant avec lenteur.

— Qu'y a-t-il ? s'étonne Woodrow, perplexe.

Bartleby a l'air autant surpris.

— J'ai une autre piste, déclare Webb. Et espérons que je me trompe ; sinon, je ne sais absolument pas ce que notre homme s'apprête à faire. Gardien ! Qu'attendez-vous ? Faites-nous sortir ! Sergent, allez chercher un fiacre. Nous devons en finir cette nuit. Vous n'imaginez pas les conséquences si nous échouons.

— Pour l'amour du ciel, inspecteur, que se passe-t-il ? s'écrie Woodrow.

— Plus tard, dit Webb, haletant, et uniquement s'il s'avère que j'ai raison.

Sur ces mots, les deux policiers foncent hors de la cellule. Le gardien claque la porte derrière eux.

— Dommage qu'ils soient partis, hein, mon pote ? dit ce dernier en tournant la clé dans la serrure. C'était mieux qu'un soir à l'Alhambra – ça commençait à m'amuser.

CHAPITRE XLIII

— Mr. Langley, il est bien tard pour une visite, déclare Annabel Krout, assise dans le salon des Woodrow.

— Oui, en effet, répond Richard Langley en sortant sa montre de gousset. Excusez-moi, je ne voulais pas vous inquiéter. Vous n'étiez pas couchée, j'espère ?

— Non, pas encore. Mais Mrs. Woodrow dort déjà, alors je vous prie d'être bref. Que me vaut votre visite, monsieur ?

Langley prend son élan.

— Il y a des choses que je dois vous dire, Miss Krout. Des choses intimes.

— Je vous en prie, dit Annabel, rougissante, ce n'est pas une heure convenable…

— Je vous admire depuis que je vous ai vue, Miss Krout. Votre honnêteté, votre force de caractère. Je ne pensais pas que Lucinda ou vous-même seriez en danger, vous devez me croire. Je ne m'étais pas rendu compte que les choses étaient allées si loin. Je ne m'étais pas aperçu qu'il s'était glissé par ruse dans votre cœur.

— Pardonnez-moi, monsieur, je ne comprends rien. Qui ? Quel danger ?

— Un danger moral, Miss Krout. Cela m'a sauté aux yeux lorsque je l'ai vu aujourd'hui, la façon dont il vous touchait. Allons, n'avez-vous pas deviné à son regard ? N'avez-vous pas vu ce qui l'animait ?

— Mr. Langley, de qui… ?

— Siddons, Miss Krout. Si vous aviez entendu, comme moi, les mots abjects qu'il utilise pour parler de vous et des femmes, vous ne l'auriez pas encouragé, j'en suis sûr. Néanmoins, vous auriez dû le repousser. C'est une contagion qui se répand si facilement avec ce genre d'homme, Miss Krout.

— Vous êtes ivre, Mr. Langley. Je suis désolée, je vous demande de partir.

— Non ! s'écrie Langley en empoignant le bras d'Annabel et en l'attirant à lui d'un geste brusque. Je ne peux laisser faire cela. Du moins, pas en sachant qu'elle peut encore être sauvée.

— Au nom du… commence Annabel.

Mais elle ne peut terminer. Richard Langley lui tord les bras derrière le dos et, serrant ses poignets d'une seule main, lui fourre un mouchoir dans la bouche.

— Je vous en prie, supplie-t-il en attachant les poignets d'Annabel avec sa cravate, ne vous débattez pas. Cela nous simplifiera les choses.

Il renverse Annabel Krout, incrédule et impuissante, sur le canapé.

— Pardonnez cet outrage, Miss Krout, dit-il en déchirant sa robe. Non, ne vous débattez pas, ça serait pire.

Malgré l'avertissement, Annabel lance des ruades. Alors, Langley sort de sa poche un couteau pliant au manche en ivoire et l'ouvre. Il maintient les jambes d'Annabel d'une main et de l'autre approche le couteau de son visage.

— Ne vous débattez pas, bon sang ! grogne-t-il en appuyant la lame sur le cou blanc.

Il enroule la robe déchirée autour de ses chevilles.

— Cessez de vous démener et ça sera vite terminé, insiste-t-il.

Richard Langley ouvre doucement la porte de la nursery. Lucinda Woodrow est debout dans ses vêtements de ville.

— On joue ? demande-t-elle.

— Je te l'ai déjà dit, nous partons en vacances, répond Langley. Dans un endroit secret.

— Maman vient aussi ?

— Non, elle nous rejoindra plus tard.

— Et Annabel ?

— Non, je ne crois pas. Allons-y.

Obéissante, Lucinda Woodrow prend la main de Richard Langley et se laisse entraîner dans l'escalier. En passant devant le salon, il coule un regard furtif vers la porte close. Ce n'est que lorsque Lucinda pénètre dans le vestibule que des bruits de pas précipités résonnent dans l'escalier de la cuisine. Instinctivement, Langley attire la fillette contre lui. Elle gigote, mécontente de la tournure que prend le jeu.

— Lâchez l'enfant ! ordonne Decimus Webb, qui paraît, tout rouge et haletant, suivi de Bartleby.

Langley les regarde bouche bée, incrédule.

— Laissez-la partir. Ensuite, nous discuterons.

— Non, dit Langley. J'ai un couteau.

En effet, la lame brille soudain dans sa main droite, près du cou de Lucinda Woodrow. Webb recule d'un pas avec un geste apaisant.

— Fini de jouer, Mr. Langley, dit Bartleby. Nous connaissons toute l'histoire maintenant.

— Ils ont gagné ? demande Lucinda en levant vers Langley un regard perplexe.

— Laissez-nous partir, exige ce dernier. Je suis le seul à pouvoir prendre soin d'elle.

— Où est Miss Krout ? Et Mrs. Woodrow ?

Langley ne répond pas.

— Melissa Woodrow ne sait rien du passé de son mari, assure Webb. Elle n'a rien à voir avec ce que vous avez subi.

334

— Ce que j'ai subi ? Je vous en prie, inspecteur, j'ai eu une chance extraordinaire. Je n'ai pas à me plaindre.

— Alors, pourquoi tout cela ? s'étonne Webb. Une vengeance mesquine ?

— Pas mesquine, inspecteur, proteste Langley en jetant un regard vers Lucinda. La justice… ne serait-ce que pour ma mère. Et pour ma sœur.

— Votre mère était Eliza Munday ? Votre père, euh, j'imagine que nous devons l'appeler Jasper Woodrow ?

— Je suis né huit mois après sa « mort », inspecteur. L'enfant d'un père décédé est un enfant malchanceux, d'après la superstition.

— Ce n'est pas le meilleur départ dans la vie, c'est évident.

— J'ai été abandonné et adopté. J'ai été élevé dans une honnête famille chrétienne. Ce fut ma chance. J'ai eu tout ce qu'un enfant peut désirer.

— Vous connaissiez votre propre histoire ?

Langley secoue la tête.

— Je n'ai appris la vérité qu'à la mort de mes parents adoptifs, l'année dernière.

— Ah, bien sûr ! Et vous avez recherché votre mère naturelle ?

— Je l'ai trouvée. Du moins ce qu'il en restait, à l'hospice St Luke.

— Elle vous a parlé de votre père naturel ?

— Elle m'a même donné son portrait. Je voulais connaître la vérité, mais j'avoue qu'elle n'était pas agréable. Sauf que j'ai été mal informé, même à ce moment-là.

— Parce que votre père était vivant ?

Langley hésite.

— J'ai eu de la pitié pour lui quand ma mère m'a appris sa mort. Se suicider, c'est un péché, mais j'ai eu pitié. Et quand j'ai vu la misérable à l'hospice… Savez-vous qu'à la fin, avant qu'ils la recueillent, elle

335

faisait les poubelles près du canal... pour vivre, si on peut appeler ça vivre. Le saviez-vous ?

— Oui, répond Webb.

— Je lui en ai voulu. J'ai maudit le nom de mon père. Mais ce qui m'a consolé, c'est que Dieu avait, croyais-je, pris l'affaire en main. Mon père avait été jugé depuis longtemps pour son crime.

— Et vous vous êtes aperçu qu'on vous avait trompé ?

— Par hasard, en réalité. Le destin, j'imagine. Ou peut-être la divine providence. Je me suis retrouvé à travailler pour lui. J'ai reconnu son visage d'après la photographie, voyez-vous. Mais je n'étais pas sûr.

— Vous avez donc ouvert la tombe ? Vous auriez pu consulter les autorités, aller voir la police.

— Je savais ce qui se passerait si je m'en remettais à vous ; il aurait peut-être payé, mais pas le quart de ce qu'il méritait.

— Je ne comprends pas très bien le reste, je l'avoue, admet Webb. Vous aviez tout planifié ?

— Je n'ai pas le temps de vous expliquer, inspecteur. Laissez-nous passer. Sinon...

— Vous ne ferez pas de mal à votre propre sœur !

— Vous ne savez pas de quoi je suis capable.

Langley est sur le point d'ajouter quelque chose lorsqu'un bruit derrière lui attire son attention.

— Moi si, dit Annabel Krout, débraillée, les cheveux en désordre.

Elle abat un tisonnier en plomb sur le bras de Langley avec une telle vigueur qu'il lâche aussitôt Lucinda.

— Vite, sergent ! s'écrie Webb en s'emparant de la fillette pour la protéger.

Bartleby obéit ; il saute sur Langley, le saisit à bras-le-corps, le plaque au sol et l'y maintient sans grande difficulté.

— Maintenant, vous aurez tout le temps, dit Webb.

— Ce sont mes aveux que vous voulez, inspecteur ? demande Richard Langley, menotté, assis dans le petit salon des Woodrow. Ici, dans cette pièce ?

— Nous avons le temps en attendant que le fourgon de police vienne vous chercher, Mr. Langley. Miss Krout s'efforce de calmer Lucinda et mon sergent monte la garde auprès de Mrs. Woodrow.

— Miss Krout est une jeune femme remarquable ; j'ai encore mal au bras. J'ai peur qu'elle m'ait cassé quelque chose.

— Vous auriez dû serrer les nœuds davantage, suggère Webb avec un manque de compassion criant. Franchement, cela me surprend que vous ne l'ayez pas tuée comme les autres.

Langley paraît choqué.

— C'est une innocente, inspecteur. Dans l'erreur, certes, mais innocente. Vous ne prenez pas de notes ?

— J'aurai le temps plus tard. Dites-moi simplement les faits, si vous voulez bien.

— Entendu. Il semble que vous en ayez deviné une grande partie. J'ai eu la commande pour le nouveau magasin grâce à la recommandation d'un ami. Mais avant longtemps je découvrais que « Jasper Woodrow » était… pardonnez-moi, j'ai du mal à l'appeler mon père. Au début, naturellement, ce n'était qu'un affreux soupçon ; il y avait des indices, des choses qu'il disait lorsqu'il était ivre – or il l'était souvent, je vous prie de me croire – mais rien de certain. Comme je voulais être sûr, je suis allé à Abney Park. Lorsque j'ai vu que la tombe était vide, j'ai compris.

— Cela n'explique pas grand-chose, remarque Webb.

— Je ne peux vous décrire ma rage, inspecteur. Ça bouillonnait en moi. Je doute que vous puissiez comprendre. Si vous aviez vu ma mère dans cet horrible hospice, son état, peut-être le pourriez-vous. C'était jadis une honnête femme, je le sais. J'ai des lambeaux de souvenirs de… bref, j'étais déterminé à lui faire payer tous les outrages qu'il lui avait fait subir, les jours sans manger, toutes les fois où elle avait dû se vendre… à cause de sa lâcheté à lui. Je me suis donc débrouillé pour m'attirer ses faveurs ; je ne travaillais pas seulement pour lui, je jouais le jeu. J'allais boire avec lui, je prétendais être riche, prêt à investir dans son affaire. Lui, de son côté, me parlait de ses petits vices, de sa prostituée du *Knight*, de ses cercles de jeu préférés. J'en ai appris !

— Mais vous n'approuviez pas.

— C'est le diable en personne, inspecteur. Vous ne voyez donc pas ?

— Vous avez alors décidé de le punir ?

— Non, je n'étais pas aussi ambitieux, pas au début. Je voulais le supprimer. Mais je voulais aussi dévoiler ses péchés. Alors, l'idée m'est venue : le *Knight*. Quel meilleur endroit pour exhiber un tel spécimen ? Il serait impossible d'étouffer l'affaire ; le monde entier connaîtrait sa véritable personnalité.

— Vous aviez même préparé une épitaphe.

— Plutôt une leçon, en réalité. « Il dévoile l'abîme des ténèbres ; il amène à la lumière l'ombre de la mort. » C'était pertinent, n'est-ce pas ?

— Une des filles vous a-t-elle aidé ?

— Oui, Annie Finch. J'avais fait semblant de copiner avec elle. Je lui avais même fait croire que j'étais détective, que je travaillais pour Mrs. Woodrow. Je prétendais vouloir attraper son mari en flagrant délit pour le divorce. Elle s'était disputée avec Betsy, la favorite de Woodrow. Je n'ai eu aucun mal à la convaincre.

— Vous lui avez demandé de droguer leurs verres ?

— Pas exactement. Je connaissais les manies de Woodrow, il me les racontait en détail quand je le saoulais. Écœurant ! Ça me révulsait. Enfin, je me suis débrouillé pour être avec Betsy Carter avant qu'il la voie. Je savais qu'ils boiraient un verre après leur petite affaire. J'ai mis quelques gouttes de laudanum dans le cognac. J'avais testé la drogue sur moi-même la veille.

— Ah ! Puis vous êtes revenu plus tard ?

— Annie m'a fait entrer par la porte de derrière. Elle trouvait cela très excitant.

— Et quand vous n'avez plus eu besoin d'elle, vous l'avez tuée ?

— Pour quel genre de fou me prenez-vous, inspecteur ? Elle a compris ce que je voulais faire, elle a vu le couteau. J'ai été obligé de la réduire au silence, et vite.

— Vous l'avez étouffée ?

— Je voulais juste la faire taire, mais elle s'est débattue, vous comprenez ?

— Oui. Continuez.

— J'avais l'intention de le tuer. Je suis allé dans la chambre et je l'ai vu dormir paisiblement. Ce n'est pas la pitié qui a retenu ma main, je vous assure. Seulement la certitude qu'il mourrait en ignorant qu'il avait été découvert, qu'il ne souffrirait pas assez. J'ai donc changé d'avis ; j'avais un plan.

— Vous avez tué Betsy Carter de sang-froid ?

— C'était une imbécile d'aimer un tel homme.

— Mais elle n'avait commis aucun crime ! Elle était innocente !

— Innocente ? Certainement pas ! Elle était déjà souillée, inspecteur. Innocente, non ! Elle vendait son corps. Je n'ai fait qu'avancer pour elle le jugement que nous devons tous affronter un jour. C'est tout.

— Votre « plan », c'était que Woodrow se réveille à côté d'un cadavre, et qu'il soit inculpé pour meurtre ?

— C'était comme s'il avait condamné ma mère à une mort lente. Je voulais voir son visage quand il entendrait le verdict de culpabilité. Je l'ai vu aujourd'hui – et c'était assez gratifiant.

— Saviez-vous qu'il était somnambule ?

— Non. C'était juste une heureuse coïncidence. Dites-moi, croyait-il réellement l'avoir tuée lui-même ?

— Plus ou moins, peut-être.

Langley s'autorise un léger sourire.

— Mais Brown s'est mis en travers de votre chemin ?

— Je vous avais laissé un indice à l'hôtel, inspecteur. Une carte de visite des Entrepôts. J'ai été étonné que vous ne l'ayez pas trouvée. Mais lorsque j'ai vu Brown près du canal, tout s'est éclairci. Il l'avait ramassée lui-même ; il espérait faire chanter Woodrow, comme il en avait l'habitude – Annie m'avait parlé de lui, figurez-vous. En outre, il m'a vu aussi, ce soir-là. Oh, il n'a pas compris ce qui se passait. Il a fallu que je le lui explique.

— Vous vous êtes parfaitement fait comprendre. Vous aimez laisser des indices, Mr. Langley, n'est-ce pas ? Les manchettes que nous avons retrouvées chez les Woodrow, par exemple ? D'où venait le sang ?

— De la fille du *Casino*, bien sûr ! Price.

— Comment ont-elles atterri là ?

— Facile. Je m'étais excusé pendant le dîner.

Webb soupire.

— Je comprends. Et Catherine Price ? Pourquoi l'avoir supprimée ?

— Encore une prostituée. J'ai eu envie d'essayer de nouveau, inspecteur. Je voulais vous faciliter le travail.

— Non, Mr. Langley, je ne pense pas, déclare Webb. Brown, vous étiez plus ou moins obligé, c'est entendu. Mais je crois que vous avez pris un plaisir pervers à liquider ces pauvres femmes.

— Elles étaient l'outil, pas le but, inspecteur. Dans la mort comme dans la vie.

— Et Siddons ? Aujourd'hui, n'est-ce pas, en sortant du tribunal ?

— Je savais ce qu'il projetait pour Miss Krout. Et j'avais peur pour Lucinda. Je savais exactement quel genre d'homme il était.

— Croyez-vous ? C'est néanmoins une mort bien cruelle pour un vieil homme.

340

— Si vous le dites.

— Nous en venons donc à Lucinda Woodrow. Votre sœur.

— J'ai vu comment son père la traitait. Je voulais lui donner un nouveau départ, loin du vice et de la corruption. Vous pouvez comprendre cela ?

— Sa place est auprès de son père et de sa mère. À ce propos, je suis surpris que vous ayez épargné Mrs. Woodrow. Je suppose que nous devons vous en être reconnaissants.

— Je me suis dit qu'elle avait assez souffert. En fait, inspecteur, elle me rappelait beaucoup ma mère naturelle. Je voulais lui épargner le sort qu'elle avait connu.

— Et vous êtes juge de qui doit vivre et qui doit mourir, n'est-ce pas ?

Langley hausse les épaules, puis regarde Webb.

— Va-t-il être relâché ?

— Il y a d'autres choses à régler. Mais en temps voulu, oui.

— Au moins, tout le monde saura qui il est vraiment ; il devra vivre avec cette flétrissure.

— Et comment croyez-vous qu'on se souviendra de vous, Mr. Langley ?

En frappant à la porte, Bartleby empêche ce dernier de répondre.

— Le fourgon est arrivé.

— Fort bien. Emmenez Mr. Langley au commissariat de la Division G, sergent. Hanson pourra l'y voir demain matin. Il sera ravi d'avoir une petite conversation avec lui, j'en suis sûr.

Tandis que Bartleby le soulève de sa chaise, Langley regarde Webb.

— Dites bien à Miss Krout que je suis navré pour son rôle dans cette histoire, et que, si elle daigne me pardonner, j'aimerais beaucoup lui parler.

CHAPITRE XLIV

— Ma mère ? Ma vraie mère ? Oui, j'ai des souvenirs d'elle avant qu'elle m'abandonne. Enfant, dans la grande maison de St John's Wood où j'ai grandi, je croyais que c'étaient des rêves. Mais ils revenaient sans cesse. Une femme assise, en noir, toujours en noir, dans le coin d'une chambre froide et minable, une pièce minuscule, juste un lit, me regarde, me sourit tout en frissonnant. C'était elle. J'en suis sûr.

« Savez-vous de quoi d'autre je rêvais ? Que j'étais enfermé dehors pendant qu'elle recevait des hommes. Je faisais souvent ce même rêve, avec des visages différents, des hommes différents. Je ne comprenais pas ce que cela signifiait, pas à l'époque. Quel beau veuvage, n'est-ce pas ? Vous savez, encore maintenant, je me rappelle le bruit du verrou que l'on tire.

Langley détourne les yeux et sourit.

— Mais peut-être est-ce ma situation actuelle qui m'évoque ce souvenir.

Annabel Krout pose son calepin et dévisage Richard Langley à travers le grillage qui les sépare.

— Il n'est pas trop tard pour faire la paix avec le Seigneur, assure-t-elle.

Langley hoche la tête.

— J'ai fait la paix depuis longtemps. Le gardien approche. Je crois que c'est votre dernière visite. Je sais quel jour nous serons demain.

Annabel est sur le point de dire quelque chose lorsque Langley lui fait signe de se taire.

— Suffit. On m'enterrera avec les autres. J'ai déjà vu l'endroit : on vous le montre quand on va au tribunal. Embrassez Lucy pour moi ; je me fais du souci pour elle, vous savez.

— Mr. Langley. Richard, je vous en prie…

— Je suis dans la cellule de mon père, le saviez-vous ? Précisez-le dans votre article, Miss Krout. Cela semble juste d'une certaine manière, vous ne croyez pas ? Vous trouverez un éditeur, j'en suis persuadé.

Langley fait signe au gardien, derrière lui. Avant qu'Annabel Krout puisse parler, on emmène le condamné ; il traverse la porte munie de barreaux et disparaît dans le couloir sombre qui conduit à sa cellule.

ÉPILOGUE

Dans la Galerie dorée de la cathédrale Saint-Paul, Annabel Krout aide Lucy Woodrow à regarder par-dessus le balcon la ville de Londres qui s'étend jusqu'à l'horizon. Cependant, bien qu'il n'y ait pas de brouillard, le ciel est parsemé de nuages de fumée grise qui s'élève des innombrables cheminées. On ne voit que les églises, les douzaines de flèches et de tours qui pointent vers le ciel tandis que, au loin, les parcs royaux ressemblent à des îles verdoyantes posées sur une mer tourbillonnante de poussière. La fumée est plus dense près du fleuve, où les usines bordent la rive méridionale de la Tamise, engendrant une épaisse brume, semblable à de la mousseline sale drapée sur tout le Surrey. Par endroits, on a du mal à voir où finit la ville et où commence le ciel.

Lucy Woodrow se penche pour observer les charrettes, les fiacres et les omnibus minuscules qui défilent le long de Ludgate Hill.

— On peut refaire un tour ? demande-t-elle.

Annabel acquiesce, et suit la fillette pour la troisième fois autour de la galerie, sans remarquer l'homme qui gravit l'escalier.

— Miss Krout !

— Grands dieux ! Inspecteur, vous m'avez fait peur. Que diable faites-vous ici ?

— Votre bonne m'a dit où vous trouver. J'ai pensé venir prendre de vos nouvelles. J'ai croisé Mrs. Woodrow en bas.

— Elle n'aime pas beaucoup l'altitude. J'ai voulu montrer le panorama à Lucy.

— On peut voir Newgate, vous savez.

— Je l'ai vu.

— Je suis sûr qu'il n'a pas souffert. Vous avez fait de votre mieux.

— J'espère qu'il a fini par implorer le pardon. Le savez-vous ? A-t-il dit quelque chose ?

— Pas un mot, miss. Navré. Comment va l'enfant ?

— Assez bien. Je m'en veux, inspecteur, vous savez.

— Pourquoi ?

— Si je ne l'avais pas persuadée qu'elle avait vu son père se battre avec… euh, les choses se seraient peut-être passées autrement.

— Ce n'est pas votre faute, Miss Krout. Vous aviez de bonnes intentions. Nous n'aurions pas pu faire grand-chose.

— Mr. Woodrow a failli être pendu, inspecteur. Dieu sait que ses péchés sont légion…

— Vous choisissez vos mots avec beaucoup de tact, miss. Cependant, nous ne pourrons pas le garder long-temps. Je n'imagine pas le préfet l'inculper pour l'affaire de la chapelle Éloi, plus maintenant ; d'ailleurs, nous n'avons pas assez de preuves. Et pour être franc, nous n'avons pas envie de le revoir devant un tribunal si cela peut être évité. Cette affaire nous a ridiculisés. J'ai dit à Mrs. Woodrow qu'elle devait s'attendre à le revoir dans une semaine ou deux.

— Vous ne comprenez donc pas ? J'ai failli priver Melissa de son époux, et Lucy de son père !

— Cela aurait été sa faute autant que la vôtre. Vous ne pouviez connaître la vérité, la fillette non plus. De toute façon, je crois qu'il est question d'émigration, d'un nouveau départ ?

— Ils n'ont pas le choix, inspecteur. Leur mariage n'est même pas légal. Ils doivent retenter l'aventure ailleurs. J'ai demandé à mon père de les aider.

— Mais... Lucinda n'est pas avec vous ? s'étonne Webb.

— Oh, où est-elle encore passée ?

Lucinda Woodrow se retourne et voit sa cousine en conversation avec Webb. Elle passe un moment à observer les murs de granit de Newgate à travers les barreaux du balcon.

— Lucinda ! appelle Annabel Krout. Reviens, maintenant !

Lucinda Woodrow se dirige à regret vers Annabel Krout et Webb. Ce dernier s'agenouille devant elle.

— Ton père va bientôt rentrer, mon petit, annonce-t-il.

Lucinda Woodrow fronce les sourcils.

Anne Perry
Les enquêtes de William Monk

Bel homme mondain et dandy tourmenté, William Monk est un détective hors du commun. Aucun mystère ne saurait lui résister, si ce n'est celui de son passé : amnésique à la suite d'un accident, il tente, d'un roman à l'autre, de reconstituer le puzzle de sa vie… Anne Perry, la reine du polar victorien, nous emmène au cœur de la société londonienne de la fin du XIXe siècle, dénonçant corruption, non-dits et fausse respectabilité.

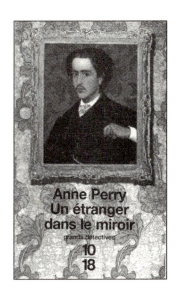

n° 2978 – 7,80 €

GRANDS DÉTECTIVES, DES POLARS HORS LA LOI DU GENRE

Frank Tallis
Les enquêtes du Dr Max Liebermann

Élémentaire mon cher Rheinhardt ! À l'aube du XXè siècle, dans une Vienne en pleine effervescence artistique et scientifique, la police dispose d'une toute nouvelle arme pour piéger les criminels : la psychanalyse. Pour mener ses enquêtes, l'inspecteur Oskar Rheinhardt n'hésite pas à demander conseil à son ami le Dr Max Liebermann, disciple du très controversé Sigmund Freud. Qu'il s'agisse du meurtre inexpliqué d'un médium ou de la traque d'un serial killer, ses talents se révèlent de précieux atouts pour percer à jour la psychologie des tueurs. Une série originale et sans pareille dans une Vienne superbement restituée par l'écriture envoûtante de Frank Tallis.

n° 3982 – 8,50 €

GRANDS DÉTECTIVES, DES POLARS HORS LA LOI DU GENRE

Impression réalisée sur Presse Offset par

La Flèche (Sarthe), 40722
N° d'édition : 3946
Dépôt légal : avril 2007

Imprimé en France